善治乡村

乡村治理现代化研究

张英洪　等◎著

中国农业出版社

北京

前　　言

推进乡村治理现代化，实现乡村善治，是实施乡村振兴战略的重大任务，是解决"三农"问题的根本要求，是提升乡村政治文明建设水平和社会文明进步程度的重要标志，也是维护乡村社会公平正义、保障乡村居民自由幸福的内在需要。

实现乡村善治，在国家层面，就是要坚持党的领导、人民当家做主、依法治国的有机统一，全面深化包括政治体制在内的各方面的体制改革，加快建设现代民主法治国家，保障公民基本权利，维护社会公平正义。民主法治是现代国家治理现代化的基本特征，保障公民权利是现代国家的基本职能，维护社会公平正义是现代国家的基本底线。如果国家的治理缺乏民主、不讲法治、漠视权利、背离公正，那么乡村也就不可能有善治。

实现乡村善治，在城乡关系层面，就是要全面破除城乡二元体制，加快构建城乡融合的体制机制和政策体系，推进城乡一体化，形成以工促农、以城带乡、工农互惠、城乡一体的新型工农城乡关系。新型城乡关系的核心是建立健全城乡完全统一、平等、开放的制度体系和治理框架，其中最为关键的改革任务是实现城乡要素的平等交换和双向自由流动。必须加快建立健全城乡统一、平等、开放、可自由接转的基础教育、基本医疗、基本养老等公共服务体系，加快推进以市场化为取向的改革开放，发挥市场在资源配置中的决定性作用，尊重城乡居民的自由选择权利，农民既可以自主选择进城工作生活成为新市民，市民也可以自主选择下乡工作生活成为新村民。

实现乡村善治，在乡村层面，就是要建立健全党领导下的自治、法治、德治相结合的乡村治理体系和体制机制。在治理理念上，特别要保障乡村居民的基本权利，促进人的全面发展，激发乡村社会活力。为此，必须尊重、保障和实现乡村居民的三重基本权利，即作为国家公民应当享有的公民权利、作为集体经济组织成员应当享有的成员权利、作为乡村社区居民应当享有的治理权利。在治理主体上，发挥乡村居民在治理中的主体作用，保障乡村居民当家做主。在治理方式上，重点是确保党领导下的自治、法治、德治相结合的乡村治理体系不能偏废，着力实现乡村治理的制度化、规范化、程序化、公开化。在治理文化上，关键是既要继承和弘扬中国乡村优秀传统文化，又要吸收和践行现代世界文明成果。如果割裂中国乡村优秀传统文化，那么乡村治理就会成为无本之木、无源之水；如果背离现代人类共同的文明成果，那么乡村治理就会陷入习惯性的传统权力控制而不可能有超越性的现代乡村善治。

乡村与城镇功能不同，乡村治理也不同于城镇治理，但现代社会治理也有基本的共性。乡村治理既要体现乡村自身的特点，也要遵循现代文明的准则。我在乡村的调查研究中，深感推进乡村治理现代化的重要性和必要性。多年来，我围绕乡村治理这个主题，先后开展了一些乡村调研，组织协调了一些乡村治理相关的课题研究，参加了有关乡村治理的学术会议。本书就是我和我的研究团队开展相关调查和研究的阶段性成果。在此，我要特别感谢农业农村部干部管理学院副院长朱守银研究员、刘红副研究员，中国农业大学朱启臻教授，国务院发展研究中心赵树凯研究员、米健副研究员，华北科技学院刘伟教授，和君集团合伙人唐黎明博士，华北电力大学讲师刘妮娜博士，中共北京市委农工委组织处杨中杰处长、席俊克副处长、吴永磊，北京市民政局甘国再调研员，北京市司法局杨笠光，北京市农村经济研究中心刘雯博士、王丽红博士、李婷婷硕士、杜成静硕士等人，没有他们的大力支持和积极参与，本书不可能完成。

乡村治理是一个需要持续关注和深入调研思考的现实大课题。由于水平和调研的局限，本书的错误和不足之处在所难免，恳请读者批评指正。

张英洪

2019 年 3 月

目　　录

总 报 告

乡村治理体系和治理能力现代化研究

乡村治理现代化既是国家治理现代化的重要内容，又是国家治理现代化的重要基础。推进乡村治理体系和治理能力现代化，就是要建立健全党委领导、政府负责、社会协同、公众参与、法治保障的现代乡村社会治理体制，不断健全党组织领导的自治、法治、德治相结合的乡村治理体系，形成现代化的乡村治理结构和体制机制，切实保障公民基本权利，维护社会公平正义，实现充满活力、和谐有序的乡村善治目标。

一、乡村、治理与现代化

推进乡村治理体系和治理能力现代化，需要我们认识乡村、理解治理、把握现代化。

（一）认识乡村

乡村是与城市相对而言的地理空间概念，一般是指从事农业生产的地方。曾在中国生活近 50 年的美国传教士明恩溥在描述中国乡村社会时指出："中国乡村是自然而然形成的，没有人晓得，也没有人去理会它的前因后果。在那遥远的、无法确定的、朦朦胧胧的过去，有几户人家从其他地方来到这儿安营扎寨，于是乎，他们就成了所谓的'本地居民'，这就是乡村。"[①] 传统乡村与现代城市的自然景观、经济形态、人口集聚、生活方式等有明显不同。城市是在乡村的基础上孕育和发展起来的。乡村是城市之母，城市是乡村之子，乡村培育和支撑了城市的发展繁荣。

在漫长的历史演进中，中华文明主要体现在乡村文明上。乡村是中华文明的基本载体，乡村文明构成了中华文明的主要内容。传统中国就是费孝通所说的"乡土中国"。费孝通认为，传统乡土社会是一个"生活很安定的社会"，乡

---

① ［美］明恩溥著，《中国乡村生活》，陈午晴、唐军译，中华书局，2006 年 7 月第 1 版，第 7 页。

土社会是"安土重迁的，生于斯、长于斯、死于斯的社会"。在一个乡土社会中"生活的人所需记忆的范围和生活在现代都市的人是不同的。"① 乡村与城市虽然存在明显不同，但也有相似之处。明恩溥就认为："中国乡村差不多就是一个微型的城市，这不仅在于它们的内部结构相似，而且，在乡村的外部也有一个类似于城墙的围墙。"②

在现代化进程中，传统的中国乡村受到了前所未有的冲击与裂变。1949年以后，中国乡村发生了历史性的巨大变化。在政治上，从半封建半殖民地社会进入社会主义社会；在经济上，来自苏联的中央计划经济体制取代了传统中国的小农经济体制；在土地制度上，以私有制为主体的传统乡村多元土地所有制被废除，来自苏联的土地集体所有制得到全面确立；在城乡关系中，传统的基于市场和自然发展的城乡关系被人为构建的城乡二元体制所隔绝。

1978年以后，经过市场化改革后的中国乡村，再次发生了结构性的巨大变化。党的领导始终得到坚持和强化，党的领导方式也发生了重要变化，依法治国得到了确立；集体所有制始终得到坚持和维护，集体所有制的实现形式得到了拓展，集体产权制度改革不断推进；马克思主义意识形态始终得到坚持和巩固，以革命为特征的意识形态不断转向以改革为特征的意识形态；以人民公社为载体的乡村治理体制则被乡镇政权体制与村民自治体制所取代；城乡二元结构虽然没有得到根本性的消除，但破除城乡二元体制、推进城乡一体化已成为公共政策的基本取向，城乡融合的体制机制和政策体系正在不断构建之中。

长期以来，由于多种因素的影响，我国比较普遍地存在重工业轻农业、重城市轻农村、重市民轻农民的思想观念、公共政策和体制安排等倾向，致使农业、农村和农民"三农"问题成为中国现代化进程中的重大问题。2017年党的十九大正式提出实施乡村振兴战略，着力补齐农业、农村、农民发展的短板，以图实现农业全面升级、农村全面进步、农民全面发展。实现乡村振兴目标，推进乡村善治，必须重新认识乡村的价值和功能。乡村具有城市不可比拟的农业生产价值、人们生活价值、万物生命价值、自然生态价值、乡土文化价

---

① 费孝通著，《乡土中国　生育制度》，北京大学出版社，1998年5月第1版，第51、21页。
② ［美］明恩溥著，《中国乡村生活》，陈午晴、唐军译，中华书局，2006年7月第1版，第7页。

值、休闲旅游价值等多重价值和功能。① 正如《乡村振兴战略规划（2018—2022 年)》指出的那样，"乡村是具有自然、社会、经济特征的地域综合体，兼具生产、生活、生态、文化等多重功能，与城镇互促互进、共生共存，共同构成人类活动的主要空间。乡村兴则国家兴，乡村衰则国家衰。"②

（二）理解治理

治理是对公共事务进行控制、引导、整治、调理以及提供公共服务的过程与活动。1995 年全球治理委员会界定"治理"的含义是"各种公共的或私人的个人和机构管理其共同事务的诸多方式的总和"。③ 有人误认为治理的概念来自西方，其实在中国古代就已经使用"治理"一词，比如《荀子·君道》中就说："明分职，序事业，材技官能，莫不治理，则公道达而私门塞矣，公义明而私事息矣。"④ 不过，将"治理"纳入社会科学研究并形成新的治理理论框架的则是 20 世纪 80 年代末 90 年代初以来的世界银行、联合国有关机构等国际组织。⑤ 但我们不能简单地将国际组织提出的概念或理论等同于西方提出的概念和理论。当然，不可否认的是，受雇于国际组织的西方学者或其他西方政治学家和经济学家比中国学者更早更多地从社会科学上研究了治理理论，并赋予治理以新的丰富内涵。⑥ 2013 年 11 月党的十八届三中全会提出"治理体系和治理能力现代化"之后，治理便成为中国学界关注和研究的重要课题。

"治理"概念的兴起与盛行，是因为时代的发展，使"治理"被赋予了与"统治""管理"不同的含义。据有关学者研究，治理与统治的区别主要有五个方面：一是权威主体不同。统治的主体是单一的，就是政府或其他公共权力机构；治理的主体是多元的，除了政府以外，还包括企业组织、社会组织、居民自治组织等。二是权威的性质不同。统治是强制性的；治理可以是强制性的，但更多的是协商性的。三是权威的来源不同。统治的权威来源就是强制性的国

---

① 张英洪，《重新认识乡村的价值》，《中国乡村发现》，2015 年第 2 期。
② 中共中央印发《乡村振兴战略规则（2018—2022 年)》，《农民日报》，2018 年 9 月 27 日。
③ 俞可平主编，《治理与善治》，社会科学文献出版社，2000 年 9 月第 1 版，第 4 页。
④ 方勇、相波译注，《荀子》，中华书局，2011 年 3 月第 1 版，第 199 页。
⑤ 俞可平主编，《治理与善治》，社会科学文献出版社，2000 年 9 月第 1 版，第 1 页。
⑥ 俞可平主编，《论国家治理现代化》（修订版），社会科学文献出版社，2015 年 3 月第 1 版，第 20 页。

家法律；治理的来源除了法律以外，还包括各种非强制的契约。四是权力运行的向度不同。统治的权力运行是自上而下的；治理的权力可以是自上而下的，但更多是平行的。五是两者的作用所及的范围不同。统治所及的范围以政府权力所及领域为边界；治理所及的范围则以公共领域为边界，比统治的范围要宽广。① 治理与管理的区别主要有三个方面：一是主体不同。管理的主体是政府，治理的主体除了政府之外还包括社会组织和个人。政府不再只是治理的主体，也是治理的对象；社会不再只是治理的对象，也是治理的主体。二是权源不同。政府的管理权来自权力机关的授权，治理权中的相当一部分由人民直接行使，如自治、共治。三是运作不同。管理的运作模式是单向的、强制的、刚性的，管理行为的合法性常受到质疑，其有效性常难保证；治理的运作模式是复合的、合作的、包容的，治理行为的合理性受到更多重视，其有效性大大增强。②

当我们理解了治理概念的产生及其含义后，特别要注意避免"穿新鞋走老路"。当我们使用"治理"一词时，不只是使用了一个新的概念，而必须在思想观念、价值取向、制度安排、行为方式等方面做出相应的改变，以实现"治理"对"统治"和"管理"的有效弥补与功能超越。

（三）把握现代化

现代化是近代以来中国实现民族复兴的一个核心概念。追求现代化，已成为中华民族的历史使命；实现现代化则是中国从传统社会走向现代社会的一个核心诉求。

现代化研究学者罗荣渠认为，狭义上的现代化是指落后国家迅速赶上先进工业国和适应现代世界环境的过程；广义上的现代化是指人类社会从工业革命以来所经历的一场急剧变革，它以工业化为推动力，导致从传统的农业社会向现代的工业社会的全球性的大转变，它使工业主义渗透到经济、政治、文化、思想各个领域，引起深刻的相应变化。③

另一位现代化研究学者何传启认为，现代化是指 18 世纪工业革命以来人

---

① 俞可平等著，《中国的治理变迁（1978—2018）》，社会科学文献出版社，2018 年 5 月第 1 版，第 3 页。

② 江必新，《推进国家治理体系和治理能力现代化》，《光明日报》，2013 年 11 月 15 日。

③ 罗荣渠著，《现代化新论——世界与中国的现代化进程》（增订版），商务印书馆，2004 年 1 月第 1 版，第 17 页。

类社会所发生的深刻变化，包括从传统社会向现代社会、传统经济向现代经济、传统政治向现代政治、传统文明向现代文明等各个方面的转变。从18世纪到21世纪末的现代化过程包括第一次现代化和第二次现代化两个阶段。第一次现代化是指从农业社会向工业社会、农业经济向工业经济、农业文明向工业文明的转变过程及其深刻变化。在第一次现代化过程中，经济发展是第一位的。第二次现代化是指从工业社会向知识社会、工业经济向知识经济、工业文明向知识文明的转变过程及其深刻变化。在第二次现代化过程中，生活质量是第一位的。① 现代化进程使人类在创造出空前的物质财富的同时，也带来了一系列现代性问题，后现代主义的思想流派对现代性的反思和批判也随之产生和发展。②

一般认为，中国从19世纪中叶开始了现代化进程。③ 一百多年来，中国现代化进程倍经曲折。④ 1964年12月，周恩来总理在三届全国人大一次会议上的《政府工作报告》中提出要"全面实现农业、工业、国防和科学技术的现代化，使我国经济走在世界的前列。"⑤ 1978年改革开放以后，邓小平逐步提出我国现代化建设"三步走"发展战略。1987年党的十三大进一步明确了"三步走"战略部署，第一步实现国民生产总值比1980年翻一番，解决人民的温饱问题；第二步到20世纪末使国民生产总值再翻一番，人民生活达到小康水平；第三步到21世纪中叶，人均国民生产总值达到中等发达国家水平，基本实现现代化。⑥ 历经党的十四大、十五大、十六大、十七大、十八大，2017年10月党的十九大提出在2020年全面建成小康社会的基础上，到2035年基本实现现代化，到21世纪中叶把我国建成富强民主文明和谐美丽的社会主义现代化强国。⑦

几十年来，中国实现现代化的一条主线就是强烈地推动经济的现代化，努

---

① 何传启著，《东方复兴：现代化的三条道路》，商务印书馆，2003年4月第1版，第7~8页。

② 陈嘉明著，《现代性与后现代性十五讲》，北京大学出版社，2006年4月第1版。

③ 中国现代化战略研究课题组，《中国现代化报告2010—世界现代化概览》，北京大学出版社，2010年1月第1版，第175页。另参见虞和平主编，《中国现代化历程》（1~3卷），江苏人民出版社，2001年9月第1版。

④ 参见虞和平主编，《中国现代化历程》（1~3卷），江苏人民出版社，2001年9月第1版。

⑤ 《周恩来选集》（下卷），人民出版社，1984年11月第1版，第439页。

⑥ 《邓小平文选》（第3卷），人民出版社，1993年10月第1版，第226页。《中国共产党第十三次全国代表大会文件汇编》，人民出版社，1987年11月第1版，第14~15页。

⑦ 《中国共产党第十九次全国代表大会文件汇编》，人民出版社，2017年10月第1版，第22~23页。

力实现国家富强的发展目标。到 2010 年，中国国民生产总值超过日本，成为世界第二大经济体。党的十九大提出，中国特色社会主义进入新时代，我国社会主要矛盾已经转化为人民日益增长的美好生活需要和不平衡不充分的发展之间的矛盾。人民美好生活需要日益广泛，不仅对物质文化生活提出了更高要求，而且在民主、法治、公平、正义、安全、环境等方面的要求日益增长。[①] 2013 年 10 月党的十八届三中全会通过的《关于全面深化改革若干重大问题的决定》首次提出："全面深化改革的总目标是完善和发展中国特色社会主义制度，推进国家治理体系和治理能力现代化。"[②] 治理现代化的提出，大大拓展了我国现代化的视野和领域，丰富了现代化的内涵。

俞可平教授认为，衡量一个国家治理体系是否现代化的标准主要有五个方面：一是公共权力运行的制度化和规范化；二是民主化，公共治理和制度安排体现人民当家做主；三是法治，宪法和法律成为公共治理的最高权威，在法律面前人人平等，任何组织和个人都没有超越宪法和法律的权力；四是效率，治理体系能有效维护社会公共秩序，有利于提高行政效率和经济社会效益；五是协调，纵向层面和横向层面的各种制度安排有机统一、相互协调。民主是现代国家治理体系的本质特征，是区别于传统国家治理体系的根本所在。[③]

乡村治理体系和治理能力现代化是国家治理体系和治理能力现代化的重要组成部分，也是国家治理体系和治理能力现代化的重要基础。乡村治理体系是在党的领导下国家管理乡村社会以及乡村社会自我管理的制度体系，包括经济、政治、文化、社会、生态文明和党的建设等各领域体制机制、法律法规、乡规民约、道德风尚等软硬件制度安排；乡村治理能力是运用国家制度、乡规民约、道德风尚管理乡村社会各方面事务的能力以及乡村社会自我管理的能力。乡村治理体系和治理能力现代化，就是要通过实现乡村治理的制度化、规范化、程序化，保障人民当家做主、维护社会公平正义、激发社会创造活力、保持社会和谐安定，实现乡村善治。

---

① 《中国共产党第十九次全国代表大会文件汇编》，人民出版社，2017 年 10 月第 1 版，第 9 页。
② 《中共中央关于全面深化改革若干重大问题的决定》，人民出版社，2013 年 11 月第 1 版，第 3 页。
③ 俞可平等著，《中国的治理变迁（1978—2018）》，社会科学文献出版社，2018 年 5 月第 1 版，第 5～6 页。

二、我国乡村治理的历程、方式及特点

我国是一个历史悠久的伟大国家，在漫长的历史演进中，中华民族创造出了伟大的中华文明。中华文明本质上是立足于农业和农村的农耕文明。几千年来，我国乡村社会的治理构成了中华文明的重要内容。在不同的历史时期，中国乡村实行什么样的治理方式，取决于乡村社会生产力的发展水平和乡村社会结构状况。我国历史悠久，各个时期的治理方式都有所不同，即使在同一朝代，乡村治理也有不同的特点。但限于篇幅，我们从传统中国乡村社会、计划经济时期、改革开放以来这三个有代表性的历史时期，简要回顾与分析乡村社会治理的方式和特点。

（一）传统中国乡村治理的方式与特点

在几千年的中国传统社会里，形成了具有中国历史文化特点的乡村社会结构和乡村文明，产生了与此相适应的乡村治理方式及其特点。

1. 传统中国乡村社会结构的基本特征

在经济上，我国传统社会不同时期的经济发展状况和水平有所不同，但总体上属于典型的小农经济，即私有制基础上的小农经济。在南方乡村，呈现出一家一户、男耕女织、自给自足的经济发展格局；在北方乡村，"三十亩地一头牛，老婆孩子热炕头"是农民幸福生活的真实写照。在政治上，自秦始皇以降到清末代皇帝，我国实行长达两千多年的君主专制统治，普天之下，莫非王土，率土之滨，莫非王臣。国家权力对土地财产和人身具有终极控制权。在社会上，我国形成了以血缘为纽带、以家族为本位的宗法社会，这是传统中国乡村社会组织的基本法则，是乡村社会的基础和主体。在文化上，自汉武帝"罢黜百家、独尊儒术"至清末民初，以儒家为主流意识形态的儒家文化成为中华文化的主体形态。

2. 传统乡村社会治理模式的基本特征

对于我国传统乡村社会的治理模式，费孝通提出"双轨政治说"，认为中国传统政治结构中存在自上而下的政治轨道和自下而上的政治轨道两个轨道，实行中央集权和地方自治并存。[①] 秦晖将我国传统乡村社会的治理模式概括为

---

① 费孝通著，《乡土中国》，上海人民出版社，2007年8月第1版，第275～293页。另见费孝通著，《中国绅士》，惠海鸣译，中国社会科学出版社，2006年1月第1版，第46～56页。

"皇权不下县、县下惟宗族、宗族皆自治、自治靠伦理、伦理造乡绅"的治理模式。[①] 简单地说，传统中国乡村社会的治理模式就是皇权统治下的乡绅自治模式。几千年的传统中国乡村社会的基层治理制度有乡里制度和保甲制度等主要形态。乡里制度起源于夏商周三代，成熟于秦汉时期，延续于整个中国传统乡村社会，是传统中国县以下的乡村基层行政管理制度，它融宗法性与行政性于一体，具有不同于中央权威的地方性权威。保甲制度从宋代开始实行并延续至 1949 年以前，它以"户"（家庭）为基本单位而不同于西方以个人为单位进行社会控制的基层社会管理制度。[②]

3. 传统中国乡村社会治理的优势与问题

传统中国乡村社会治理是建立在我国农业文明基础上、服从皇权统治需要而针对乡村熟人社会的控制和管理。传统中国乡村社会治理形成了至少两大重要的乡村社会治理资源：一是悠久的乡村自治传统，二是突出的道德教化功能。就是说，传统中国之所以创造出伟大的中华文明，其在乡村社会治理中所形成的自治和德治资源，具有重要的参考价值和借鉴意义。但是，传统中国乡村社会治理是建立在主权在君而不是主权在民的政治合法性基础之上的，国家对乡村社会的管理重在对村民的控制。[③] 乡村自治只是乡村精英即乡绅的自治而并不是包括普通村民在内的全体村民的自治。同时，传统中国乡村社会治理是在农业社会人口流动相对稳定中的封闭性治理。

（二）计划经济时期乡村治理的方式与特征

1949 年中华人民共和国成立后，逐步建立了以马列主义为国家意识形态、以公有制为基础、以高度集中的计划经济体制为特征的全新的国家形态和治理结构。特别是在人民公社时期，我国乡村社会的治理相应发生了空前的历史性巨大变化。

---

① 秦晖，《传统中华帝国的乡村基层控制：汉唐间的乡村组织》，《中国乡村研究》，2003 年第 1 期。也有学者对秦晖的这个概括提出质疑，认为这种固定的概括忽视了几千年中国传统社会复杂的社会形态。另参见胡恒著，《皇权不下县？——清代县辖政区与基层社会治理》，北京师范大学出版社，2015 年 5 月第 1 版。

② 参见祁勇、赵德兴著，《中国乡村治理模式研究》，山东人民出版社，2014 年 12 月第 1 版，第 22～35 页。

③ 萧公权著，《中国乡村——19 世纪的帝国控制》，张皓、张升译，九州出版社，2018 年 2 月第 1 版。

1. 计划经济时期乡村社会结构的基本特征

在经济上，我国以苏联模式为蓝本，以国家权力为后盾，消灭了土地私有制，建立了土地公有制即国有制和农村集体所有制。20世纪50年代通过"三大改造"，我国农村进入了以土地集体所有制为基础的农业集体化时代，并在此基础上推进国家的工业化进程，党强力主导推动国家由农业国向工业国的转变。在政治上，建立了共产党领导下的人民民主专政的社会主义国家政权。在社会上，传统的宗法社会消失了，党组织以及党领导下的其他群团组织覆盖乡村社会每个角落，每个村都建立了党的支部，党支部成为乡村社会的战斗堡垒。在文化上，确立了以马克思列宁主义、毛泽东思想为指导思想的国家意识形态。

2. 计划经济时期乡村社会治理模式的基本特征

计划经济时期特别是人民公社时期，我国乡村社会的治理模式，大致可以概括为"党的领导、公社体制、干部管理、群众运动"的治理模式，就是党领导下的人民公社模式。在计划经济时期，我国乡村治理体制由四个基本的体制构成：一是党领导一切的体制。党是所有乡村社会组织的领导核心和权威中心。二是集体所有制。整个乡村消灭了私有制，全面建立了集体所有制。三是城乡二元体制。城乡之间建立了以户籍制度为核心的"城乡分治"的二元社会治理体制。四是人民公社体制。与城市社会的单位制不一样，乡村社会实行"政社合一""一大二公""一平二调"的人民公社体制，村民成为人民公社中的社员，统一参加集体劳动，实行集体分配。

3. 计划经济时期乡村社会治理的优势与问题

计划经济时期我国乡村社会治理是建立在党的领导和公有制基础上、实现国家工业化目标、国家权力全面控制社会的治理结构。计划经济时期乡村社会治理形成了三大重要的治理资源：一是空前强大的党的领导，二是集中力量办大事的集体组织力量，三是人民当家做主的根本政治原则。计划经济时期我国乡村社会治理存在突出问题，主要是通过建立高度集中的计划经济体制，全面消灭市场经济，窒息了社会的创造活力，阻碍了社会生产力的发展，使国民经济陷入崩溃的边缘。指导思想上长期的极"左"路线、人民公社僵化的管理体制和连续不断的群众运动式治理，空前强化了人治色彩，使民主和法治建设严重缺位。

（三）改革开放以来乡村治理的方式与特征

1978年开始的改革开放，使我国逐步告别计划经济体制，进入建立健全社会主义市场经济体制的新时期。40多年来，我国乡村社会的治理结构也发生了新的历史性变化。

1. 改革开放以来乡村社会结构的基本特征

在经济上，我国开始改革计划经济体制，明确提出建立健全社会主义市场经济体制，实现了从计划经济体制向市场经济体制的跨越。在农村实行以家庭承包经营为基础、统分结合的双层经营体制。在社会主义新农村建设的基础上，实施乡村振兴战略。在政治上，坚持党的领导、人民当家做主、依法治国的有机统一。在社会上，允许和规范各种经济组织和社会组织依法登记和发展，在党的领导和法律框架内，乡村社会民间组织得到了快速发展。在文化上，坚持马克思列宁主义、毛泽东思想、邓小平理论、"三个代表"重要思想、科学发展观、习近平新时代中国特色社会主义思想在意识形态领域的指导地位，同时提出继承和弘扬中华优秀传统文化，吸收和借鉴当今世界人类文明的共同成果。

2. 改革开放以来乡村社会治理模式的基本特征

改革开放以来，我国乡村社会的治理模式，大致可以概括为"党的领导、依法治国、乡政村治、基层民主"的治理模式，就是党领导下的乡政村治模式。改革开放以来，我国乡村治理体制取得了许多新的突破和发展，主要体现在四个方面：一是废除了人民公社体制，建立了乡政村治体制。1983年废除人民公社体制后，在全国乡镇一级建立政府，在村一级实行村民自治。二是实行家庭承包责任制和农村集体产权制度改革，探索集体所有制的实现形式。三是破除城乡二元结构，推进城乡一体化，实现城乡融合发展。四是坚持党的领导、人民当家做主、依法治国有机统一，健全自治、法治、德治相结合的乡村治理体系。

3. 改革开放以来乡村社会治理的优势与问题

改革开放以来，我国民主和法制建设得到发展，乡村治理开创了新的局面。一是推行村民自治，发展基层民主。在广大农村实行直接的民主选举、民主协商、民主决策、民主管理、民主监督。现代民主理念和民主实践在广阔的乡村得到了培育和发展。二是加强农村普法教育，建设法治乡村。国家连续开展普法教育，已开展了第七个五年普法工作，不断加强涉农立法工作，完善农村法治体系。三是加强农村基层党组织建设，推进全面从严治党向农村基层延伸。四是传承和弘扬中华优秀传统文化，吸收和借鉴传统乡村治理资源。改革开放以来我国乡村社会治理存在的突出问题，主要是城乡二元体制没有得到根本性的破除；集体产权的社区性、封闭性与工业化、城镇化、市场化的矛盾没有得到有效解决；权力滥用、权力寻租、权力不作为比较突出；市场经济中产生的唯利是图、诚信缺失、道德沦丧、食品药品安全、贫富差距、生态环境破坏等负面影响没有得到有效的制度性地解决，等等。

三、走向乡村善治需处理好几个关系[①]

乡村善治是指乡村的良好治理，即有效保障乡村居民基本权利和自由、维护社会公平正义、保持和谐有序与生机活力的乡村社会状态。[②] 乡村善治既是一种治理理念，也是一种治理过程、治理状态和治理目标。乡村治理在空间结构上，包含乡镇治理和村庄治理两个层级，乡镇一级设立有我国最基层的政府，实行官治；村一级是国家权力延伸至社会最基层的权力末梢，实行自治。乡政村治是我国乡村治理的基本格局。乡村治理在概念内涵上，包括国家对乡村的治理即官治和村庄的自我治理即自治两种形态。推进乡村治理，既要跳出乡村治乡村，又要立足乡村理乡村。乡村处在整个国家和社会的制度结构与社会环境之中，乡村治理受到整个国家和社会的观念、体制、文化、环境等多种因素的重大制约和严重影响，乡村并不能够置身于国家治理之外而独善其身。当前，我国乡村治理最需要的是"少一点控制、多一点善治"。走向乡村善治，需要处理好以下几个关系。

（一）处理好城与乡的关系

从乡村治理面临的静态空间上说，走向乡村善治，必须处理好城市与乡村的关系。乡村并不是孤立存在的生活空间，而是与城市并存相依的社会共同体。城市与乡村是人们置身于其中的两个性质不同而又紧密相连的地域空间和社会场所。与传统中国相对静止的乡村社会来说，当代中国的乡村治理受到城乡关系的严重影响。处理好城与乡的关系，核心是要实现城乡之间的地位平等、功能互补和对乡村价值的尊重与保护。

在相当长的一段时期里，我们在思想观念上，把工业优先于农业之前、城

---

① 本部分内容作者 2018 年 12 月 29 日在中国社会科学院农村发展研究所主办的乡村善治与治理体系创新学术研讨会上发表。

② 俞可平认为善治是公共利益最大化的治理过程和治理活动。参见俞可平著，《走向善治》，中国文史出版社 2016 年 10 月版，第 75 页。另参见张英洪，《乡村治理要强化维护发展农民基本权利》，《农民日报》，2014 年 8 月 6 日。

市凌驾于乡村之上，把农业作为工业的贡献品、乡村作为城市的附庸者，认为工业文明先进于农业文明、城市文明优越于乡村文明，工业代表富裕和先进，农业代表贫穷与落后，城市代表着现代与文明，而乡村代表传统与愚昧。为了发展工业，就牺牲农业；为了建设城市，就牺牲乡村。在这种城乡不平等的思想观念指导下，我们采取了许多歧视乡村、忽视乡村、控制乡村、掠夺乡村的公共政策，构建了城乡不平等的二元体制结构。在城乡二元结构中，农民处于不平等、不公正的二等公民地位。

走向乡村善治，首先，必须正确认识和处理城乡关系，彻底破除城乡二元体制，构建平等的城乡关系，确保城乡居民在公民权利上的完全平等统一。其次，坚持城乡功能互补，各取所需，相得益彰，实现城乡融合发展。最后，必须尊重乡村发展的自然规律、内在逻辑和文化习俗，改变以城市的思维改造乡村、以城市的眼光建设乡村、以城市的意志破坏乡村的城市式自负与任性。乡村文明是中华文明的根和源，乡村价值是中华农耕文明的核心价值所在。在重新认识乡村价值的基础上，尊重乡村的自然发展规律，克服对乡村的建设性破坏，加强对农民住宅和传统村落的法律保护，特别是要严格禁止大资本强行驱赶乡村原居民而圈占古村古镇大搞垄断式开发旅游的掠夺乡村现象和其他大拆大建现象。[1]

(二) 处理好城镇化与逆城镇化的关系

从乡村治理面临的发展变化上来说，走向乡村善治，必须处理好城镇化与逆城镇化的关系。乡村既不是孤立地存在，也不是静态地存在，而是与城镇化和逆城镇化进程密切相关的动态性存在。改革开放以来，城镇化和逆城镇化是对乡村冲击最大的时代潮流，深刻影响和挑战着乡村的治理，也推动着乡村治理的历史性转型。处理好城镇化与逆城镇化的关系，核心是要实现城乡制度的统一开放和城乡要素的双向自由流动。

城镇化就是乡村人口向城镇集聚的过程。与世界各国不同的是，我国的城镇化是在城乡二元体制没有根本破除的情况下推进的，就是说，是在城乡长期隔离的政策制度没有完全改变的情况下推进的。这就造成了我国特有的"城市病"和"农村病"。这种城乡二元体制模式，使城乡两头都生"病"了。在城市出现的"城市病"，就是数以亿计的进城农民长期只能当农民工，不能正常

---

① 张英洪，《重新认识乡村的价值》，《中国乡村发现》，2015 年第 2 期。

融入城市成为新市民。我们的城市不仅不接纳农民融入将之转变为新市民，而且不接纳其他城市的市民融入将之转变为新市民，从而形成了蔚为大观的城市外来常住人口。在农村出现的"农村病"，就是数以千万计的农村留守儿童、留守妇女、留守老人。这种城乡同时患上的"怪病"，其实质就是在城市化进程中没有相应改变城乡二元体制而产生的畸形的城镇化之病。

逆城镇化就是城镇化发展到一定阶段以后出现的城镇人口向城镇周边地区和乡村地区疏解的过程。在我国特大城市和超大城市，这种逆城镇化现象早已出现且表现得比较明显。中央提出的京津冀协同发展战略，就是着眼于解决北京的特大城市病，疏解北京的非首都功能，这是推进逆城镇化发展的典型。农村人口向城镇流动的单向城镇化模式，造成了乡村的空前衰败和凋敝。2018年3月，习近平总书记在参加十三届全国人大一次会议广东代表团审议时明确提出，城镇化、逆城镇化两个方面都要致力推动。城镇化、逆城镇化的健康发展，有利于实现乡村振兴，也有利于推进乡村治理创新。

推进健康的城镇化、逆城镇化，核心是要破除城乡二元结构，加快构建城乡融合发展的体制机制和政策体系，其核心是要革除城乡政策制度的封闭性和静止性，建立健全城乡要素自由流动和平等交换的制度体系，实现城乡基本公共服务的均等化和自由接转。在健康的城镇化、逆城镇化进程中，关键是国家要着力建设有利于尊重和实现城乡居民自由选择的现代国家统一的制度体系，农民既可以自主选择进城当市民，市民也可以自主选择进村当农民。

（三）处理好政府、市场、社会之间的关系

从乡村治理依托的主体领域上说，走向乡村善治，必须处理好政府、市场、社会的关系。乡村社会同样存在着政府、市场、社会三大领域，这三大领域之间保持相对平衡的关系，是推进乡村治理的基本依托，也是实现乡村善治的基本前提。处理好政府、市场、社会之间的关系，核心是要实现对公权力的驯服、对资本的节制、对人权的保障。

改革以前，我们建立了全能主义的政府，彻底消灭了市场、社会，由政府取代和包揽市场、社会。改革以来，市场得到了生长和发展，社会也得到了培育和成长。但政府、市场、社会的发展并不平衡，各自的发展也很不充分。在我国，长期以来，政府、市场、社会各自领域权责不明，职责不清，"强政府—弱市场—弱社会"的"一强二弱"基本格局没有改变，政府强一点、市场乱一点、社会弱一点的现象长期存在，政府、市场、社会彼此之间的关系失

衡。政府独大，市场依附政府，社会屈从政府，政府可以比较随意地干预市场和社会活动，政府扭曲市场和社会的问题比较突出，政府与资本结盟压制社会的现象相当严重。政府权力膨胀，市场机制残缺，社会缺乏活力，这对乡村治理产生了直接的影响。

处理好政府、市场、社会之间的关系，需要实行政企分开、政社分开。政府的归政府，市场的归市场，社会的归社会，政府、市场、社会三者之间各得其所而又相得益彰。同时，政府要立足于建设成为现代法治政府、服务型政府、廉洁政府；市场要朝着完善的市场经济体制方向发展，发挥市场在资源配置中的决定性作用，加快建立健全现代市场经济体制；社会要着眼于增强社会活力和自主性，赋予社会成员更多的组织资源，保障社会组织和社会成员的基本权益。要改变政府、市场、社会关系严重失衡的局面，构建一个政府强、市场和社会也强的新格局。

处理好政府、市场、社会之间的关系，尤其要正确认识和对待权力、资本、民众。在如何认识和对待权力、资本、民众上，存在许多认识上的误区和实践上的偏差。[①] 在如何对待权力上，有三种基本的认识和态度，一是消灭权力的无政府主义，二是迷信权力的国家主义，三是驯服权力的法治主义。消灭和迷信权力，是两种极端的思想观念，在实践中会造成重大的社会悲剧。理性的选择就是驯服权力，将权力关进制度的笼子里，建设现代法治国家。在如何对待资本上，也有三种基本的认识和态度，一是消灭资本，二是崇拜资本，三是节制资本。消灭和崇拜资本也是两种极端的思想观念，在实践中同样会造成重大的社会悲剧。理性的选择就是节制资本，保护资本的合法权益，抑制资本的消极作用，建设法治的市场经济。在如何对待民众上，同样有三种基本的认识和态度，一是精英主义，把民众当臣民、贱民；二是民粹主义，崇拜抽象整体的人民；三是把民众当公民。把民众当贱民，崇拜抽象整体的人民，是两种极端的思想观念，在实践中同样会造成重大的社会悲剧。理性的选择就是把民众当公民，树立和维护宪法权威，坚持依宪治国，尊重和保障公民权利，培育公民美德和公民责任。

在权力、资本、民众三者关系中，既要防止权力与民众合流，彻底剥夺和消灭资本；也要防止权力与资本结盟，共同压榨和掠夺民众。在对待权力、资

---

① 有关如何认识和对待权力、资本的观点，参见张英洪，《建设保障农民权利的公正社会》，载张英洪著，《农民权利研究》（全四册）自序，中央编译出版社，2014 年 9 月第 1 版，第 7~14 页。

本、民众上，核心任务是驯服权力，将权力关进制度的笼子里。驯服权力、节制资本、保障人权，是我们建设现代国家、实现治理现代化最为艰巨的时代任务。

（四）处理好党的领导与自治、法治、德治的关系

从乡村治理实施的有效途径来说，走向乡村善治，必须处理好党的领导与自治、法治、德治的关系。党的十九大报告提出，健全自治、法治、德治相结合的乡村治理体系。健全"三治"相结合的乡村治理体系，是实现乡村善治的有效途径。事实上，改革以来我国乡村治理的基本方式是在党领导下的自治、法治、德治。[①] 处理好党的领导与自治、法治、德治的关系，核心是要实现党的领导、人民当家做主、依法治国的有机统一。

党的十九大报告强调坚持党对一切工作的领导。《中国共产党支部工作条例（试行）》进一步明确村党支部全面领导隶属于本村的各类组织和各项工作，领导村级治理。在农村基层工作中，至少有三个方面的重大变化，体现和突出了党的领导：一是在资金支持上，各级加大了对村级党建工作的投入。各级有关部门对村里党建工作投入都比较大。我们在北京顺义区高丽营镇一村调研时发现，上级投入180多万元建设的党建活动中心。二是在人才支持上，北京开始设立党建助理员，取代此前的大学生"村官"。三是村"两委"主要负责人上，北京明确要求在2018年年底和2019年年初的村"两委"选举中，村党支部书记兼村委会主任比例达到100％。2013年，北京村党支部书记兼村委会主任比例为65.7％。

我们在京郊全国民主法治示范村调研时发现，其共同点是村党支部书记领导有力，确保对村庄和村民的有效管理，维持了稳定的秩序，但村民则是"沉默的大多数"。

在强化村庄党的领导、加强党建工作的同时，能否与时俱进地相应加强自治、法治、德治建设，不至于以党支部领导取代和忽视自治、淡化和冷落法治、空洞和虚化德治，是村庄治理需要认真思考和对待的问题。强调村党支部

---

① 中共十九大提出健全自治、法治、德治相结合的乡村治理体系后，我们在相关研究中强调乡村治理是党领导下的自治、法治、德治。2018年12月29日，新华社发布中央农村工作会议在京召开的新闻中明确提出要建立健全党组织领导的自治、法治、德治相结合的乡村治理体系。参见《中央农村工作会议在京召开 习近平对做好"三农"工作作出重要指示》，载新华网 http：// www. xinhuanet. com/politics/ leaders/2018-12/29/c _ 1123926575. htm.

书记全面兼任村委会主任，这既可以增强村级权力的集中统一领导，但也有可能使村民的直接民主选举流于形式。

在传统中国乡村，所谓"皇权不下县，县下皆自治"，乡村有着悠久的自治传统，但这种乡村自治也是皇权统治下的自治。不过，历朝历代并没有另外建立一套与官僚体系和自治体系并行且凌驾于其上的单独代表皇权的组织系统，并将之延伸到乡村底层社会进行主导性治理。

正确处理好党的领导与自治、法治、德治的关系，既要坚持党的领导，也要坚持自治为基、法治为本、德治为先，不断健全党组织领导下的自治、法治、德治相结合的乡村治理体制机制，核心是要坚持党的领导、人民当家做主、依法治国有机统一。党的领导与自治、法治、德治之间关系的任何偏废和失衡，都会导致乡村治理的扭曲和治理异化。

（五）处理好国家、集体、农民的关系

从乡村治理维护的利益关系上说，走向乡村善治，必须处理好国家、集体、农民的关系。马克思指出："人们奋斗所争取的一切，都同他们的利益有关。"① 他还说"'思想'一旦离开'利益'，就一定会使自己出丑。"② 几十年来，处理好国家、集体、农民的关系，好像是一个老生常谈的话题。但事实上，这三者之间的关系并未得到真正厘清、理顺。处理好国家、集体、农民的关系，核心是要实现对农民基本权利的尊重和保障。

1978 年 11 月，安徽小岗村农民选择"大包干"时，承诺"交够国家的、留足集体的、剩下都是自己的"，在保障国家、集体利益的基础上，为农民自己的生存利益开辟了道路，从而揭开了中国农村改革的序幕。2002 年 11 月，党的十六大政治报告指出："共产党执政就是领导和支持人民当家做主，最广泛地动员和组织人民依法管理国家和社会事务，管理经济和文化事业，维护和实现人民群众的根本利益。"③

维护和实现人民群众的根本利益，不仅需要政治上的宣示，而且需要制度上的建设和行动上的落实。长期以来，国家、集体、农民三者之间的利益严重失衡，以国家利益之名侵害集体利益和农民利益、集体侵害农民利益的现象屡

---

① 《马克思恩格斯全集》第 1 卷，人民出版社，1956 年版，第 82 页。
② 《马克思恩格斯全集》第 2 卷，人民出版社，1956 年版，第 103 页。
③ 江泽民，《全面建设小康社会开创中国特色社会主义事业新局面——在中国共产党第十六次全国代表大会上的报告》，人民出版社，2002 年版，第 31～32 页。

见不鲜。这绝不是因为我们在政治上缺乏对农民利益的重视，而在于制度建设和体制安排上的缺失以及实践中的弊端。

走向乡村善治，处理好国家、集体、农民的关系，必须明确农民的三重身份，保障和实现农民的三重权利。第一，农民作为国家公民，拥有公民身份，享有公民权；第二，农民作为集体经济组织成员，拥有社员身份，享有成员权；第三，农民作为村庄社区居民，拥有村民身份，享有村民权。这三重权利是交织在一起的，具体体现为人权、产权、治权三类权利。①

保障和实现农民的公民权，就是要全面依法治国，坚决落实《宪法》规定的公民的基本权利和自由；保障和实现农村集体经济组织的成员权，就是要全面深化农村集体产权制度改革，界定集体经济组织成员身份，落实农民的财产权利和民主参与权利；保障和实现农民（村民）村庄社区的村民权，就是要全面推进村民自治，落实农民（村民）对村庄社区公共事务的自治权以及民主选举、民主决策、民主管理、民主监督的权利，保障和实现农民（村民）当家做主。

（六）处理好传统文化与现代文明的关系

从乡村治理秉持的文明理念上说，走向乡村善治，必须处理好传统文化与现代文明的关系。离开中华优秀传统文化和现代人类共同的文明成果，就不可能有乡村的真正善治。处理好传统文化与现代文明的关系，核心是要实现中华优秀传统文化与现代人类文明有机结合，创造新的中华文明。

中华文明源远流长，博大精深。在乡村治理上，我国有丰富的乡村传统治理资源值得挖掘与传承。一是悠久的乡村自治传统。在传统中国，国家官僚组织体系只设置到县一级，县以下的乡村实行乡绅自治。二是深厚的乡村德治资源。以儒家文化为主体的中华传统文化，具有鲜明的人文精神和道德感染力，并与农耕文化相结合，形成了独具魅力的乡村文化和乡村文明，为中国人提供了不可取代的精神家园。三是深入人心的天理王法观念。乡村正义，讲求合情合理合法，信奉天理王法。情理、天理也就是基于人性的自然法，王法就是人定法。天理王法虽然有等级秩序，但却为社会共同体提供了基本的规则秩序和

① 参见张英洪，《公共品短缺、规则松弛与农民负担反弹——湖南省山脚下村调查》，《调研世界》2009 年第 7 期。张英洪，《抓住农村改革的三条主线》，《中国经济时报》，2017 年 2 月 28 日。张英洪，《不断促进农民的全面发展》，《农民日报》，2019 年 1 月 8 日。

行为底线。2017 年 1 月，中共中央办公厅、国务院办公厅印发《关于实施中华优秀传统文化传承发展工程的意见》，强调传承和弘扬中华优秀传统文化，这具有重要的现实意义。但破坏文化易，建设文化难。对中华优秀传统文化，还必须根据时代发展的需要，与时俱进地实现创造性转化、创新性发展。特别需要指出的是，我国传统文化中信奉的中庸之道，强调不偏不倚和正常的社会政治生态，是我们推进乡村治理现代化、实现乡村善治应当充分吸取的宝贵治理思想资源。

在乡村治理上，应当充分吸收和借鉴人类社会形成的共同文明成果。走向乡村善治，必须吸收的人类现代文明成果相当丰富。就推进乡村善治来说，至少应当充分吸收和发展以下三个方面的文明成果：一是民主。民主就是人民当家做主，这是现代国家合法性的重要来源，也是社会主义核心价值观之一。让人民当家做主，是共产党执政的初心和使命。在中国特色社会主义新时代，必须深化政治体制改革，大力发展社会主义民主政治，加强社会主义政治文明建设。20 世纪 80 年代以来，我国将现代民主引入乡村社会，发展农村基层民主，实行村民自治制度，这是对现代民主理念的重要认可和践行。邓小平说："没有民主就没有社会主义，就没有社会主义的现代化。"[1] 同样，没有民主就没有善治，就没有乡村治理的现代化。二是法治。亚里士多德在《政治学》中指出："法治应该包含两重含义：已成立的法律获得普遍的服从，而大家所服从的法律又应该本身是制定得良好的法律。"[2] 法治是治国理政的基本方式，也是社会主义核心价值观之一。没有法治就没有善治，就没有乡村治理的现代化。践行法治，必须坚持宪法和法律的最高权威，坚持在法律面前人人平等，坚持立良法行善治。三是市场经济。市场经济是最具效率与活力的社会资源配置方式。市场经济被认为是"人类最伟大的创造，是人类进步最好的游戏规则。"[3] 我国的市场化改革始于农村，但农村的市场化程度仍然不高，特别是土地等生产要素的行政化配置相当明显。完善社会主义市场经济体制，是我国改革开放的基本目标之一。建立健全社会主义市场经济体制，不仅是实现乡村善治的需要，也是实现中华民族伟大复兴的基础性制度保障。

---

① 《邓小平文选》（第二卷），人民出版社，1994 年 10 月第 2 版，第 168 页。
② 亚里士多德著，《政治学》，吴寿彭译，商务印书馆，1965 年版，第 199 页。
③ 张维迎著，《市场的逻辑》，上海人民出版社，2010 年 7 月第 1 版，第 1 页。

（七）处理好经济发展与生态环境的关系

从乡村治理实现人的永续生存上说，走向乡村善治，必须处理好经济发展与生态环境的关系。我们以前的社会科学研究以及社会治理活动，基本上都是建立在生态环境是给定不变的基础上的。但是，经过40多年经济高速发展后的今天，生态环境问题已经严重恶化，这不但严重影响和制约社会科学研究以及社会治理活动，甚至危及人们的基本生存和人类永续发展。处理好经济发展与生态环境的关系，核心是要建设生态文明，实现天人合一的永续发展。

改革开放以来，我们坚持以经济建设为中心，视发展为执政兴国的第一要务，这种经济发展模式，虽然极大地增加了社会的物质财富，但对生态环境的掠夺和破坏也是空前的。一段时期以来，经济学家们热衷于谈中国如何避免陷入中等收入陷阱。中等收入陷阱是我国经济社会发展进程中必须予以高度重视的重要问题，但我们认为，我国面临最严重的陷阱不是中等收入陷阱，而是生态环境的危机。为了片面追求经济发展目标而使人们生存环境遭到根本性破坏，从而危及人们身心健康和人类生存繁衍的发展状态。走出生态危机的怪圈，建设健康中国、健康乡村已刻不容缓。

走向乡村善治，最根本的是要全面深化改革，发展文化市场，建设制度文明，培育出既有中华文化底蕴、又有现代文明素养的新国民，创造出兼容并包、融中西文明于一体的新中华文明。在经历了40年改革开放后的中国，必须在追求经济增长的基础上，实现全体国民现代文明素质的提高。否则，乡村有的只是控制，而不可能有善治。

四、推进乡村治理现代化的思考和建议

推进乡村治理体系和治理能力现代化，必须坚持问题导向，建立健全党委领导、政府负责、社会协同、公众参与、法治保障的现代乡村社会治理体制，统筹推进乡村经济治理、政治治理、社会治理、文化治理、生态治理和党的建设，将中国优秀传统文化、改革开放伟大实践、人类政治文明共同成果有机结合起来，为实施乡村振兴战略提供有力支撑和保障，推动实现新时代农业全面升级、农村全面进步、农民全面发展。

（一）在总体思路上，坚持走中国特色乡村善治之路

中国特色乡村善治之路，就是在坚持中华传统文化的基础上，在现代政

治文明的发展中，坚持和完善党领导的自治、法治、德治相结合的乡村优良治理之路。在当代中国，党的领导是乡村治理的政治前提和保障，自治是乡村治理的核心和本质，法治是乡村治理的关键和规范，德治是乡村治理的引领和支撑。

走中国特色乡村善治之路，一要解决新时代面临的三大问题。一是必须解决计划经济体制遗留下的老问题，二是必须解决市场化改革以来产生的新问题，三是必须解决国家实现民主法治转型的大问题。二要认真处理好三大基本关系。一是必须处理好国家与农民的关系，加强现代国家民主法治建设，切实保障农民的基本权利和自由尊严；二是必须处理好法治与自治的关系，加强现代法治体系建设，明确法治、自治的领域边界和各自职责；三是必须处理好城市与乡村的关系，从根本上破除城乡二元体制，坚持城乡价值平等，实现城乡融合发展。三要切实保护农民的三大权利。一是必须维护和发展好农民的人身权利，二是必须维护和发展好农民的财产权利，三是必须维护和发展好农民的公共治理权利即民主权利，促进农民自由而全面发展。四要着力推进三方面的改革开放。一是必须在制约和规范公共权力上深化改革，切实将权力关进制度的笼子里；二是必须在驾驭和节制资本上深化改革，着力引导资本趋利避害；三是必须在保护和激活社会上深化改革，真正让社会充满生机与活力。

（二）在重点工作上，加快构建八大制度体系

一是大力加强农村党的建设，加快构建党全面领导乡村的制度体系，强化乡村善治的政治保障。办好农村的事情，实现乡村振兴，推进乡村治理体系和治理能力现代化，关键在党。党的领导是当代中国推进乡村治理最基本的政治前提。必须提高党把方向、谋大局、定政策、促改革、抓治理的能力和水平。不断完善党领导乡村工作的体制机制，落实《中国共产党农村基层组织工作条例》，加强农村基层党的建设，将全面从严治党向广大农村基层延伸和全覆盖，以全面从严治党引领和推动乡村治理走向制度化、规范化和程序化。

二是着力破除城乡二元体制，加快构建城乡融合发展的制度体系，形成乡村善治的城乡格局。城乡二元结构是制约乡村全面发展的最关键的体制性根源之一。要全面破除城乡二元体制，持续推进城乡发展一体化，加快构建城乡融合发展的体制机制和政策体系。必须在经济、政治、社会、文化、生态文明和

党的建设等方面，建立健全全国城乡统一、平等、开放的制度体系，形成城乡等值、制度公平、平等交换、自由流动的新型城乡关系。

三是深化农村集体产权制度改革，加快构建维护集体财产权利的制度体系，夯实乡村善治的产权基础。集体所有制是乡村治理面临的最基本的体制环境和约束条件。必须适应健全社会主义市场经济体制新要求，不断深化农村集体产权制度改革，积极探索农村集体所有制有效实现形式，尽快建立健全归属清晰、权能完整、流转顺畅、保护严格的中国特色社会主义农村集体产权制度，构建完备的集体经济治理体系，保护和发展农村集体和广大农民合法的财产权利，为乡村善治提供坚实的产权基础。

四是强化农村基本公共服务供给，加快构建城乡基本公共服务均等化的制度体系，织牢乡村善治的社保网络。农村基础设施和基本公共服务的滞后与短缺，是长期城乡二元社会管理的产物，是城乡发展不平衡、农村发展不充分最突出的体现。必须大力优化财政支出结构，持续提高民生支出占财政支出的比重，加大农村基础设施、公共服务设施和基本公共服务的投入，推进城镇基础设施和公共服务向农村延伸，加快实现城乡基础设施和基本公共服务一体化，全面提升农村基本公共服务水平，实现城乡基础教育、基本医疗、基本养老等基本公共服务均等化和一体化，推进精准脱贫，加快提高农村社会保障水平，让全体农民都能过上体面而有尊严的现代生活。

五是不断健全村民自治方式，加快构建保障村民自治权利的制度体系，增强乡村善治的社会活力。由于长期的历史文化传统等多重原因，我国形成了强国家—弱社会、强官治—弱自治、强封闭—弱开放的社会治理格局，农民群众的主体作用没有得到应有的发挥，村民自治的优势没有充分地显现，乡村社会的活力存在不足。必须着眼于村民民主自治权利的保障和实现，不断创新村民自治方式，加强村民自治制度建设，用制度保障和落实村民依法行使民主选举、民主决策、民主管理、民主监督的权利，丰富乡村民主协商的形式，保障农民自己"说事、议事、主事"，做到村里的事村民商量着办，不断激发乡村社会的活力。基层自治的层级既要向自然村下沉，也要向乡镇一级拓展与提升。必须明确界定党务、政务、自治事务、集体经济事务的领域与边界，做到既能各行其是，又能协同共治。必须适应城乡融合发展的需要，实现农村社区公共事务的开放，使全体社区成员都能平等有序参与社会公共事务的管理，实现农村社区的多元民主参与治理。

六是加大"三农"立法工作，加快构建法治乡村的制度体系，实现乡村善治的法治保障。必须按照法治中国建设的总目标，加快建设法治乡村。在全面依法治国进程中，必须全面加强乡村立法工作，善于运用法治思维和法治方式推进"三农"工作，切实将政府各项涉农工作全面纳入法治轨道，加快建设法治政府，真正坚持依法行政。必须将农村基层的党内民主、自治民主、集体经济组织民主、社会民主、基层协商民主等各种形式的民主纳入法治框架，推进基层民主的法治化建设和规范化建设。必须将乡村的各种公共权力关进制度的笼子里，做到有权必有责，用权受监督，失职要问责，违法有追究。在加强平安乡村建设中，依法打击危害农村公共利益和侵害农民合法权益的违法犯罪活动，对农村黑恶势力必须集中整治、依法严惩，维护社会公平正义。要在惩恶扬善中加快重塑乡村优良的政治生态和公正的法治环境。

七是突出乡村文化建设，加快构建乡村道德文化的制度体系，激活乡村善治的道德力量。发源于乡村的农耕文化是中华文化的基因和底色。必须大力弘扬和传承中华优秀传统文化，警惕和制约权力与资本对乡村文化的恣意破坏，尊重和敬畏独具中华特色的乡村传统风俗和地方乡土文化，培育和建设新乡贤文化，推进中华优秀传统乡村文化的创造性转化、创新性发展。必须立足我国乡村熟人社会的明显特征，深入挖掘乡村熟人社会蕴含的道德规范，倡导和培育现代新乡贤，强化道德教化作用，加强乡村道德建设，营造全社会崇德向善、惩恶扬善、重义守信、尊老爱幼、守望相助的乡村风尚，重振具有悠久历史传承的乡村道德，建设具有强大感染力向心力、留得住乡愁乡情和心灵归宿的新道德乡村。

八是促进农业农村绿色发展，加快构建美丽健康乡村制度体系，优化乡村善治的生态环境。必须坚持和贯彻绿水青山就是金山银山的发展理念，推动农业农村绿色发展，形成乡村绿色发展方式和生活方式。加强农村人居环境整治，大力发展生态有机农业，持续开展植树造林，严格控制和减少农药化肥等使用量，增加生态健康产品和服务的供给，保障和提高农产品质量以及食品安全质量，加强乡村生态文明体制建设，加大影响人们身心健康的环境问题的治理力度，从严整治和惩处一切破坏生态环境、损害身心健康的行为。落实《"健康中国2030"规划纲要》，切实保障食品药品安全，构建美丽乡村和健康乡村的制度体系，全面提升乡村环境宜居水平和农民身心健康水平。通过有效治理，加快建设一个与实现中华民族伟大复兴相适应的山清水秀、天蓝地绿、村美人和、身心健康的美丽健康乡村。

（三）在工作方式上，要实现六大转变

一是从长期注重农业现代化向更加注重农村和农民现代化转变。在新时代推进乡村治理现代化，既要持续推进我国农业的现代化进程，实现工业化、城镇化、信息化与农业现代化同步发展，补齐"四化同步"中的农业现代化的短板，必须更加重视和推进农村和农民的现代化，实现农村社会的全面进步和农民的全面发展，补齐国家现代化中的农村和农民现代化的短板。

二是从长期注重乡村自我发展向更加注重城乡融合发展转变。在继续推进乡村建设和发展的同时，必须更加注重跳出乡村看乡村、跳出"三农"看"三农"、跳出乡村治理看乡村治理，坚持从城乡融合发展的高度，加快构建新型城乡关系，建立健全全国城乡统一、平等、开放的制度体系和市场体系，实现城乡要素的双向自由流动和平等交换，实现乡村振兴与新型城镇化的协调发展。

三是从长期注重农民增加收入向更加注重满足农民对美好生活的向往转变。在持续增加农民收入、大力实施精准脱贫、不断满足农民群众对物质文化生活需求的同时，必须紧紧把握新时代我国社会主要矛盾已经转化为人民日益增长的美好生活需要和不平衡不充分的发展之间的矛盾新变化，更加重视满足广大农民群众对民主、法治、公平、正义、安全、环境等方面日益增长的新需要，全面提高农民的生活质量，保障和促进农民的全面发展。

四是从长期注重物质技术投入向更加注重乡村制度供给转变。在持续加大对农村的科学技术项目、基础设施、公共服务设施建设、扶贫帮困等物质技术投入的基础上，必须更加注重加强现代乡村社会的民主法治制度建设，强化民主法治制度供给，将"三农"工作全面纳入制度化、程序化、规范化的轨道。

五是从长期注重政府主导向更加注重发挥农民主体作用转变。在坚持党的领导下继续发挥政府在"三农"工作中的主导作用基础上，必须更加注重实行政企分开、政社分开，处理好政府与市场关系、政府与社会的关系，不断深化经济体制、政治体制、社会体制、文化体制、生态文明体制等各方面体制改革，真正尊重和发挥农民的主体作用，用现代民主法治制度体系保障农民当家做主的权利。

六是从长期注重"三农"政策引导向更加注重"三农"法治建设转变。在继续发挥有关政策在"三农"工作中的积极引导和重要规范作用的同时，必须

积极适应全面依法治国的新要求，更加注重加强"三农"领域的立法工作，推进"三农"工作的法治建设，不断将各项涉农工作全面纳入法治的轨道，在建设法治中国的进程中更加有效地全面建设法治乡村。

课题组组长：张英洪

课题组主要成员：刘妮娜　刘伟　刘红岩　刘雯　王丽红　李婷婷　杜成静

执笔：张英洪

2019 年 3 月 20 日

专题报告

健全自治、法治、德治相结合的
乡村治理体系研究

中共北京市委农工委课题组

党的十九大报告提出健全自治、法治、德治相结合的乡村治理体系。2018 年，中央 1 号文件强调构建乡村治理新体系要坚持自治、法治、德治相结合，确保乡村社会充满活力，和谐有序。近年来，市委、市政府按照中央要求，结合首都特色，致力于构建与首都功能定位相适应的乡村治理体系。随着城镇化进程的快速发展，京郊农村社会结构发生了较大变化，出现了新的矛盾和问题，给乡村治理带来新的挑战。为有效推动首都乡村治理体系和治理能力现代化，北京市委农工委与北京市农村经济研究中心、华北电力大学组成调研课题小组，共同开展了健全自治、法治、德治相结合的乡村治理体系专题调研。课题组通过深入走访和问卷调查，深入分析了首都乡村治理的现状与问题，并提出健全自治、法治、德治相结合的乡村治理体系的对策与建议。

一、构建"三治"结合乡村治理体系的重要性和必要性

党的十九大明确了"三治"结合的乡村治理体系，是新时代乡村治理的目标和要求，更是实现乡村振兴的重要内容和重要途径。只有把乡村自治、法治、德治"三治"并重、有机结合，才能构建更加完善的乡村治理体系，实现乡村治理能力现代化；也只有构建"三治"结合的乡村治理体系，才能更好地推动乡村振兴战略，建设"产业兴旺、生态宜居、乡风文明、治理有效、生活富裕"的美丽宜居乡村。

（一）"三治"结合共同构成了乡村治理的完整体系

乡村是一个复杂多元、发展变化而又相对稳定的社会空间，乡村治理应

当是一个多元主体参与、多层面结合的制度体系和实践过程。实现乡村治理的现代化，必须坚持多元综合治理。"三治"既有独立的内含与要求，又相互紧密联系、各有侧重，缺一不可，三者共同构成了乡村治理的有机整体、完整体系。具体而言，自治是村民自我管理、自我服务、自我教育和自我监督，它是乡村治理的核心。从本质上看，乡村治理体系建设的目标就是完善村民自治，强化自治能力。法治是乡村治理有序的根本保障。唯有依法实行的自治，才是真正的自治；唯有法律框架内的德治，才是真正的德治。德治是乡村治理的社会文化基础，为乡村治理提供价值支撑，没有良好的社会风气，积极的价值观念，自治就难以实施，法治也将不堪重负。以法治规范自治、实现自治；以德治支撑自治、滋养自治；在自治中实现法治，践行德治，才能最终实现民意、法律和道德相辅相成，自治、法治和德治相得益彰，达到乡村社会的善治。

（二）构建"三治"结合体系是乡村治理的必然要求

随着乡村经济社会的快速发展，基层组织管控农村社会的单一化格局已经打破，需要以治理的思维对农村社会发展的主体进行重新建构。管理是由上而下的垂直性管控，主要采用行政手段进行管理，而治理则是平等主体的平行性共治，需采用多元手段，由多元主体共同参与，协同治理。由管理到治理，蕴含了价值理念和思维方式的重大创新。所以，摒弃单一化格局下"管理、管控"的方式，构建包括基层党组织、村民自治组织、农村经济社会组织和村民等多元化主体治理的新格局是大势所趋。在此意义上讲，"三治"并重、补齐短板，构建"三治"结合体系是乡村治理的必然要求。

（三）"三治"结合的乡村治理体系对推动乡村振兴具有非常重要的作用

党的十九大做出了实施乡村振兴战略的重要部署，把"治理有效"列入乡村振兴战略的总要求。实现乡村振兴，需要建立健全"党委领导、政府负责、社会协同、公众参与、法治保障"的现代乡村治理体制，以自治增活力、以法治强保障、以德治扬正气。"三治"结合的乡村治理体系，体现了坚持党的领导、人民当家做主、依法治国的有机统一，回答了乡村社会"治什么、怎么治、谁来治"的问题，是对乡村治理各主体、各要素、各机制的统筹融合，有效激活了各方面参与乡村治理的主动性和创造性，为推动乡村振兴，打造充满活力、和谐有序的乡村社会提供了强有力的制度保障。

二、北京市乡村治理的现状

从调研的情况看，如何实现乡村善治，多年来京郊各地一直在进行不断地探索，积累了不少经验，取得了一定成效，主要表现为以下四个方面：

（一）治理主体更加多元

目前，北京市乡村治理已由相对单一的乡镇党委政府以及村"两委"向更加多元参与的治理主体转型。在"乡政村治"的治理模式下，逐步形成了由乡镇党委政府、村党组织、村民委员会、经济合作组织（各类型的农民专业合作社、互助社等）、农村社会文化组织（各种协会、文化社团等）、群众组织、乡村公益组织（农村社区服务组织、农村养老驿站等）共同构成的乡村治理组织架构和多元主体共治的态势。该架构既包括村庄内部各组织之间的共治共管，又涵盖农村与市、区、乡镇各级之间的互动机制。在多元化的乡村治理主体中，村"两委"是乡村治理的中坚力量，农村基层党组织发挥领导核心作用；村委会在党组织的领导下，以村民代表会议（村民会议）为决策形式，对村庄公共事务进行依法民主管理。截至 2017 年年底，北京市共有 6 409 家农民专业合作社、11 003 家社会组织、186 家农村社会养老服务组织、3 672 个农村社区服务站和 21 个农村社区服务中心。这些乡村经济、社会、文化组织在法律法规的规范下和村"两委"的引导下，协同配合，积极参与村庄建设和治理，形成了乡村治理的重要力量。

（二）治理方式更加多样

随着乡村治理体系的不断完善，京郊乡村治理方式也逐步从单一的自上而下的运用行政手段转向运用行政、法律、道德、现代信息技术等多种资源协同共治的方式转变。在自治方面，不少乡镇、村创新村务公开方式，通过广播电视、微信公众号等，增强村务公开的实效。如，怀柔区依托歌华有线电视云服务推行"财务公开"，已有 102 个行政村将财务信息全部上传网络平台，使村民坐在家里就能点看公开情况。顺义区仁和镇平各庄村设置了村务公开电子显示屏，定时公开党务村务信息。在法治方面，2003 年以来，北京市积极推动民主法治示范村建设，截至 2018 年 7 月，全市已有 68 个村被评为"全国民主法治示范村"；2010 年《农村土地承包经营纠纷调解仲裁法》颁布实施以来，全市 13 个涉农区均成立了由主管区长为主任的土地承包仲裁委员会，形成了一支稳定的仲裁员队伍，截至 2017 年 7 月，已经取得资格证书的仲裁员有 379 名。一些村还成立了调解委员会，建立了法律援助联络员队伍，引导和帮助群众申请法律援助，依法维权，有效化解了乡村矛盾纠纷。在德治方面，许多乡镇、村通过开办道德文化讲堂、村庄春晚、发掘乡土文化等，引领乡村文化新风尚。如，延庆区大力实施"村村响"工程，通过有线广播，向村民宣传党在农村的方针政策，播放生活百科、农业科技、快乐驿站等节目，丰富村民的文化生活。通州区于家务回族乡仇庄村党支部大力弘扬孝德文化，为全村 193 户家庭提炼制作了家风、家训、家规，营造出"大树底下谈家道，农家院里话家风"的良好氛围。

（三）治理能力明显提高

在推进乡村治理的具体实践中，各区、乡镇、村通过加强领导班子和人才队伍建设、创新服务方式等有效提高了乡村治理能力。一是乡村干部结构不断优化。通过从机关干部中"派"、从本地能人中"聘"、从外出务工经商党员中"引"、从大学生"村官"中"选"、从异地优秀村干部中"调"等多种方式，选好配强村党组织书记。截至 2017 年年底，村党组织书记、村委会主任"一肩挑"比例达到 64.3%，村"两委"交叉任职比例达到 55.4%；村党组织书记平均年龄 51.6 岁，大专及以上学历占 60.2%，村委会主任平均年龄 51.2 岁，大专及以上学历占 51.6%。二是干部队伍素质整体提升。通过加强教育培训，不断提高农村基层干部队伍素质能力，制定了《2016—2020 年全市农村基层干部人才教育培养行动计划》，仅 2017 年全市共开展乡村干部培训近 12.8 万人次。各区也开展了形式多样的农村干部培训，如，海淀区选派 6 批共 103 名农村基层干部到上海、东莞进行异地挂职培训，学习和借鉴发达地区农村经济发展和社会治理的优秀经验。三是以"街乡吹哨、部门报到"为载体，提升乡镇协同能力和乡村干部治理能力。目前，全市有 169 个街乡开展了试点工作，通过创新工作机制，动员各种资源和力量共同参与乡村治理，形成了党组织领导基层治理的"北京经验"。一些乡镇还通过设立人大代表联络站、配备基层治理网格员等措施，有效地动员各种资源和力量，解决乡村治理难题。

（四）治理效果进一步显现

在自治方面，村民自治能力得到增强，村民参与村庄公共事务的意愿和热情明显提升，村庄民主治理水平不断提高。在上一届的村"两委"换届选举中，村民参与率超过了 90%。民主决策程序更加规范，民主监督有效开展，村务公开满意度逐年提高，2017 年接近 80%。在法治方面，基层干部和村民群众的法治观念进一步增强，乡村治安问题大幅度减少，知法懂法依法维权的人数大大上升。如，平谷区平谷镇西寺渠村坚持依法治村，加强法制文化宣传，解决了村内党组织软弱涣散、干群矛盾尖锐、村内环境脏乱、经济发展滞后等问题，推动乡村治理走上了法治化道路，该村于 2015 年被评为"全国民主法治示范村"。在德治方面，乡村风气整体向好，村民精神文化生活日益丰富多彩。如，朝阳区高碑店村高跷老会、十八里店乡舞狮、东坝乡传统民间花会—开路、常营乡抖空竹、孙河乡上辛堡村高跷、三间房乡威风锣鼓等文体队伍，从 2005 年开始受邀到美国、英国、加拿大、澳大利亚等国家进行表演，不仅丰富了村民文化生活，还让更多的外国友人认识、了解了中国传统文化。顺义区高丽营镇一村，充分利用"戏曲之乡"的传统资源，经常举办村民群众文化活动，有效传承和弘扬了优秀戏曲文化。通过 2 479 份问卷调查结果来看，98.3% 的调查村有村规民约，54.9% 的村干部认为村规民约的作用很大，96.7% 的调查村有文化活动室，约 2/3 的村民认为村文化室作用较大。

三、乡村治理面临的形势及存在的问题

随着新型城镇化和城乡一体化的发展，京郊乡村的经济结构、人口结构、价值观念、组织模式、社会规范等发生了很大的变化，给京郊乡村治理带来了新挑战和新问题。

（一）面临的形势

1. 城乡关系融合化

在京津冀协同发展和疏解北京非首都功能的大背景下，城乡联系更加紧密，城乡融合发展的趋势日益明显，乡村社会结构和经济发展方式的改变，对传统乡村治理模式带来较大冲击。一方面，城乡融合发展加速了资源和要素的重组，促进了城乡要素的双向流动，转变了资源配置方式。公共财政对乡村基础设施和公共服务的进一步覆盖，降低了集体经济组织的负担，同时也削弱了农民对基层组织的依赖，这就给传统的行政命令、大包大揽以及封闭式的乡村治理模式带来新的挑战。另一方面，城乡融合发展推动了农村劳动力向城市和非农产业转移，农村人口老龄化严重，山区村庄的空心化加剧，如，延庆区、

怀柔区、门头沟区等山区农村常住人口老龄化率超过 50％，延庆区四海镇 18 个村常住人口在 60 岁以上的占比达到 50％，谁来种田、谁来治理的问题日益突出。同时，城乡接合部地区的村庄人口倒挂现象突出，这对乡村社会治理能力提出了新挑战。

2. 乡村形态多样化

改革开放以来，随着北京市城镇化的快速推进，京郊乡村出现了明显的分化。据调查统计，全市 3 900 多个村大体上分化为"三无"村、拆迁村、倒挂村、空心村、传统村等类型。"三无"村是指无农业、无农村、无农民，但有集体经济组织的村庄，这类村庄有 56 个；拆迁村是指因城镇化建设征地或居住环境改善等因素拆迁或搬迁上楼的村庄，这类村庄有 720 个；倒挂村是指外来人口多于本村户籍人口的村庄，这类村庄有 173 个；空心村是指在城镇化进程中大量中青年人口流出村庄进城务工经商或在城镇安家置业，人口稀少、闲置农宅较多的村庄，这类村庄有 48 个；传统村是指保持和延续传统乡村风貌、村庄形态基本稳定的村庄，这是京郊农村的主体形态，也是实施乡村振兴战略的重点地区，这类村庄有 2 986 个。不同类型的村庄的乡村治理面临着不同的侧重点，以往单一的乡村治理模式已经不能适应村庄加剧分化的现实需要。

3. 利益结构复杂化

在城镇化和农村改革开放不断深化过程中，乡村人口流动频繁，农村经济社会从封闭走向开放，农村经济成分、组织形式、就业方式和利益主体日益复杂化和多元化。一方面，在城乡接合部地区，在三无村、拆迁村、倒挂村聚居大量的外来人口，外来常住人口已成为村庄人口的重要组成部分。另一方面，农民内部也发生了较大分化，从收入水平、从业领域、成员身份等多方面发生了分化，日益形成了不同的利益群体，形成了错综复杂的利益关系，产生了不同的利益诉求和不同的利益维护方式，使得社会治理任务更加繁重。在针对"村内最难管的人群"调查显示，村干部选择主要集中在外来人口和无业人员，分别占 39.3％和 25.1％。近两年内，39.8％的村有村民上访现象，上访理由为宅基地问题的占 32.9％，拆迁问题的占 30.8％，经济纠纷的占 21.8％，邻里关系的占 14.5％。复杂多样的利益结构和乡村矛盾对乡村治理中的利益协调和整合能力提出了新要求。

4. 基层组织多元化

随着城市化水平的不断提高，农村地区的经济结构、就业结构、消费结构等发生了重大变化。这些变化催生了许多不同类型的新型经济组织、社会组织和民间组织，使基层党组织的工作领域由传统领域向非公有制企业、农民专业合作社、农业产业协会、个体工商户以及流动群体等领域拓展，为乡村治理提出了新的挑战。如何对新的组织进行有效治理，如何将新的组织纳入治理体系，实现协同治理，是各级党委政府和村"两委"面临的新课题。

（二）存在的问题

面对新形势、新要求，目前北京市乡村治理机制和治理模式还存在一些矛盾和问题，主要有以下五个方面。

1. 基层自治存在缺位

调研发现，少数村仍存在"一言堂"现象，村民代表会议（村民会议）走过场，决而不议、议而不决的情况时有发生。有的村存在村务公开流于形式等问题。调查显示，18.7%的村民表示看不懂村务公开内容，23.8%的村民认为村务公开的账目还不够明细。一些村传统的"管控思维""维稳思维"仍旧存在，认为村里无人上访就是治理成功，服务意识、村民参与意识不强。一些村村民的政治文化素质偏低，民主参与、民主议事的能力不强。村民自治的规范化、程序化、精细化方面存在不足。

2. 依法治村比较薄弱

调研发现，乡村人治思维还是比较突出，基层法治文化建设依然薄弱，有的乡村干部法律意识还不够强。有的村干部独断专行，以权谋私，违规违纪，如，在选举过程中，个别还存在拉票贿选行为。少数村干部存在"小官巨腐"问题，侵蚀乡村治理的根基。还有个别村受黑恶势力控制，存在违法乱纪、有前科的人担任村干部的现象。对上访村民的调查显示，2/3以上表示不会选择司法途径来解决问题，主要原因是不知道怎么打官司、法院解决不了等两个方面。

3. 乡村德治相对滞后

随着农村经济社会结构的转型，一些村原有的人情伦理、道德规范受到冲击，导致村民相互之间的信任度下降。一些地区出现拜金、赌博、邻里关系紧张、不赡养父母等现象。陈规陋俗仍有市场，存在婚丧大操大办、厚葬薄养、人情攀比、高额彩礼等。少数村仍旧存在封建迷信、信神信教现象。不少村仍然存在"闲人"现象。根据相关统计，北京市农业户籍劳动力中约有22万有劳动力但未能就业的"闲人"，除了自身技能教育等原因之外，主观上缺乏劳动愿望，"不丢份儿"等思想也是造成"闲人"现象的重要因素。部分村民靠补偿款吃利息和房租收入，不愿意勤劳致富。一些村村规民约不能与时俱进，长期不进行修订，有的挂在墙上做样子。调查显示，45.1%的村干部和24.1%的村民认为村规民约作用一般或基本没有作用，约3/4的村民认为婚丧嫁娶、生日升学等情况应该摆宴席。

4. "三治"结合还不充分

调研中我们感到，不少村"三治"结合的体系还没有充分确立起来，自治、法治、德治结合得还不够紧密，有的还明显存在短板和不足。与此同时，"三治"结合的乡村治理体系评估指标也没有确立起来，"三治"结合的体系包含哪些内容、具体指标是什么、如何进行评价和考量，也没有现成的经验可供借鉴和推广。

5. 社会力量参与不足

一方面，社会力量参与不足，社会参与的长效机制还没有建立起来，有的地方不重视整合各种社会资源，不注重调动一切积极因素，不善于借助外力，缺乏综合协调的能力。另一方面，农民的主体作用没有充分发挥出来，少数村干部不注重听取群众的意见，不尊重群众的主体地位，重要事项走群众路线不够，倾听群众呼声不足，维护群众利益也不到位，有的甚至侵害群众的利益。

四、健全"三治"结合的乡村治理体系的对策建议

针对上述存在的问题，在健全"三治"结合的乡村治理体系方面应坚持问题导向，从实际出发，在以下四个方面进行积极探索和实践。

（一）坚持党的领导，发挥好党组织的领导核心作用

乡村治理体系的构建必须在党的领导下进行，通过加强党的领导，使乡村治理更加有序、充满活力，沿着正确方向发展。

1. 发挥党建引领作用

加强党组织建设，以提升组织力为重点，突出政治功能。坚持走群众路线，动员和组织群众广泛参与乡村治理。下沉乡村治理的服务触角，降低社会治理的成本，推动乡村治理从管控向服务转变。创新模式，充分借鉴浙江"枫桥经验"，强调社会主体的广泛参与，进一步统筹各方资源。加强自身建设，建强班子、选好干部，发挥好广大党员在乡村治理中的中流砥柱作用。

2. 创新党组织领导方式

创新服务群众方式。以群众需求为出发点，建立健全党组织领导下的服务

平台，健全党员为主体的便民服务队伍。满足群众多样化的需求，分级建立党群服务中心，完善部门包村、干部驻村、结对帮扶、双报到、志愿服务等机制，形成常态化的服务机制。创新组织设置方式。主动适应工业化、城镇化、信息化、农业现代化发展变化，大力推进各领域党组织的全覆盖，如在产业园区、社会组织、专业合作社中建立党组织。创新工作方式。建立运转协调机制，深入推进"街乡吹哨、部门报到"工作，明确职责任务，解决基层治理中缺位、越位和错位的问题。

3. 提升领导乡村治理的能力

构建科学的组织动员体系，调动一切因素参与乡村治理，特别是发挥好农民的主体作用，增强基层党组织组织动员群众的能力。依托党组织，整合公共资源，将多元要素纳入基层治理框架，把社会组织纳入治理体系，增强基层党组织协调利益的能力。有效化解农村社会矛盾，妥善解决社会治理中存在的问题，增强基层党组织化解矛盾的能力。

（二）坚持"三治"结合，构建协同共治的治理格局

正确处理"三治"之间的关系，健全和创新村党组织领导的充满活力的村民自治机制，强化法律地位作用，努力将农村各项工作纳入法治化轨道，让德治贯穿乡村治理全过程。

1. 深化村民自治实践

推进村民自治的制度化、规范化、程序化、精细化建设，在规范民主选举的基础上，加大民主决策、民主监督、民主管理的力度，真正实现村民当家做主。在民主决策上，健全村民议事制度，发挥村民代表会议（村民会议）作用，加强和改进村民自治工作，保障广大群众参与村级事务的决策权。在民主监督上，建立和完善村级重要事项公开公示制度，强化村民监督委员会功能，规范监督内容、权限和程序，保障广大群众真正行使对事关村民利益的项目、资金分配和使用的监督权，提高村务监督工作水平。在民主管理上，支持和鼓励农民结合本地社会和文化特点自主讨论、协商制定乡规民约，加强自我规范和约束。探索村民利益表达机制，完善信访制度，设立基层联络站或联络员，积极收集民意，反馈群众意见和需求。

2. 加强乡村法治建设

坚持法治为本，树立依法治理理念，强化法律在维护农民权益、规范市场运行、农业支持保护、生态环境治理、化解农村社会矛盾等方面的权威地位，

加快建设法治乡村。增强基层干部法治观念，将各项工作纳入法治化轨道。深入推进综合行政执法改革向基层延伸，创新监管方式，推动执法队伍整合、执法力量下沉，提高执法能力和水平。建立健全乡村调解、市区仲裁、司法保障的农村土地承包经营纠纷调处机制。加大农村普法力度，提高基层干部和广大农民群众的法治素养。健全农村公共法律服务体系，推广法律援助工作站，加强对农民的法律援助和司法救助。

3. 提升乡村德治水平

深入挖掘乡村熟人社会蕴含的道德规范，结合时代要求进行创新，强化道德教化作用，引导农民向上向善、孝老爱亲、重义守信、勤俭持家，培育良好村风民风。培育弘扬社会主义核心价值观，注重以文化人、以文养德，实施文化惠民工程，繁荣群众精神文化生活。建立健全道德讲堂、文化主题公园、文化礼堂等阵地，引导大家讲道德、守道德。开展"道德模范""最美家庭"等评选活动，发挥身边榜样示范带动作用。持续推进农村精神文明建设，弘扬中华优秀传统文化和文明风尚，依托村规民约等褒扬善行义举、贬斥失德失范，推进乡村移风易俗。

4. 推进"三治"有机结合

借鉴浙江省等地推进乡村治理的基本经验，研究建立乡村治理工作规范，科学制定乡村治理评价指标体系，对村庄进行分类管理，在每一类村庄中探索建立"三治"有效结合的典型模式。定期开展"三治"结合示范村评选活动，通过电视、报刊、网络等形式，大力总结宣传"三治"结合的典型案例、做法，充分发挥先进典型的示范带动作用。

（三）坚持规范引导，调动各方力量参与乡村治理

乡村治理不仅仅是村里的事，而且涉及市、区、乡镇、各部门和社会力量各方面。这就需要我们进一步理顺关系，充分发挥各治理主体的积极性，提升乡村治理能力和水平。

1. 引导社会组织广泛参与

发挥社会组织和社会力量在资金、技术、市场、管理等方面的优势，组织非公组织、社会团体、高校、企业、协会等，通过资源开发、产业培育、市场拓展、村企共建等形式参与治理和帮扶。在参与治理的内容和方式上分门别类、精准施策，重点放在产业帮扶和劳动力就业上。建立统筹协调机制，加强多元力量整合，强化示范带动，发挥好第一书记的桥梁纽带作用，充分激发社

会力量参与社会治理的活力。

2. 发挥好新乡贤的作用

充分发挥乡贤的人缘、地缘优势，将有能力、有威望的退休干部、军转干部、外来务工代表等，通过组建乡贤议事会、乡贤参事会、乡贤理事会，积极引导乡贤参与乡村治理。坚持民事民办、民事民治，以村民自治和公共服务为主要任务，提高乡贤参与乡村治理的积极性。采取乡贤提议、商议、村民代表决议和"一事一议"等形式开展工作、参与治理，弥补政府治理能力不足和村民自治能力缺失的问题。

3. 理顺各主体之间的关系

明确组织、民政、司法等市级有关部门在"三治"结合乡村治理体系建设中的责任，加强统筹协调，督促有关部门履行职能、各司其职、发挥作用。理顺上下级权责关系。理顺区与乡镇、乡镇与村之间的关系，赋予乡镇更多治理权。乡镇政府对村民委员会给予指导、监督和帮助，不得干预村民自治。村委会自觉在乡镇党委和村党支部的领导下开展工作。压实各治理主体的责任，坚持守土有责，提高治理效果。

（四）坚持以人民为中心，实现乡村善治的根本目标

在构建"三治"结合的乡村治理体系过程中，应始终坚持以人民为中心，充分尊重和发挥农民的主体地位，切实维护农民利益，构建以农民评判的治理成效机制，实现乡村善治的根本目标。

1. 尊重农民的主体地位

乡村治理的主体是农民群众。农民群众是农村治理创新的力量源泉。构建乡村治理体系，应尊重农民的主体地位，了解农民想什么、盼什么、要什么，畅通农民诉求表达渠道，积极为农民群众排忧解难，做到村中事务多跟农民商量，充分重视农民的话语权，以农民的需求为出发点和落脚点。尊重农民的首创精神，为农民群众发挥作用搭建平台、创造条件，从制度上保证农民参与治理，制定治理规则，参与治理决策和执行。提升群众参与治理能力，通过教育、培训、典型引路等措施帮助农民了解规则、熟悉权利，增强思想认识和治理水平。

2. 切实维护农民利益

针对北京市五类村庄的实际情况，各有侧重地推动农村集体产权制度和农村土地制度改革，切实保护农民利益。针对"三无村"，确保集体资产的公平合理处置，保障农民带着集体资产参与城市化，维护村集体和村民的集体资产权益。针对"拆迁村"，切实保护拆迁村民的财产权益，妥善处置集体资产，合理管理和有效使用征地补偿费用。针对"倒挂村"，深入探索农村集体经营性建设用地入市和集约利用，探索集体建设用地建设租赁住房。针对"空心村"，深化农村宅基地制度改革，创新宅基地"三权分置"具体实现形式，核心是尊重农民的自主选择和市场经济规律，赋予和保障农民宅基地和住房的财产权利。针对"传统村"，深化农村土地承包地"三权分置"改革，保障农民土地财产权。鼓励村庄大力发展集体经济，创新集体经济管理制度，切实保障集体经济组织成员的民主管理权和集体收益分配权。

3. 治理的成效由农民评判

乡村治理是否有效，应该由农民说了算。改变"自上而下"的政府主导的绩效考核指标，探索以"农民满意度"为核心、政府部门行政指标为导向的绩效考核指标体系。探索构建"自治、法治、德治"全方位的农民评价机制。借鉴通州区党建工作"四评"机制，以群众满意为导向，以群众认可为标准，使农民在乡村治理中的主体地位更加彰显。

2018 年 12 月

北京市乡村治理和农村社会发展研究

张英洪　王丽红

北京市是一个拥有2 172万常住人口的超大城市，下辖16个区、182个乡镇、3 900多个村，农业户籍人口233.8万人，常住人口城镇化率达到86.5%，户籍人口城镇化率为51.2%。近年来，随着城镇化进程的快速发展，京郊农村社会结构发生了很多新变化，对乡村治理提出了新挑战，如何进一步推进乡村治理现代化已经成为当前全面深化农村改革的重大课题。

一、新变化和新形势

在城镇化进程中，京郊农村经济社会结构发生了重大变化，可以概括为五个并存。

（一）农业产值下降与农业地位上升并存

北京的农业是都市型农业。在京津冀协同发展和疏解非首都功能的大背景下，北京市按照"调、转、节"的发展思路，对农业发展空间实施战略性调整，农业生产规模进一步收缩，农业产业结构向优质安全绿色的方向的调整。2016年，北京粮田从2014年的14.73万公顷调减到7.33万公顷，减少了7.4万公顷，畜牧基地关停379个，农林牧渔业总产值338.1亿元，同比下降9.9%。农业、林业、牧业、渔业产值均出现不同程度的下降。2016年，北京市第一产业总产值占全市总产值的比重下降到0.5%。三次产业比重为0.5：19.2：80.3。北京农业在不断弱化的同时，其生态和生活功能都在不断拓展，生态和生活价值明显提升。根据市统计局测算，北京市农业生态服务价值贴现值已超过1万亿元。北京休闲观光和乡村旅游迅速发展，2016年北京市观光休闲农业和乡村旅游业成为领跑都市农业发展的新兴产业，总产值达到14.4亿元。

（二）农村人口倒挂与农村空心化并存

在城镇化进程中，随着人口的大规模流动，京郊农村人口发生了巨大的结构性变化。一方面，城乡接合部地区的流动人口不断增加，人口倒挂现象非常突出。北京市城乡接合部 50 个重点村中户籍人口与流动人口之比平均为 1：5，严重的高达到 1：20。另一方面，在传统农业型村庄，随着劳动力向二三产业和城镇转移，农业劳动力老龄化、农村空心化的问题日益加剧。2016 年北京农村居民超过 60 岁以上的人口占总居住人口的 30%，超出国际老龄化标准的 20 个百分点。2014 年抽样调查显示，北京市山区农宅闲置率达到 15%。

（三）村庄衰败与乡村复兴并存

城镇化导致不少村庄呈现衰败景象，边远山区村人口大量外流后形成了空心村、老人村，一些村庄也在消失。与此同时，一部分生态环境优美、具有传统历史文化的乡村却日益走向复兴。截至 2016 年，北京市门头沟区下清水村等 493 个村被命名为北京市第一批美丽乡村，有 74 个农业园区被评为国家级休闲农业与乡村旅游星级示范园区，有 16 个村被列入了中国传统村落名录，其中 14 个已经完成了保护规划，有 44 个村被确定为市级传统村落。这些村庄已成为市民休闲度假的好去处。

（四）农民进城与市民下乡并存

北京的城镇化与郊区化发展趋势同时存在。一方面，农业户籍人口向二三产业和城镇转移，不少农民在城市就业、居住、购房。2015 年北京市一产就业人数下降为 50.3 万人，乡村常住人口减到 292.8 万人，分别比 2010 年减少了 9.8 万人和 17.3 万人。另一方面，市民在周末和小长假期间乐于到京郊乡村体验民宿、农事和传统乡村文化，2015 年北京休闲农业与乡村旅游共接待游客 4 043 万人次，比 2010 年增长 21.5%。一部分市民到农村租住闲置农宅，例如，昌平区兴寿镇下苑村有 43 个农宅出租给艺术家，形成闻名的画家村。怀柔区渤海镇田仙峪村积极探索盘活农村闲置房屋发展乡村休闲养老社区，目前累计租金收入已达 1 700 多万元。据对京郊 76 个村的调查，30% 的村庄主要收入来源于房屋租赁。

（五）传统人治思维与现代法治方式并存

长期以来，不少乡村干部形成了以人治思维控制人、管理人的行为定式，乡村治理以维稳为核心，一些乡村干部仍然存在"花钱买平安"的思维，不注重依法治理，滥用职权、损害村集体和村民利益的情况仍然存在。乡村干部的权力约束和监督机制不完善，乡村干部的权力没有关进制度的笼子里，"小官贪腐"现象仍有发现。党的十八大以来提出的全面从严治党和全面依法治国深入人心，越来越多的基层干部有了现代法治意识，广大村民也越来越多地懂得运用法律法规维护自身权益。一些基层干部的传统维稳思维与村民的依法维权行动存在较大博弈。

二、新矛盾和新挑战

在快速城镇化背景下，北京市乡村治理和农村社会发展出现了新的矛盾和问题，给乡村治理带来很大挑战。

（一）人口老龄化与农业现代化的矛盾

2015 年北京市人口老龄化率已经达到 15.7％，农业老龄劳动力占三分之一，其中北京农业户籍老龄化达到 22％，高于全市人口老龄化率。北京每年有 10 多万外来务农人员从事第一产业。随着农村人口老龄化的加剧，农村经济发展的人口红利消失，人口约束已成为首都现代农业发展的重大瓶颈。当前，在农村，谁来种地怎么种地、谁来养老怎么养老、谁来治理怎么治理的问题日益突出。如何积极应对人口老龄化问题，为现代农业发展提供源源不断的人力资源，解决谁来种地问题是当前面临的重大挑战。

（二）农村集体所有制的封闭性与农村社区建设开放性的矛盾

我国农村集体所有制是一个以农村集体组织成员为基础的封闭性制度安排。在城镇化过程中，城乡人口流动频繁，农村已经成为开放的人口聚居地，特别是在城乡接合部，大量外来人口居住生活在农村，外来常住人口已成为村庄人口的重要组成部分。原本只为本村人口提供村级公共服务和集体福利的村集体经济组织，往往超负荷地承担了数倍于本村户籍人口的外来人口的公共服务压力。外来人口如何有序融入所在村庄社会公共治理，也需要新的思维和方式来解决。

（三）城乡户籍制度并轨与基本公共服务均等化的矛盾

随着新型城镇化的发展，2016 年北京市出台了《关于进一步推进户籍制度改革的实施意见》《北京市实施〈居住证管理条例〉办法》《北京市积分落户管理办法（试行）》，明确规定了"取消农业户口和非农业户口性质区分，统一登记为居民户口"。同时北京市正式实施居住证制度和积分落户制度，推进城镇基本公共服务和便利常住人口全覆盖。这是北京市户籍制度改革的重大成果。但是，当前城乡基本公共服务均等化的进程却滞后于户籍制度改革，城乡居民基本公共服务的差距仍然较大。以城乡居民养老保险为例，据测算，北京市一般农民退休金只有500元左右，而一般城镇居民退休金在3 000元左右。另外，农转居中的1个超转农民的转非成本却高达200万元。

（四）农村经济发展与社会治理滞后的矛盾

近年来，随着强农惠农富农政策的实施和新型城镇化的发展，特别是一些重大建设项目落地京郊农村，农村集体获得征地补偿款大幅增加。例如，首都第二机场落户大兴区礼贤镇和榆垡镇，新机场规划红线内20余个村庄拆除，村级集体经济组织因获得征地补偿款，使集体资产总额增加45亿元，同比增长17.2%；海淀区海淀镇新增征占地补偿款近50亿元，基本都注资入村级集体企业；西北旺镇集体企业新增腾退安置房建设资金23亿元，引起海淀区集体资产总额同比增长16.5%。2016年全市农村集体资产总额为6 036.5亿元，同比增长8%。在集体资产增长、集体经济发展的同时，乡村治理机制创新却明显滞后，如何加强集体"三资"管理、防止"小官贪腐"、实现集体资产保值增值、维护和发展农民财产权益，还有很多的工作要做。

（五）鼓励工商资本下乡与维护村民权益的矛盾

在城镇化进程中，工商资本成为推动农业现代化的重要力量。2014年全市集体土地资源清查数据显示，北京市工商资本租赁经营集体农地的共有1.73万个经营主体，租赁经营集体农地面积8.002万公顷，占全市农地总面积的19%。2016年对本市76个村抽样调查显示，15.8%的村引入了工商资本参与农宅经营。然而，一些工商资本进入农村后圈占土地，造成了去粮化、非农化，强迫农民上楼等问题，损害了农民权益。

（六）疏解非首都核心功能与发展集体经济的矛盾

有序疏解北京非首都功能，推动京津冀协同发展，是首都"三农"发展的大前提。但长期以来，集体经济发展以低端产业为主，特别是城乡接合部地区形成了以房屋租赁为主的瓦片经济，这些集体经济发展受到疏解非首都功能的直接冲击。2016 年顺义区外迁关停集体企业 29 家，其中东方雨虹防水技术股份有限公司 2015 年收入高达 2.3 亿元；门头沟区迁出、关停集体企业 12 家，其中疏解王平镇新型建材有限公司，收入减少 1 352 万元，关停斋堂镇正泽制砖有限公司，收入减少 1 280 万元。集体企业被迫关停转型，给农民就业和财产性收入造成了较大影响。如何在疏解非首都核心功能的大背景下，实现农村集体经济转型升级发展，是当前面临的一个重大挑战。

三、对策建议

面对新形势、新挑战，北京的农业农村工作要紧紧围绕建设国际一流的和谐宜居之都的战略目标，不断创新乡村治理体制机制，加快推进乡村治理现代化，促进农村经济社会全面发展。

（一）在治理认识上，要加快补上乡村治理这个短板

乡村治理是农村改革发展中的短板。当前，应当把创新乡村治理机制、提高乡村治理水平、促进农村社会全面进步作为解决"三农"问题和推进城乡一体化发展的战略任务。要从加大农村物质技术投入向全面提高乡村治理水平转变。近些年来，在新农村建设中，北京市对京郊农村基础设施建设的投入巨大，农民生产生活条件有了根本性的改观。下一步，应当把加强和完善乡村治理作为"三农"工作的重点，进行全面部署、统筹安排，实现农村由硬件建设为主向不断完善乡村治理体制机制的软件建设为主转变。

（二）在治理目标上，要突出维护村民权益和社会公平正义

习近平总书记指出，社会治理要以最广大人民利益为根本坐标，构建全民共建共享的社会治理格局。乡村治理不是如何去限制村民、控制村民，而是要把保障好、维护好、发展好农村居民基本权益作为出发点和落脚点，切实维护社会公平正义。一要维护和发展村民的财产权利，深化农村集体产权制度改革，完善"三权分置"办法，加大宅基地制度改革力度，健全农村"三资"管理制度，把农民财产权保护纳入法治化轨道。二要围绕保护和实现村民的社会保障权利，加大城乡基本公共服务均等化的力度，特别是要针对农村人口老龄化等社会问题，切实提高农村居民基本医疗和基本养老保障水平，着力缩小城乡居民在社会保障权益上的差距。推进乡村治理创新，要

切实加强制度建设，特别是要在制约权力、驾驭资本上着力，有效维护社会的公平正义。

（三）在治理主体上，要着力构建多元民主治理新格局

推进乡村治理要构建以基层党组织为核心的多元共治乡村治理格局。一是要创新基层党组织工作方式。在扩大基层党组织覆盖面、推动基层党组织由户籍村民向常住人口延伸的同时，基层党组织要重点履行全面从严治党的主体责任，带头遵守党纪国法，切实转变工作作风，将管理融入服务之中，努力建设服务型党组织。二是乡镇政府要全面依法行政，切实把权力关进制度的笼子里，转变政府职能，切实向法治政府、服务型政府转型，全面提高乡镇政府提供基本公共服务的能力和水平。三是农村集体经济组织要按照《民法总则》"特别法人"的规定，依法从事民事活动，平等参与市场竞争。要处理好政府承担基本公共服务与集体经济组织提供集体福利的关系，探索推进乡村政经分开，降低集体经济组织的社会负担。四是要切实调动和保障广大村民参与社会治理的积极性，维护和发展村民当家做主的民主权利，真正发挥广大村民在乡村治理中的主体作用。五是充分调动新兴社会组织参与乡村社区建设和乡村治理，积极培育经济发展类、社区服务类、公益慈善类等乡村社会组织，推动他们成为乡村社区建设的生力军、党群关系的润滑剂，从源头上减少社会矛盾，夯实党在农村的执政基础。

（四）在治理方式上，要全面推动法治德治自治齐头并进

乡村治理是一个综合性的系统工程。解决"三农"问题，推进乡村治理，要法治、德治、自治三管齐下，实现"法治有序、德治有效、自治有利"。一是加强乡村法治。法治是治国理政的基本方式，也是乡村治理的基本要求。乡村治理法治化的关键是要将法治中国建设的总目标切实体现在乡村治理全过程之中。要将国家法律法规与当地民情习俗结合起来，将法治建立在乡土文明的基础之上。二是提升社会德治。加强农村伦理道德建设和社会主义精神文明建设，坚持以社会主义核心价值体系为根本，建设乡村文化信仰中心，弘扬中华优秀传统文化，提升乡村治理的道德引领功能和道德感召力。三是完善村民自治。要健全村党组织领导的村民自治机制，着眼于建设自治乡村，做到还权于民，培育和保护乡村社会的自治能力，进一步推动村务公开，扩大村民的监督和参与度，提高村民自治水平。

（五）在治理环境上，要努力形成山清水秀的生态环境和风清气正的人文环境

乡村治理既要在良好的自然环境中展开，又要在良好的社会环境中推进。乡村治理要让广大村民看得见山、望得见水、记得住乡愁。要让乡村保留田园风光的自然之美、民风淳朴之美，还要让其融入现代元素。一要坚持绿色发展理念，加强对农村生态环境的保护和治理，建设生态文明。要按照绿色发展理念，进一步完善农村生态环境保护和治理体制机制，发展绿色农业、生态农业，建设山清水秀的美丽家园。二要弘扬和传承中华优秀传统文化，建设民风淳朴的现代新乡村，使中华传统农耕文明与现代法治文明交相辉映。要积极培育和引导新乡贤参与乡村治理，弘扬乡贤文化，加大传统村落的保护，建设村民幸福生活的精神家园。

原载《北京调研》2017 年第 9 期

北京市乡村治理问题研究

——产权关系的视角

课题组

一、乡村社会治理的内涵与背景

（一）治理与乡村治理的概念内涵

目前对于"治理"这一概念并无明确界定，最为权威的是 1995 年联合国全球治理委员会发表的《我们的全球伙伴关系》研究报告：治理是各种公共部门或私人机构在其职权范围内管理公共事务的所有方式和机制的总和，也是一种使相互冲突的或不同的利益得以调和并且采取联合行动的持续的过程[①]。治理过程的基础不是控制，而是私人部门和公共部门协调合作的持续过程[②]。中国学者徐勇针对中国研究语境也给出了定义："治理是通过一定权力的配置和运作对社会加以领导、管理和调节，从而达到一定目的的活动。"[③]

乡村治理是农村社区内，各种公共的和私人的组织依据法律、法规和传统习俗等管理农村公共事务，以维持本社区的秩序，促进社区发展的过程，其核心是村级治理[④]。它是一种新型基层政治的理想术语，它包容了乡村政治中的新机制与新实践。其主要内容为：乡村服务（包括乡村区域内的卫生、教育、治安、基础建设和经济发展）的委托、组织和控制。它是治理范式从国家宏观层面下移到乡村基层的表现，不仅具有一般治理理论的内容与特征，而且其复杂性还反映了国家与社会、中央与地方的微妙关系[⑤]。总结来看，中国当前对于乡村治理的研究集中在三个方面（图 1）：乡村治理的外在条件（宏观的结

---

① The Commission on Global Governance，Our Global Neighbourhood? Oxford University Press，1995。

② 苏敬媛，《从治理到乡村治理：乡村治理理论的提出、内涵及模式》，《经济与社会发展》，2010年第 9 期，第 73~76 页。

③ 徐勇著，《中国农村村民自治》，华中师范大学出版社，1997 年，第 22 页。

④ 颜涛，《治理理论视角下的村级治理研究》，曲阜师范大学，2008 年。

⑤ 樊雅强、陈洪生，《社会主义新农村建设中的乡村治理理论与实践》，《江西社会科学》，2007年第 3 期，第 227~234 页。

构性条件，它决定了乡村治理的空间及其资源限度）、内在机制（乡村治理研究的核心）和内生基础（乡村社会性质及农民生活状况为乡村治理提供的可能性）①。

图 1　乡村治理研究体系

（二）我国村治模式的阶段性变迁

我国乡村社会治理模式自 20 世纪开始出现较大的转折：20 世纪以前主要是双规政治，即自上而下的皇权和乡村内生的族权绅权，二者相互平行，相互作用；20 世纪之后国家力量逐渐延伸到乡村社会内部，先后出现三种主要的乡村治理制度：乡镇自治、"政社合一"的人民公社制和"乡政村治"的二元体制（表 1）。

表 1　我国乡村治理模式阶段性演变

时　间		乡村治理制度	特　点
20 世纪前		双规政治	"皇权"与"族权绅权"并行不悖
20世纪后	晚清—民国时期	乡镇自治	自治程度不高，国家行政力量膨胀
	农业合作化后	"政社合一"：人民公社体制	人民公社的双重属性：经济生产组织、基层行政机关→国家力量控制加强→政治高效、经济低效
	家庭联产承包制后	"乡政村治"：二元体制	国家行政管理与村民自治并存

（三）我国乡村社会治理的外部环境

乡村社会治理的外部环境，是指其得以展开的历史现实条件、乡村治理可以获取的治理资源能力与状况，包括经济环境、法制环境和文化环境。

1. 经济环境

村级治理作为乡村治理中的核心，本质上是一种基层政治制度安排，而经

①　贺雪峰，《乡村治理研究的三大主题》，《社会科学战线》，2005 年第 1 期。

济基础决定上层建筑，因此它与一定的乡村经济基础密切相关。我国现行的治理体制是旧体制逐渐解体的基础上建立起来的。

改革开放后，我国在农村推行以"村民自治"为内容的民主化村级治理改革，就是为了适应农村经济体制改革的现实而进行的乡村治理体制的创新。当代农村普遍实行生产资料集体所有制，土地归村集体所有。在家庭联产承包责任制下，以家庭为单位，按照人口多少，将集体土地分配给农民家庭经营。农业用地中所有权与使用权、经营权的适度分离将有助于农业生产力的提高。

20 世纪 90 年代以后，社会主义市场经济体制的逐步确立和现代农业的发展使农村经济开始向规模型和集约型转变，因而出现了各种经济合作组织和专业经济协会。这些经济组织的出现标志着民间组织在农村发展的物质条件和社会基础逐渐具备，应当重视它们的作用，使之成为乡村治理系统中的重要力量。

2. 法制环境

目前中国已经形成了比较完备的涉农法律法规体系：1982 年 12 月《中华人民共和国宪法》首次规定：城市和农村按居民居住地区设立的居民委员会或者村民委员会是基层群众性自治组织，这是从根本法的高度对村民自治所作的具有开创性的制度规定。1987 年 11 月 24 日颁布《中华人民共和国村民委员会组织法（试行）》于次年 6 月开始实施。它不但明确规定了村委会的性质、作用、职权、村委会组成人员的产生方式、村委会的决策、管理、监督等内容，为实施村民自治提供了法律基础。1998 年 11 月 4 日颁布了经修改的《中华人民共和国村民委员会组织法》，在继承原有《村民委员会组织法》（试行）的基本原则和精神的基础上，总结了十年来村民自治实施过程中所取得经验和教训，进一步完善了村民自治制度。各省、自治区、直辖市相继结合本地实际，制定实施具体办法和细则。截至 1994 年，全国共有 24 个省份立法制定了具体实施办法。

政府颁布一系列政策文件来规范和推动村民自治。1983 年 10 月，中共中央与国务院联合发布了《实行政企分开建立乡政府的通知》，明确要求在乡镇一级恢复乡镇政府的建制，同时在农村实行村民自治。1990 年 12 月 13 日，中共中央批转了《全国村级组织建设工作座谈会纪要》的通知，就如何建设党的村级组织与村民自治组织的关系、职权作了规定。1999 年 2 月 13 日颁布的《中国共产党农村基层组织工作条例》进一步明确了党在村民自治中的地位和作用。

3. 社会背景

快速城镇化是中国乡村治理的重要社会背景，其伴随着农村人、财、物三种资源的快速流动，使之具有很强的不稳定性。在一些大城市的近郊农村出现的是大量外来人口的涌入，由此带来的公共服务确实和社会隔离，对原有的治理结构是很大的冲击；而在一些传统的村庄则是乡村的空心化和传统社会秩序的崩塌。这种由快速城镇化所带来的强流动性对于原有的治理结构和模式产生了巨大的冲击。

（四）我国乡村社会治理的内部环境

乡村的内环境是政策在特定乡村社会得以发生的条件的总和。除了自上而下的政策在农村社会实践产生后果以外，乡村社会内部也会自发地内生秩序，这种内生秩序构成了乡村治理的另一部分内容。内环境主要涉及三个方面的问题：人、物质、社会文化。

1. 人的条件

人的条件是指在乡村生活的人们的状况（包括其观念、信仰、爱好、习惯、道德、知识、偏好，等等）。人的状况的变化是一个本质性的变化，农民的价值问题、观念问题、素质问题，都构成了乡村治理的社会基础，不能理解它们的变化，就很难把握乡村治理的内环境本质。而其中最关键的是人的生活价值观的问题。现代化进程改变了农民的传统观念，鼓励竞争，一定程度上推动了原有社会结构的解体。

2. 物质条件

物质条件是乡村治理得以展开的物质基础；如地理区位、公共设施、种植结构、经济发展水平、经济类型等，突出表现为各个村的经济和产业特点。不同类型的产业所对应的经济合作模式将影响到村落的治理结构，有些产业促进内部合作，而有些则可能趋向分散。例如，种植水稻对于水利的高要求，使得水稻产区的农民更倾向于内部合作，这导致了聚居和宗族的发育，聚居也更容易产生村庄认同，而旱地的耕作很少需要超出家庭规模的合作[1]。

3. 社会文化条件

社会文化条件指构成特定乡村社会文化特点的社会分层状况与地方性共识，如乡村精英状况、村庄舆论、共同体的强度、村庄生活习惯和习惯乡规

---

[1] 黄宗智著，《华北的小农经济与社会变迁》，中华书局，2000年。

等。文化环境是影响村级治理产生和运作的重要因素。中国农村传统的政治文化积淀较深厚，严重影响了村民在公共生活中的行为模式和意向选择。与西方个人本位的文化传统不同，中国"民本君主"的传统政治文化，强调国家本位和家庭社会对于个人的优先性。在此基础上形成的文化价值的核心是等级、秩序和大一统等观念，进而衍生出强烈的服从意识和国家认同，也造成了主体意识缺乏，自主意识不足，参与精神匮乏等问题。

二、北京农村社会治理的问题与经验教训

（一）城镇化与乡村发展基本概况

1. 我国乡村社会治理的普遍性问题

传统农村的治理结构是自然经济、小农经济、传统宗法文化相结合的产物，而新中国成立后这种传统农村治理结构与社会主义改造的历史进程进一步结合，最终形成了目前中国独有的，基于二元体制的社会、经济、政治一体化的乡村治理结构。这种治理结构已经无法适应新型城镇化的发展要求，主要体现为以下几个方面[①]：

（1）经济层面：乡村治理的经济基础与社会主义市场经济难以衔接。我国基本经济制度特点是公有制和集体所有制并存，而当前的乡村治理是建立在集体所有制经济上的。随着社会主义市场经济的发展，这种以所有制相区别的二元的经济制度的弊端日益凸显：集体经济组织与乡村"两委"利益职能边界不清，使其无法按照市场规则经营，整个农村经济难以融入社会主义市场经济中。农业与外部产业链和大市场割裂，集体经济得不到公平的市场地位和权力，外部资源要素和经营主体也难以进入农村。

（2）社会层面：乡村治理主体不明确，公共服务无保障。我国的行政管理体系中政权设置仅到乡镇一级，基层乡村实行村民自治。乡级及以上的公共服务主体是清楚的，而村一级则不明确。目前村一级的公共服务主要由乡镇政府、村委会共同来承担。根据体制设计，政府的公共资源自然会投向乡镇一级，但乡镇对于向村一级提供公共服务却力不从心，因此具体工作只能由村委会操作。而基于人民公社时期政社合一和"社队包揽一切"的传统，

---

① 郭光磊，农村改革的治理结构建设视角，北京农村经济，2014，11，http：//www.bjnyzx.gov.cn/ywgz/dzkw/cjsd/201505/t20150508 _ 351002. html。

村"两委"、村集体共同包揽了村内包括公共服务、村庄管理、经济发展等在内的一切事务。在这种情况下就出现了矛盾：一方面，公共资源按照包括所有乡村人口在内的全镇人口配置给了乡镇，而乡镇却没有能力向农村提供公共服务；另一方面，村委会实际承担了公共服务的职能，却无法直接获得上级下拨的相关资源。农村治理由此陷入"乡镇管不过来、村委会管不好"的尴尬境地。

除此之外，村党支部处于领导核心地位，村委会在党支部领导下依法组织村民自治。但实践中存在"两委"关系的不平衡问题：或者是村党支部包办村委会的工作，使村委会处于从属地位；或者是村民自治代替党支部领导，村党支部核心作用弱化；或者是形式上二者处于平衡状态，但村党支部书记和村委会主任之间工作不协调，以至相互矛盾[①]。

（3）政治层面：基层民主流于形式，纪律监督机制失灵，"小官巨腐"问题突出。首先，民主政治无法有效落实，往往形成家族政治，基层民主流于形式，农民的主体地位无法得到充分体现。其次，财务纪律监管机制失灵。当前村庄财务纪律监督主体不明确，权责不匹配。传统纪检机构碍于村民自治体制特色不便直接监督执法，而适应村民自治体制的农村经管部门又有责无权，使得农经审计流于形式。随着城镇化加快，农村人口外流严重，基层党组织涣散，进一步加剧了农村监督机制的瘫痪。再次，村干部监督管理实际效果差，由于前些年基层政府类似税费征收、执行计划生育等任务十分艰巨繁重，要完成这样的"硬任务"，往往必须任用自身比较强势、家族势力比较大、能够完成任务的"强人"，从而在农村地区形成了"强人式干部"的传统，进而出现"小官巨腐"的问题。

2. 北京乡村集体经济发展的特殊性问题

北京作为中国的首都，也是常住人口超过2 000万的特大城市，农村地区问题多、问题复杂，土地征收拆迁、人口规模调控与维稳压力交织，使得具体政策落实过程中政府部门处于两难境地。

一方面乡村集体所有制经济在农村经济总量中的份额逐年下降，农村集体经济的内生活力明显不足，农村经济发展空间缩小，发展缓慢。2009年以来，农村集体经济增长速度与及占比额，剔除个别因素影响外，基本呈持续下降的

趋势，从 2009 年的 35.9 个百分点降至 2013 年的 25.5 个百分点[1]。造成这样的原因主要还是集体资产分配的不明确，与社会主义市场的不衔接抑制了其发展。有效盘活利用农村集体资产资源，需以归属清晰的农村集体产权制度作为制度基础，但受传统产权制度主体虚置、产权模糊、自我封闭等弊端的影响，一些前景看好的产业发展项目无法获得广大农民的支持。

另一方面，集体资产的管理也比较混乱，部分村在集体"四荒地"、物业等资产资源管理上存在合同管理不完善、民主程序不履行、收益分配不透明等问题，导致集体资产流失[2]。北京市按照"撤村不撤社、资产变股权、农民当股东"的方向，以股份合作制为主要形式，推进农村集体经济产权制度改革，取得阶段性成果，但依旧存在一些问题。

（1）产权建设动力不足。当前尚未形成产权制度自我演进、完善、革新的内生路径，原因有三：一是在宏观背景上，深化改革涉及的土地、股权、集体经济组织市场主体地位等问题，还缺乏宏观制度和国家总体背景的支持。二是在思想上，片面地理解为农村股改是为了解决分配纠纷。三是在改革任务上，根据广东省、浙江省等地区的实践来看，农村股改将延伸到公共服务体制、基层自治、党的建设、社会治理等农村综合改革，超出农口部门的范围和能力，需要全社会的参与和支持。

（2）对待集体经济组织看法不一。不同于全国一般农村地区，20 世纪 50 年代合作化运动以来，北京市农村集体经济组织一直存在。组织形式依次采取了互助组、初级社、高级社、人民公社、生产大队、生产队、乡（镇）合作经济联合社、村经济合作社、乡（镇）股份经济合作联合社、村股份经济合作社或企业。对集体经济组织的看法主要有三种观点：第一种观点，认为集体经济组织没有必要存在，其职能可由村委会或党支部代行。第二种观点，认为集体经济组织的存在是一种客观事实，但不具备独立市场主体的基本条件。第三种观点，实际上是观点二的延伸，认为集体经济组织经过改造升级，可以是独立的市场主体。

（3）解决农村股改问题的措施缺乏综合性。基于股份合作制的集体经济产权制度改革是一个复杂的系统问题，涉及各方面的问题：一是土地作为集体最重要资产大部分地区未纳入股改，基层的产权保护意识明确而保护模式模糊。

---

① 朱鸿举，《北京农村经济的主要特点及问题》，《吉林农业》，2014 年第 17 期，第 12～13 页。
② 康森，《北京农村集体经济产权制度改革研究》，《前线》，2015 年第 2 期，第 105～107 页。

二是股权的封闭性和非流动性，缺乏进退机制。三是内部治理机制和运行不规范。四是集体产业发展面临政策和路径的诸多限制。五是集体经济组织立法缺乏成功经验和社会共识。目前缺乏系统综合解决这些问题的措施，解决一个问题时忽略另一个，甚至解决措施将会造成新的问题①。

（4）承包权与经营权保护难以兼顾②。我国现行法律明确保护农民土地承包经营权，但土地承包经营权在权利设置上是合一的。但是在北京高速工业化和城镇化背景之下，农村人口和劳动力流动加速，农村土地承包权和经营权的分离趋势愈加明显。农村人口和劳动力配置的巨大变化，带来农户土地承包权与经营权事实上的分离，长年出外打工者以及在城镇购房的农民继续拥有承包权，但已不再经营土地。拥有承包权的农民不一定继续经营土地的现象越来越普遍，这样在法律上笼统提出的承包经营权的概念和内涵，在现实中面临执行的困难。一方面，为了保护承包权就可能导致经营权的弱化，这样便不利于农村土地的流转以及土地经营规模的适度扩大；另一方面，一旦强调经营权，政策导向为加大农村土地流转，这样又容易导致原农村集体组织成员承包权的丧失。

（二）乡村类型划分与治理需求差异

根据北京郊区的乡村人口和产业特点，粗略地将其分为三类（表2），分别讨论其发展过程中乡村社会治理所需要解决的问题。经梳理能够发现，现有北京的乡村治理架构中非常强调集体经济产权制度改革，可以说，这是北京乡村治理改革中的核心，作为一种经济制度，不仅对经济发展起到直接的作用，而且对乡村的政治社会结构的改变产生重要的影响。三类村庄的集体土地在流转之后的性质不同（分别是居住或商业用地、工业用地、农业用地），但是其治理的着力点都在与集体土地的确权、量化和分股。基于该经济联系的治理结构将有助于从根本上解决现有的乡村集体经济发展问题。

---

① 赵家如，北京市农村集体经济组织股份合作制改革思考，北京农村经济，2015，5，http：//www.bjnyzx.gov.cn/ywgz/dzkw/jygl/201506/t20150610_352660.html/2015-06-10。

② 姜能志，农村集体所有制与三权分离，中国乡村发展，http：//www.bjnyzx.gov.cn/ncjgbsk/jitizichanchubsk/jitizichanch-uwangkanbsk/201503/t20150327_349034.html/2015-03-30。

表 2　北京三类村庄对比

	居住型村庄	产业型村庄	传统边缘型村庄
人口特点	人口倒挂	以本村工人为主	人口流出，空心化
产业特点	出租物业为主的"瓦片经济"	低端产业、二产比重高	一产为主，规模化经营
核心问题	治安混乱、违建频发、房屋产权不明	原有工业效率低下，污染严重、就业吸纳力低	土地问题频发、农地开发缺乏劳动力
土地类型	居住、商业用地	工业用地	农业用地
治理模式	封闭社区化管理	整体腾退，集体土地确权量化入股，市场化运营	建立完整的产权体系、流转机制和土地管理服务机制
典型案例	朝阳崔各庄东辛店村	大兴区西红门镇各村	平谷区大华山镇

1. 居住型村庄

此类村庄主要分布在近郊区的城乡接合部，其特点是人口倒挂、经济以房屋出租为主。这类村庄面临的问题主要有以下几个方面：

第一是人口倒挂严重，外地流动人口大，大多从事低级次产业，村内治安和卫生状况差。例如东辛店村，治安案件时有发生，其中涉及流动人口的案件达到95％以上。第二是村内商业经营混乱，大多没有卫生许可、营业执照等。第三是房屋加盖现象严重，房屋质量堪忧，存在很大的安全隐患。第四是原有乡村社会结构崩塌，本地居民大量流出，外地户籍管理混乱，宅基地产权不明晰。造成这类村庄混乱的原因，主要是原有静态的基于户籍制度和村族社会关系的治理架构已经不能适应现有的动态发展。

该类村庄内的本地人和外地人具有不同的经济行为。一类行为是以村本地人为主体的物业租赁活动，不仅包括成立村集体资产合作公司来从事土地租赁、企业招标、物业管理等经济行为，还包括村民个体通过盖房出租等经济行为，形成"瓦片经济"，这些通过户籍与产权的确定而形成界限较为明晰的相对封闭的经济体系。另一类行为是作为承租者的外来人口依附于房屋建筑从事的经营行为，这主要是连接于当地的经济产业，并发展出相配套的服务于基本生活需要的其他经济行为。例如朝阳区十八里店地区主要经济是当地的家居建材市场，也由此发展出了餐饮、物流等其他经济产业。

就经济关系来看，"本地人—外地人"的不同居住主体，以土地房屋的租赁期约关系，将城中村内部的经济与面向于地区城市的经济连接起来，通过大量外来者聚居，城中村在一定程度上形成了自我供给、自我服务的次生经济圈和低层次生活链。一些规模较大的外来人口聚居村，已经初步形成了一个相对独立、功能齐全、自我供给、自我服务的小社会。然而，"本地人—外地人"之间的社会关系薄弱。"本地人""外地人"之间的纯粹经济关系并没有给他们带来密切的社会交往关系，而"本地人"通过村集体经济的封闭性将"外地人"排除在外。由于很多的生活福利主要通过村的集体经济资产来分配，因此"外地人"也被排除在村子的生活福利与社会保障体系之外。正因为如此，外来人口几乎不参与社区的公共事务，很难拥有参与公共事务的权利。尽管村级社区基层组织对外来人口进行服务与管理，但更多的是表现在维护地区稳定秩序方面，在绝大多数的日常生活中，"本地人"与"外地人"各自有着属于自己的社会关系网络[1]。

目前北京市已经确定 60 个重点村，采用封闭式社区化管理进行整改。对于本地人，一方面对其进行拆迁补偿、住房安置，更重要的是通过集体经济产权制度改革，把集体资产量化成股份，农民变成股民，这样农民转非之后可以按股份享受资产增值分红。对于外地人，采用就地封闭式社区化管理，对社区内的环境同时进行整改。警方联合政府部门为这些村落建围墙、安街门、设岗亭，并封闭一些不常用的路口，对村内的人员和车辆实行持证出入的措施，将原本开放的自然村经过人为科学合理的改造，上升为封闭式的社区管理模式[2]。

2. 产业型村庄

此类村庄的特点主要是以工业大院为核心，有低端产业的集聚，这些产业大多都是村镇集体所有的企业。其面临的问题主要有以下几个方面：

第一，多数工业大院占地不符合规划，产业聚集效益不明显，土地利用效率低，经济效益低下，对村庄经济发展的带动作用已经明显减弱。第二，传统工业比重高，"三高"企业仍然存在，存在着安全隐患，同时超标排放严重，造成环境污染。这些已经对村庄的日常生活和其他方面的经济发展产生了负面影响，尤其是抑制了第三产业（服务业）的发展。第三，村庄已有工业难以解决本地就业，这一方面是由于其二产比重高，同时抑制了三产的发展；另一方

① 李升，重塑重点村：北京城乡接合部改造中的"本地人"和"外地人"，http: // www. chinaci-ty. org. cn/csfz/fzzl/136223. html/2014-02-25。

② 卢国强，李舒，北京警方 25 日在大兴区老三余村召开现场会，试点推行城乡接合部的流动人口"倒挂"村的封闭管理模式，http: // www. bj. xinhuanet. com/bjpd _ sdzx/2010-04-26/content _ 19618487. htm/2010-04-25。

面是由于外来人口的挤占。第四，一部分工业大院出现不少违建现象，农民租出的土地被中介层层转包，又添了不少违建，大部分收益都落入中介手中，农民赚钱少，养出了许多"房虫""地虫"。

与居住型村庄不同的是，产业型村庄因其工业改造难度大，很难就地进行资源再整合利用，因此往往需要整体拆除腾退，将原有的集体用地转变为城市中的工业用地。在这个过程中，村集体的土地整体流转，产业升级改造后集体土地所有权不改变，同时由村集体出资，组建一个集体联营公司，依据各村原有入股土地的价值所占比重，形成全镇统筹分配、农民受益稳定增长的长效机制。这个集体联营公司一般在开始阶段会由政府主导，负责经营各村入股的土地，政府会为公司的规划、产业引进、基础设施和服务等方面提供支持，待公司发展成熟后，再交由公司自主经营和管理。产业园的投资者在建设期间支付的土地租金也交给公司，项目建成后，该公司还会以"土地换资产"的模式，持有一定的产权和物业。同样由该公司负责的，还有对村民收益的分配，即以各村土地作价入股比重为依据，在保证村民既得利益的基础上，稳步递增，而产业园建成后，还会为村民提供就业机会①。

按照这一模式，村集体仍然拥有土地所有权，联营公司会拥有土地的使用权，投资公司则获得土地上的房屋产权和所有权，相关权益和责任会通过合同、协议等进行明文规定。这一模式将可实现各方利益的平衡，确保农民不失地，投资者的利益也得到了保障。这样的治理架构与市场化背景下的公司治理架构类似，对于集体产权制度改革中的股份制体现最为明显，个体之间的结构关系是较为单纯的经济联系，腾退搬迁之后社会关系一般会消失弱化。

例如北京大兴区西红门镇为推进城乡接合部改造及产业升级，从2012年开始，计划用5年时间腾退27个工业大院，疏解流动人口10万人。寿宝庄工业大院于2011年启动拆除腾退，目前已经建成文化创意产业园区。工业大院腾退改造工作目前主要在北京的大兴区和昌平区展开。

3. 传统边缘村庄

此类村庄主要分布在城市的外围，主要的特点是人口大量流出，原有农地大多流转后进行规模化经营。目前存在的问题主要有以下几个方面②：

---

① 北京：西红门腾退工业大院盘活农村土地，新京报，http：// www.bj.xinhuanet.com/bjyw/2015-02/04/c_1114245563.htm/2015-02-04。

② 孟俊杰，《北京郊区农地流转机制研究》，《农业经济问题》，2008年第S1期，第120～126页。

第一，农村土地产权不明晰，造成农地产权主体缺位。从土地所有权来看，按照现行的法律，农村土地属于乡、村、组集体所有。但是土地到底属于哪一级集体所有都不明确，造成使用的混乱。模糊的产权及其利益主体的虚化给土地流转和农业的市场化发展带来了很大的负面影响。从土地承包经营权来看，农户只有耕作权、部分收益权和极其有限的处分权，使承包农户无法行使自身的权利，这既不利于农民对土地的保护，也影响农民对土地长期投资的积极性。

第二，农地流转中存在很多问题。首先是多数地区农户流转土地的意愿不迫切。据调查，目前北京市土地流转主要集中在城市化进程较快、二三产业较发达的城乡接合部和部分平原地区。而在其他地区农民对土地依赖程度仍然较高，绝大多数农户流转土地的需求不迫切。其次是操作程序不规范，单户进行的土地流转大多私下进行，口头协议居多，随意性很大，引起土地纠纷。以农户自主的土地流转多流向亲戚朋友，没有流向经营效率高的农户或企业手中，土地流转的效益较低，没有达到资源的最优配置。一些地方由集体经济组织统一流转的土地，合同条款不完备，对农民利益保护不够。再次是缺少土地流转中介服务组织，有的郊区虽然成立了土地流转的中介组织，但总体上仍相当匮乏，缺乏网络状、多功能的中介服务体系，土地流转信息流动受阻、渠道不畅，或辐射面狭小，土地流转对象与范围选择余地小，往往出现农户有转让土地意向却找不到合适的受让方，而需要土地的人又找不到出让者的现象。

第三，农地承包经营过程中存在很多问题。首先是少数村农户土地承包经营权未完全落实。其次是部分群体土地承包经营权没有落实：政策性农转非人员（指集体经济组织成员转为非农户口后，因各种原因未享受到城市居民生活保障、没有安置工作、没有领取土地补偿，仍在本村生活）和自由迁徙人员（指1984年农村土地一轮承包后，自由迁入现住村的农业人口）。再次是土地经营权证书发放不到位。调查显示，虽然大部分郊区都进行了土地延包工作，但有的地方还没有将土地经营权证书发放到农户。最后是农地承包纠纷比较普遍。引起农村土地承包合同纠纷的原因很多，有的村集体服务水平低，本该由其提供的供水、供电等服务，村集体没有兑现；有的村进行土地发包时，违反民主议定原则，村委会根据个人意愿、亲疏远近擅自进行发包，引起群众不满。这些情况不仅引起了承包纠纷，严重的还激化了干群矛盾，引发农民集体上访事件。

第四，人口大量流出，农村空心化现象严重。根据对北京生态涵养区内的门头沟、平谷、怀柔、密云和延庆的调查，有80％的青壮年劳动力进城务工或者在村委会的安排下作绿化和保洁杂工，留在土地上的大多是50岁以上的老人或者妇女。而一些富有知识的青年人大多不愿意回乡工作。如此一来，劳动力资源的缺失和未有效利用使得农地资源应有的潜力释放不出来。

针对以上问题，村庄的治理架构以土地资源的配置为核心，构建完善的农地产权体系，将对人的管理和对土地的管理对应结合起来。在这个治理架构中，首先，要对农民集体成员的边界作大体的限制，同时要规定农民集体作为土地所有者的权利和义务。其次，在确定了所有权部分之后，就要进入第二个环节，稳定家庭承包经营权，使之长期而有保障。最后，因为土地流转也是土地使用方面的重要内容，因此在产权体系中也应该纳入。在该产权结构的保证之下，传统边缘型村庄经济发展的核心根本资源——农地的合理分配将有一定的保障性。在农地流转的过程中涉及各方主体（图2），政府部门和中介组织的参与显得尤为重要，他们为农地流出方和流入方之间的交易提供了直接和间接的桥梁。中介组织能够为流出方和流入方及时提供市场需求信息、缩小交际成本、促进土地流转市场机制的有效运转，而政府部门主要职能则体现在对土地的管理上。

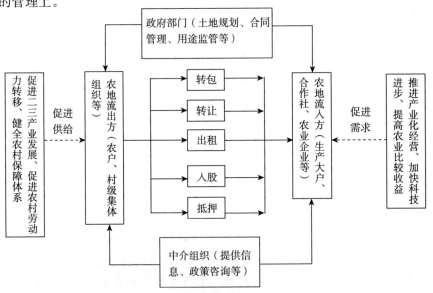

图2 北京市农地流转机制

资料来源：孟俊杰，《北京郊区农地流转机制研究》，《农业经济问题》，2008年第S1期，第120～126页。

三、北京推进乡村产权治理的成功探索

(一)主动城市化案例:昌平区北七家镇郑各庄镇

1. 案例背景介绍

(1)郑各庄村的发展概况。郑各庄村位于北京市昌平区北七家镇,地处五环与六环之间,属于典型的城乡接合部,村域面积 2.9 平方公里,村民 1 450人。自 20 世纪 90 年代,郑各庄村启动了旧村改造,结合区域整体布局,编制了村庄发展规划,建立现代城市化社区。通过土地置换积极推动产业转型,让村民共享土地收益,并在企业发展的适当时期,对集体经济组织进行股份合作制改革。经过 20 多年发展,郑各庄村的村级资产从 3 600 元增加到 60 亿元,农民人均年收入从 3 100 元提高到 59 800 元;农民在企业人均拥有 17 万股份,并且每年可以得到不低于 15%的分红。目前,村民的收入组成 25.6%来自工资收入,35.4%来自股份分红,5.2%来自土地租金收入,13.2%来自集体支付的社会保障收入,20.5%来自房屋租金。

(2)郑各庄村村庄治理发展历程。

①推行自主城市化。郑各庄村的发展并不是通过国家土地征收,而是直接在集体建设用地上推进工业化与城市化的发展,是在市场力量的诱导下由农民自发倡导、组织与实施,在北京地区属于主动城市化的典型案例。自主城市化制度供给的主体为社区组织、乡镇企业、农民集体等民间力量;城市化所需的资金多数由农民自筹,并且改革的成果由农村居民共同分享。市场经济要素的合理配置和农民改善自身生活的刚性需求成为农民自主城市化的主导因素。

②村庄的公司化运作。郑各庄村推行的"村企合一"的发展模式,在正视村集体资产业已形成的历史和现状的前提下,通过理顺企业、村庄与村民的经济关系,形成由公司主导发展,以利用和开发村庄资源为导向,按股权结构决定控制权和分配权的村企关系。宏福集团是郑各庄村的经营实体。它是一个以传统产业为支撑,以现代高科技产业为依托,以房地产开发、旅游、商业等为配套的经济体系。宏福集团主导了郑各庄村的旧村改造,通过土地置换推动产业转型,完成了城市化改造的关键一步;村民土地流转后,宏福集团受村委会委托负责集体建设用地的经营,在公司化运作的条件下,郑各庄村迅速地健全了产业布局,最终确定了郑各庄村的产业发展规划。

③宅基地商品化和土地资本化。20 世纪 90 年代,郑各庄村基本实现了从

耕地到集体建设用地的完全流转。当时，政府对农业耕地变为建设用地的情况没有太严格的规定，直至 2003 年，置换耕地的办法才被完全禁止。郑各庄村通过对昌平区内耕地整理置换，并交纳复垦费的方法，1999—2000 年两年内逐步将村里的 106.67 公顷耕地置换为建设用地。

以此为起点，郑各庄村在保证集体土地所有制性质不变的前提下，通过经营土地谋求自我发展。为了解决宏福集团发展资金和企业外来人才的住房问题，郑各庄村用以物折款的方式盘活资产，尝试通过土地资本化发展企业、改造村庄。在做出有关农民拆旧换新制度安排的同时，郑各庄村制定了相应的企业和教师购房办法、外来人口购买宅基地改造剩余用房办法，通过盘活宅基地和旧村改造，实现土地资本化收益。流转后的土地被全权委托给宏福集团统一经营。宏福集团最初采取入股形式招商引资，形成了一批宏福集团麾下企业；随后，逐步采取租赁形式，通过由集团提供创业平台，孵化一批有前景的非村属产权的企业（图 3）。

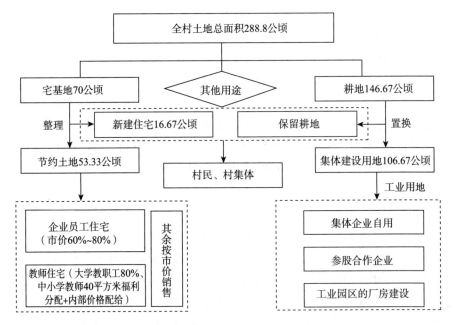

图 3　郑各庄村土地流转示意图

2. 治理模式剖析

在我国城乡发展问题中，城市问题的对策往往易于执行，而农村问题的相应对策虽然也被清晰认知，却往往难以推进，关键的问题在于利益界定的清晰与否。

城市中清晰的产权把每个个体的利益界定得十分清楚,所以在管理过程中不管涉及租借、购买、征用、补偿、处罚甚至没收都能清楚地找到产权所有人,较低的交易成本带来经济社会运行的高效率。反观农村地区,由于我国农村地区集体所有制导致村集体和村民只拥有使用权,而模糊的使用权又很难在社会交易过程中找到明确的交易对象,带来极高的交易成本。所以,清晰的权利边界将对于农村地区的发展特别是资本的高效使用带来可能,从而激活村庄发展动力。

1999 年,宏福集团公司实行改制,完成了由原来村办集体所有制企业向股份合作制公司的转变。该公司股份结构为:公司持法人(控)股占 66.67%;村委会持集体股(集体原始资产折抵)占 16.67%;村民持个人股(在自愿的前提下以现金购买)占 16.67%。宏福集团在股权设置的过程中,将土地从集体资产中剥离,集团享有土地的经营权,村民以不同方式按标准获得经营土地所得全部租金收入。土地(使用权)不再作为集体资产折股进入宏福集团。村委会依靠集体原始资产折抵成为第二股东;个人股一律面向村民发售,对个人股份的量化,既不派股又不配股,完全是以现金的方式由个人自愿认购。社会股东与企业员工可以通过出资购股的方式,成为企业股东,参与企业决策。截至 2012 年年底,个人股已由初始的 500 万元,扩充到目前的 24 137.06 万元,其中村民占总股的 80%;集体股的金额未发生变化。

(1)企业享有土地的经营权,土地使用权并不入股企业。在尊重农民意愿的前提下,建立了确权、确利、保收益的土地流转机制,为集团经营农民集体所有土地提供了制度保障。集体建设用地的租金收入,按照协议规定的标准,根据“增人必增地、减人必减地”的原则,依照每年实际人口的人均耕地面积,在扣除集体发展基金之后,实行分配。集团享有土地的经营权,村民享有所有权和收益权。以往的社区股份合作制以土地这一特殊的生产资料为纽带建立,股息红利的分配与社区土地密切相关,只有社员才能享受有社区土地经营或土地作为生产要素之一参与经营带来的经济效益,因此,使得股份合作制企业存在着封闭性。郑各庄这一制度设计呈现出新变化,村民并没有通过土地折股在企业中获得股份,农民在获得土地收益的同时,保持了企业产权的开放性。

(2)土地的增值效益留在了集体,土地收益通过个人股与集体股回流企业。郑各庄村开放性的股权结构关键得益于他们对土地这一特殊生产资料的处理，在实现了土地资本化运作的前提下，并没有采取土地使用权入股企业的方式来获得收益，而是将土地使用权的收益归还于农民，通过保证企业股权收益的高回报率的方式，利用市场的手段，将原本固化的股权通过现金购买个人股和集体发展基金入股回流企业来实现土地的资本权利，从而拥有了比以往社区股份合作企业更加市场化的融资手段。村委会收回的土地租金，按标准全部分配给享有土地承包权的农民，使农民集体的土地租金得到足额分配，规避了风险，从而使土地的增值收益留在了集体。由于入股之后每年可从企业中得到相当于股本 15％ 的红利，使得村民对现金购股表现出了很大的积极性（图 4）。

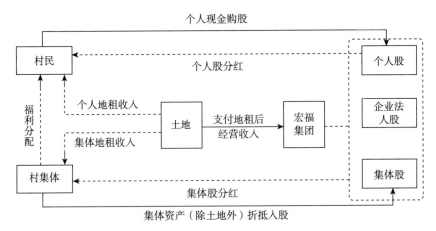

图 4 郑各庄村集体土地与股份关系

（3）形成了现代产权制度下的治理结构。新型的产权制度实现了所有权与经营权分离，以股权结构来联结企业和村庄关系，既为企业利用村庄资源谋发展打下了基础，又避免了模糊的产权制度对企业发展的制约。企业按股份将属于村庄的部分交给村庄，村委会按照村庄议事规则进行村庄公共品建设和提供公共福利，保证了企业按现代公司制度管理和运行。郑各庄村的改制，通过设立党总支下的村庄和企业双支部，既保证了党组织对村庄和企业的控制力，又便于企业和村庄支部之间各施其权，互不干预。它是面对村庄和企业两个组织存在的现实所作出的有效安排，是一种更有利于企业发展和村庄治理的控制结构。另外，郑各庄还对社会管理事务进行了剥离，成立了独立核算的宏福苑小区物业管理中心，把村委会从繁杂的琐事中部分解脱出来；这也有利于社区在管理模式上与整个城市同步，有利于社区的规范发展。

3. 村庄治理瓶颈

（1）赋予完全产权则制度将走向解体。产权的法律定义是指所有权人依法对自己的财产享有占有、使用、收益和处置的权利。郑各庄实现了股份继承，但依旧不允许股份转让，这是不完全的产权。不过，一旦实现完全产权，实现股份的继承和自由转让，势必带来集体成员的流动性增强，原先非集体成员购买股份而成为集体的一员，而原股份拥有者则脱离集体。

但从社区股份合作制的本质来看，之所以能够形成股份合作制度，源于农村集体经济的组织形式。原居民自然拥有集体土地和资产，从而可以占有资产的增值收益；一旦这类资产被村庄成员以外的人占有，预示着原持股人放弃或割舍部分占有集体资产和享有集体资产增值收益的权利，不但造成集体资产的损失，而且失去股份合作制的制度基础。当集体经济组织形式解体，完成了私有化，超越农村的边界时，才能实现真正意义上的产权界定。然而，在一定程度上讲，拥有完整的产权超出了社区股份合作制的范围。

（2）取消集体股造成公共服务的供给机制缺失。在主动城市化的村庄，基层治理的模式在清晰产权架构下更趋向于根植于基层自治组织的公司治理模式。在此情况下，公共服务仍然由集体经济组织承担，村民享有较高的社会福利待遇，并且拥有土地增值收益权，尤其是在自主城市化过程中，为了最大限度维护村民的共同利益，保证自主开发的顺利推进，公共服务和基础设施的投入几乎全部来自于企业（集体经济组织或其主要载体）的经营收入。在这种模式下，伴随着集体成员流动性增强，基于成员权的集体逐步淡化，因此以血缘或地缘为纽带建立起来的公共服务提供的动力亦将逐步减弱，公共服务提供水平将下降。

我国农村公共品筹资机制缺失，长期困扰农村公共品的供给，保持适当比例的集体股的存在有一定的合理性。郑各庄村的集体股比例由于融资扩股逐渐下降，但集体股设立了专项资金用于基础设施维护，不仅实现了村集体对企业的监督管理职能，还提供了稳定的建设资金来源。因而，现有的农村公共品供给机制中，集体股的作用不能忽视。

（二）被动城市化案例：通州新型城镇化背景下乡村治理

1. 案例背景介绍

2014年3月，《国家新型城镇化规划（2014—2020年）》正式发布，指明新型城镇化是以城乡统筹、城乡一体、产城互动、节约集约、生态宜居、和谐发展为基本特征的城镇化，不应以牺牲农业和粮食、生态和环境为代价，应着眼农民，涵盖农村，实现城乡基础设施一体化和公共服务均等化，促进经济社会发展，实现共同富裕。同年 12 月 30 日，国家发改委公开 62＋2 个试点名单，通州成为北京市唯一一个进入试点的区县。

然而，通州新型城镇化的农村地区，主要涉及以下问题：

第一，本地农民的城市化转移和城镇化集聚明显滞后，城乡人口结构明显滞后于社会经济结构的发展水平。首先，在小城镇发展层面，存在发展定位不明确，产业集中度不够等问题，部分乡镇缺乏项目支撑。其次，在产业发展层面，乡镇规模以上工业总产值低、产业层次低，对城乡非农就业的带动作用不明显。此外，通州农转非还存在历史遗留问题，有近 3 万由于平原造林征地等各种原因产生的失地农民，由于相关资金缺口较大，尚未完成农转非安置工作。

第二，集体土地布局分散、利用效率低下，而现有政策条件下土地利用规划难以实施。通州区范围内共有建设用地 321.8 平方公里，其中集体建设用地约 158.1 平方公里。农村地区人均建设用地约 354.8 平方米，远远超出北京市平均水平（150 平方米/人）。鉴于此，通州从集约用地原则出发，提出到 2020 年村庄建设用地规模从 2005 年的 160.30 平方公里缩减到 21.85 平方公里的目标。然而，从规划实施的角度看，2005—2012 年期间仅减少了 2.18 平方公里，未来仍有大量的村庄建设用地需要调整。

第三，工业大院用地粗放、违建问题较为突出，引发人口、资源、环境等一系列相关矛盾。目前，工业大院面积 3 286.16 公顷，约占集体建设用地 56.25%，存在产业低端、布局分散、农民收益无保障等问题。通州区 11 个乡镇大约 8 000 宗集体建设用地（不含宅基地）经过认定，其中 1999 年之前形成的、符合现有规划条件、没有被违章查处的工业大院约有 1 700 宗，除此之外的 70% 工业大院均侵占了生态用地。此外，通州区工业大院企业多为"三高"企业，小企业集聚的村庄大气污染较为严重，污水排放导致所有河流均未达到规划目标水质类别，在通州区优质水资源储量不足的情况下，加重了对可持续发展的威胁。

面临这些问题，在新的经济社会环境下，如何在尊重农民意愿、调动农民积极性的基础上顺利推进农村地区的新型城镇化，需要新的治理模式，才能实现农村要素的激活。

2. 治理模式剖析

通过拆除低效分散的工业大院，将其用地用于还耕还绿，将应得建设用地集中置换到区位与基础设施条件较好的光机电基地、环渤海总部基地及星湖科技园区周边进行统一开发，以此解决集体经济组织产业用地的开发与经营问题（图5）。

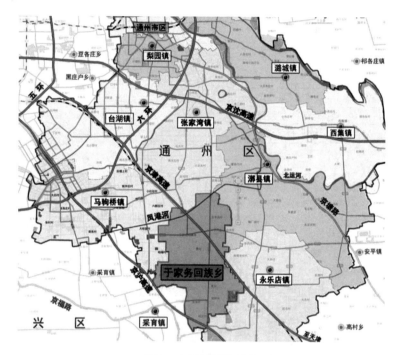

图5　台湖镇区位示意

以镇政府统筹、村集体为主体，构建村民、土地资产经营管理公司，通过土地指标的统筹利用，发展国家数字媒体产业基地、微纳米芯片研发谷、金融大数据硅谷等高端产业园区，通过重大项目建设，探索创新集体建设用地开发模式（图6、图7）。

台湖镇28个村级工业大院共有企业459家，占地547.2公顷，按照0.65的容积率进行估算，现有建筑面积约为356万平方米。根据本镇实际情况，指标按照拆10退7还3建5.1（容积率为1.7）的比例，还绿面积约为383.04公顷，保留用地面积约为164.16公顷（台湖村部分养殖小区地块也将纳入整体项目统筹规划，但项目成本由其自身平衡）。

投资主要包括土地租金投入、工业大院拆除腾退支出、周边市政建设投资、农民购买社保投入、项目建设投入等。收益按照规划项目建成1 910 721平方米的产业用房和500 000平方米的租赁性住房（表2），产业用

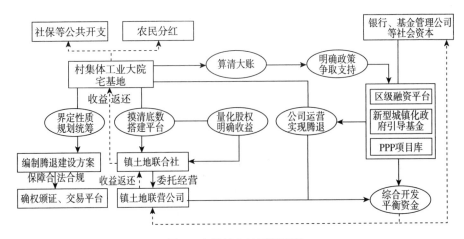

图 6　台湖镇土地更新流程

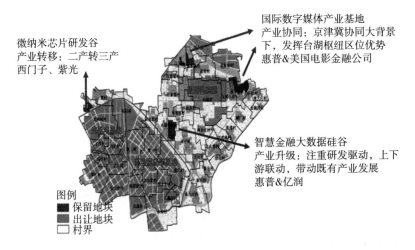

图 7　台湖镇集体土地整治整体方案

房租金起点按照 2 元/（平方米·天）、租赁住房租金按照 1.2 元/（平方米·天）计算，结合北京市写字楼与住房市场的实际情况，预测租金以每年不低于 5% 的速度上涨。经过测算，一次性通过 165.4 万平方米的产业用房融资租赁、按 5% 的投资回报率折现可实现 210.1 亿元收入，支付所有建设投入。剩下的 25.7 万平方米和 50 万平方米租赁住房的租金收益全部留作村集体收益，物业每年收益可达 3.54 亿元（实际会进行年度递增，假定住房租金上涨幅度与通货膨胀因素相抵），按试点 28 个村 17 190 人计算人均收入可达 2.06 万元。

测算结果如图 8 所示：

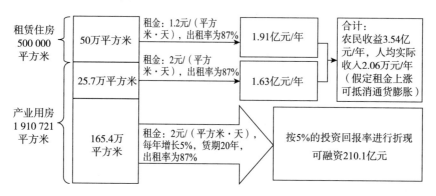

图 8　台湖镇收益测算

作为植入性的乡村规划治理，具体实施环节必须保障和谐可持续，因此每一个环节都要处理好各方产权关系和利益分配、组织结构的调整。

第一步：镇级统筹，搭建平台。

镇级政府负责摸清镇域土地利用现状，界定用地性质，明确资源数量，根据上位规划制定本镇土地腾退方案和后续规划建设方案。国土部门和规划部门在此过程中予以指导和协助。完善集体建设用地权能。建设部门为符合要求、具备开发利用的土地确权颁证。搭建镇级经营平台，包括镇级土地联社和联营公司，开展土地流转等工作。区政府负责搭建区级交易平台，为集体土地入市、土地指标交易提供支持。

第二步：量化股权、明确收益。

镇联社与村集体经济组织协商，结合各村腾退土地的面积、人口、产业现状等因素，统筹确定村集体经济组织在镇级土地联社中的股份配置，明确收益分配方案。然后由镇土地联社授权联营公司作为组织平台、融资平台、项目申报平台，对入股土地进行整治和经营管理。

第三步：公司运营、实现腾退。

联营公司以从镇土地联社取得的土地使用权进行抵押融资，根据规划开发方案引入社会资本或产业投资基金，开始进行土地腾退。按照"政府引导、农民主体"的城乡统筹发展原则，依据土地规划和城市规划等相关法律法规，通过民主程序，在完成集体土地确权的前提下，依法有序推进集体建设用地的腾退。

腾退过程中，"三高一低"的企业就地淘汰，经过升级改造能够符合通州区产业定位的企业就近迁移到产业园区，不符合产业定位的企业可与周边省市对接，向外疏解。腾退企业可以获得现金补偿，也可以选择以预期补偿收益入股镇联营公司。

第四步：综合开发、平衡资金。

土地腾退完成后，联营公司一方面可以取得复垦的土地指标进行流转，另一方面可以保留的建设用地使用权进行统筹开发建设，用于公共服务设施建设、生态建设、产业项目建设及服务配套建设。经营收益按照事先确定的方案进行分配，一部分用于统筹解决农民城镇化的社保等公共开支，一部分归农民个人，一部分用于投资者回报。引入产业优先解决本地区农民的就业问题，从就业和资产收益两方面保障农民收入不断提高。

3. 村庄治理瓶颈

设置合理的股权结构与社保支出：利益分配的抓手和依据。参考《大兴区镇级统筹下的农村集体建设用地利用试点工作实施方案》，将现有工业大院土地（含新规划为产业、绿化等用地）作价入股，依据各村现阶段入股土地的价值所占比重，进行集体联营公司收益分配。本方案亦按照现状工业大院的用地进行全部入股，以面积为依据、且不论其合法与否，即是亮点也是难点。在实际执行过程中可能会引发抢建等行为，对实施前期政府的拆违、摸查投入力度要求较高，同时要求出台明确的集体土地上建筑物腾退财产补偿范畴。比如大兴区规定："对于 2006 年 3 月 17 日区政府控违大会之前建设完成的建筑，给予相应补偿予以拆除；对于 2006 年 3 月 17 日区政府控违大会至 2009 年 2 月 19 日区政府控违大会之间建设完成的建筑，鼓励自行拆除给予一定的拆除费；对于 2009 年 2 月 19 日控违大会之后建设完成的建筑不予补偿、补助予以拆除。"

同时，虽然对各片区通过"产业用房、租赁用房"的比例配置，实现了农民人均年收入的均衡，但是片区内各村的人均工业大院占地面积有所不同，会导致最终分红所得无法均衡，而乡镇统筹片区内的村村之间的收益还没有具体的举措。这是该模式的核心难点。而统筹的抓手是将所有农民转社保的支出纳入项目成本，通过社保来平衡可能存在的物业分红收益差距，但无形中增加了项目的总成本以及规划用地、规划建筑指标需求。

难以调和的收益统筹压力：平衡建设指标、投资回报率、村民收入倍增目标。本项目的测算基础是"拆10退7还3建5.1"，拆迁成本按照每平方米建筑面积1 500元，同时重点给15 184名没有上社保的农户上了社保，保障农户人均年收入 2 万元左右，大大增加了项目成本。事实上，按照前述估计，项目的内部投资收益率为 0%，除非有政府资本介入，否则很难进行融资。

由于遵照"盘活土地、统筹收益"的基本思想，项目收益将在政府（建设指标）、市场（投资回报率）与村民（年均收益）之间平衡。敏感性分析发现，当资本的投资收益率要求为 2.83% 时，按照"拆 10 退 7 还 3 建 5.1"的拆建比时，农民的人均年收入为 0；当投资收益率要求大于 2.83% 时，未来收益无法覆盖建设成本。可见，该项政策难以满足新型城镇化的要求，测算表明在不给农民上社保的情况下，该拆建比能较好地实现农民年分红收入。如果要保持农民年均收入 2 万元，则更高的投资回报率要求更高的物业建筑面积，前述测算中将复建 241.1 万平方米物业用房，当投资回报率要求 4.5% 时，即要求复建面积达到 487.6 万平方米。可见，工业大院改造的收益统筹，必须将"空间调整、利益统筹、融资规划"相结合，最终实现多方共赢（图 9）。

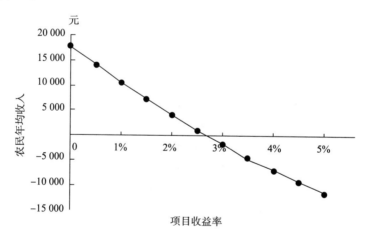

图 9　台湖镇项目盈利分析

如何在土地流转基础上增加农民福利，取决于能否试点"两权"抵押融资政策。种业园区农用地流转规模较大，承包经营权可以抵押则能撬动较大的资金量用以种业园区科研设施的建设，尽快发挥科研实验田的作用。同时，村庄整治过程中，村民住房产权的抵押融资，也能有力推动村庄整治工程，当前的核心压力是村庄整治的启动资金难以落实、村民安置补偿成本较高，除采用"谁用地、谁付费"的办法，也可以尝试以新建安置住房产权抵押融资的办法实施拆迁腾退。

四、其他地区的乡村社会治理经验

（一）土地股份合作社的产权治理经验

1. 珠三角土地股份合作社经验[①]

在珠三角地区，土地股份合作制已经成为农村土地流转的普遍形式，在农村土地股份合作制发展程度最高的佛山市，2009 年土地股份数 609.22 万份，入股土地面积达 6.76 万公顷。总结其土地股份合作制的特点和经验是，各地区根据实际情况采用不同的土地股份合作制度。常见的类型如表 3 所示。

表 3　珠三角土地股份合作制类型

类型名称	入股条件	性质
资产量化	将社区内包括土地在内的集体资产清产核资后折股，设立集体股和个人股而成立	社区型
纯土地	将原集体所有的、发包给农民的土地折股量化到人	社区型
公司+农户	农民以土地入股的方式与公司成立的土地股份合作企业	企业型
公司+集体+农户	集体和农户为股东，以土地、资金、技术等生产要素入股	企业型

（1）股权设置方面。首先，在股权结构方面，不同地区根据需要设置或取消集体股。设置集体股的初衷在于减少改革的阻力和为社区组织正常运转、集体积累和社区公益、福利等事业发展提供资金支持。广州天河区和佛山南海区在推行农村土地股份合作制初期均设置了集体股，而后来在改革过程中慢慢淡化，最终被取消，社区的公共支出和集体积累采取分红前提留的方式。而在深圳、中山、东莞等地，在推行农村土地股份合作制时明确要求设立集体股，一般占 30%～50%。

其次，在股权配置方面，普遍采取固化股权，并从无偿配给到有偿配给转变。广州、深圳、佛山在农村土地股份合作制发展一段时间后，面临着人口变动与股权配置矛盾等问题，在 20 世纪 90 年代中后期开始了固化股权的改革。而后起者中山、东莞、惠州等地则在初始阶段便实行固化股权的原则。

为了增加股民的参与意识和风险意识，一些地区在股权配置机制上，实现了从无偿配给到有偿配给的转变。例如广州天河和佛山南海等地设置了物业股

---

① 苏昀，《广东农村土地股份合作制研究》，暨南大学，2011 年。

或现金股，并设置不同档次，对于确认的新股东，以及随年龄增长晋升档次配股权，实行自愿出资配股；对于迁出或死亡人口则由股份合作组织对其股权进行回购。

（2）组织结构方面。各地根据需求设置一级或者二级股份合作社：广州、佛山的南海、东莞、江门、珠海等地区一般设置二级股份经济合作社，在行政村一级称为股份合作经济联社，在自然村（组）一级称为股份合作经济社，两级组织间不存在隶属关系，只是因为这些财产分别隶属于自然村和行政村，用股份合作制方式明确二级集体财产的归属。而在深圳部分地区和佛山顺德区在改革开始阶段设置二级股份合作社，在后来深化改革过程中进行并社，绝大部分只设立村一级股份合作社（公司）。普遍设立股东（代表）大会、董事会、监事会即"三会"的组织机构，并按照章程明确权利义务和工作职能，各司其职，实行民主决策、民主管理的体制。

2. 大兴土地股份合作社经验

北京大兴区的土地股份合作社最早自 2002 年下半年开始进行土地股份合作制试点，有 27 个村社实行了土地股份合作制，目前已经积累了较多的经验[①]。

（1）入股或折股要素。入股或折股要素主要是承包地（包括已转让土地使用权的土地）和资金。

（2）股权设置和股权管理。设置两种股权：土地承包经营权股和现金股（新股）。

土地承包经营权股设置办法是：集体土地每亩基本价 6 万元，全村集体土地面积乘以 6 万元为总土地股份金，每 6 万元为一股，总土地股份金除以 6 万元为总股份数。土地承包经营权股份确权以每个家庭为一个基本单位。如某个家庭 3 口人，确定股份资金为 20 万元，这个家庭的股份为 3.33 股。土地承包经营权股东资格确定为 2002 年 12 月 31 日在册的本经济合作社农业人口。

现金股（新股）是指股份合作社新增人口，可以现金方式申请购买的股份，每股金为 6 万元。在土地承包期限内（30 年），土地承包经营权股不能退股、抵押、赠与、转让，可依法继承。现金股在本股份经济合作社内可以继承、转让、赠与，但不能撤资。股东全家户口迁出本股份合作社的，由股份合作社收回其股权；股东用现金购置的股份由股份合作社以现金的方式退还本人。

---

① 隋文香、王竞佼，《农村土地股份合作制特征和模式研究》，《中国集体经济》，2010 年第 18 期，第 5～9 页。

（3）股利分配。经镇财务审计科年终审计后，按当年股份合作社净利润的60％进行分红，其余40％用于公积金、公益金。

（4）组织机构。土地股份合作社设置股东代表大会、董事会、监事会和股份基金会。股东代表大会是权力机构，每5～10户推选一名代表，股东代表由股东选举产生，每半年召开一次，有特殊情况可以随时召开。股东代表大会可以行使的权力包括：通过和修改本社章程；选举和任免董事会和监事会成员；审查和批准本社发展规划、年度计划、年度预算、年度决算和年终股份分红方案；讨论和通过其他重大事项。董事会是股东代表大会的执行机构和日常工作机构。股东数超过700人设7人，超过500人设5人，低于500人设3人，由股东代表推选候选人，实行差额选举。监事会是股份经济合作社股东代表大会决议的监督机构，由3人组成，董事会人员不得兼任监事会人员，监事会人员可以兼任民主理财小组成员。股份基金会由法人代表、会计和一名董事会成员组成，对本组织内的财务进行管理、监督、检查、审核。

3. 对比珠三角和北京大兴的异同（表4）

表4　珠三角和北京大兴土地股份合作制对比

		珠三角	北京大兴
相同点		社区型，建立了"三会"组织结构	
不同点	入股要素	更多样化：土地、资金、资产、技术、专利	土地、资金
	股权设置	基本股（即土地股）、现金股、物业股、劳动贡献股、企业股、集体股	土地承包股和现金股
	股权管理	不可退股	可以退股
	收益分配	集体积累一般也是通过设置集体股来实现	集体积累提留按照40％的比例

（二）乡村社会协同行动的治理经验

1. 安吉社区协同治理经验①

安吉在生态文明的建设过程中，通过社区协同治理的模式突破了以往传统的自上而下的政府治理模式，政府与社区协同行动的治理模式更多地是以自下而上的运行机制并嵌入进社区参与的集体行动中。具体来看：

---

① 李叔君、李明华，《社区协同治理：生态文明建设的路径与机制探析——以浙江安吉县为例》，《前沿》，2011年第8期，第188～190页。

（1）考核激励策略。将生态考核引入政绩考核。安吉县采取科学的个性化考核方法，也就是按照不同乡镇的实际情况进行综合考核。安吉县山川乡是县内最小的乡镇之一，虽然它的经济总量非常小，但它是第一个全国优美乡镇，乡干部的政绩考核不但不受经济总量小的影响，相反还因为生态环境治理的政绩得到重用。安吉注重城乡统筹与生态效益的政绩考核，激励了行动者追求环境公益的行为。

（2）权威引导策略。坚持政府在生态秩序构建中的综合协调机制。在生态文明建设的过程中，地方政府作为代表公共利益、承担公共责任、制定公共目标的特殊社会组织，其权威角色和地位是不可替代的。在安吉模式中，地方政府赋予自身的角色定位是生态文明的掌舵者。地方政府不仅具备干预和影响公共事务的物质基础，而且在约束和控制人们行为的同时还为人们的行为选择提供了一个空间，这使得政府与社区自组织、社区居民之间形成了良好的信任与协作网络，为社区社会资本的形成打下了良好的基础。在制度层面的引导，通过各种规范对当地的社区权威机构进行一定的影响；在居民环境意识的引导层面，通过生态教育启发民间主动参与环境保护和生态文化建设。

（3）组织化推进策略。乡村自组织对生态秩序的维护。地方政府在生态秩序的构建实践中起到了权威引导的作用，那么乡村自组织则作为非权威组织，对生态秩序的维护起到了组织化推进的功能。安吉县拥有许多经济合作社、农民合作组织，其结构是：合作社下设四部一园，即文化建设部、购销信息部、资金互助部、生产发展部和生态农业园。经济合作社与新一届村委会整合了村内的经济资源、组织资源、文化资源及人际关系资源，举办涉及村民共同利益的事务，实现村民的公共利益诉求。

（4）给社区能人赋权策略。社区能人对生态文明建设的参与实践。在安吉社区生态文明的建设实践中，社区能人对生态文化建设与维护的作用不可小视。安吉追求环境权益与社区成员的个人利益以恰当的方式结合起来，从而使多元治理主体"激励相容"，从而达到个体利益的激励与生态环境目标的实施相统一，而这使共同体得以可持续。

2. 浙江乡村治理经验总结①

（1）由一元治理转变为多远治理。单一的治理主体统揽政治、经济、社会

---

① 卢福营，《当代乡村治理变迁的特点和经验——以建国 60 年来的浙江为例》，浙江省社会学学会，《"秩序与进步：浙江社会发展 60 年研究"理论研讨会暨 2009 浙江省社会学学年会论文集》，2009 年。

事务，形成了权力的高度集中。一元治理体制的一个重要弊端就是容易导致乡村治理的专权，扼杀农民群众的自主性和创造性。突破这种一元治理模式的改革始于1983年的政社分开、撤社建乡。撤销人民公社，恢复乡或镇建制，分别建立乡（镇）党委、乡（镇）人民政府和乡（镇）经济联合社；生产大队改为行政村，分别建立村党支部、村民委员会和村经济合作社；生产队改建为村民小组。随后，又先后推行村民自治制度和农村集体经济合作社制度。到20世纪80年代中后期，农村新兴民间组织逐渐涌现，并得到政府的承认。特别是老年人协会、农村专业经济合作社等对浙江农村社会政治生活发生了日益重要的影响。如此建构了党组织、村民自治组织、集体经济组织、民间社会组织等多个组织有机统一的乡村基层公共权力组织体系，形成了多个治理主体良性互动的多元治理模式。

（2）由集权管治到分权民主。实行农村家庭承包经营和村民自治制度以来，乡村治理中逐渐开始分权。主要表现在：①党政组织向经济组织和农民分权。从农村率先改革，实行政社分开和家庭承包经营开始，国家逐渐向农民下放经济管理权，把经济管理权从党政组织中分离出来。首先，政社分开，政府下放经济管理权给经济组织。浙江省更进一步地推行村级集体合作经济制度，建立村集体经济合作社，统一管理村级集体经济。其次，家庭承包经营，把农业生产经营管理权下放给农户和农民个人。再次，集体企业改制，进行乡村集体企业的"去政治化""去集体化"改造。通过出卖、租赁、股份化、承包等多种形式的改制，绝大多数乡镇集体企业转变了经营方式，甚至改变了经济性质，促进了浙江民营经济的迅速发展。②国家向社会分权。在一元治理模式下，乡村治理权力高度集中于国家，没有相对独立的民间组织，也没有实质性的社会自治。村民自治的推行，既是中国农村基层政治和民主建设的突破，也是国家向社会放权的重要方式。它是在继家庭承包经营下放经济权力后，国家向农民下放农村基层社会治理的权力，由农民群众自己管理自己的事情，实现自我管理、自我教育、自我服务。浙江各地农村在1983年前后推行了村民自治制度。随着新兴民间组织的产生和发展，国家又逐渐将部分社会管理的权限分离出来，下放给特定的农村民间组织，比如，农村老年人协会、计生协会等。

（3）从人治到法治。改革开放以来，浙江省委和省政府极其重视法治建设，率先推行"法治浙江"建设，并针对农村社会发展的实际，开展了"民主法治示范村""财务管理规范化示范村"和"村务公开民主管理规范化建设"

等自治示范活动。出台了一系列规范化、法制化的乡村治理制度。各级地方政府和农民群众也高度关注乡村治理的制度建设，在乡村治理规范化、制度化方面做出了一系列的地方创新。比如：新昌县的"村务公约"（乡村典章）、嵊州市的"八郑规程"、天台县的"民主决策五步法"、柯城区的"两监督一赔偿制度"、武义县的"村务监督委员会制度"等，成为浙江乡村治理地方创新的一大特色。

（4）需要注意的教训。

①乡村治理变革应当从实际出发，逐步有序地推进。浙江乡村治理变迁曾出现不合适的超前：在改革前的 30 年，由于受多种因素的影响，党和政府在主导和推动乡村治理变革的过程中，过于强调制度变革对于促进乡村经济社会发展的功能，时常出现急躁冒进的错误。急于求成，过早、过快地实现合作化、人民公社化，不切实际地实现乡村治理体制的重大变革，给乡村社会稳定与发展造成了难以弥补的损害。

②村治理的变革需要尊重农民意愿。新中国成立以来的浙江乡村治理变迁始终是由政府领导和推动的。不仅如此，在乡村治理变迁过程中，政府表现出了异乎寻常的动员力和控制力。超强控制不仅可能因为领导人的主观判断错误而造成对乡村经济社会发展的损害，而且可能因为损害农村基层社会的活力而造成对乡村经济社会发展的损害。"超强控制一方面使农村社会失去自上而下的变革渠道，也失去了自下而上的监督渠道，从而使来自基层的创造力与约束力都变得不足；另一方面，自下而上的创新力与约束力不足，必然造成自上而下的政策传递的走样。"

3. 浙江绍兴乡村治理实践[①]

（1）绍兴乡村治理的转变。一是村"两委"选举从"封闭式"向"开放式"转变。继村委会直选、海选之后，村党组织选举也开始实行"二推一选"，并探索"无候选人直选"方式。

二是乡村治理方式从"村官治村"向"制度治村"转变。随着社会的转型，包括市场经济关系在内的以多种关系为纽带的社会组织体制和社会结构代替了主要以行政关系为纽带的社会组织体制和社会结构，使农民开始摆脱在村

---

① 袁海平、程隽，《从"村官治村"到"制度治村"——绍兴乡村治理模式的创新与启示》，浙江省社会学学会，《"秩序与进步：浙江社会发展 60 年研究"理论研讨会暨 2009 浙江省社会学年会论文集》，2009 年。

级治理中的被动角色和位置，促动了村"两委"治村方式从"人管人"向"制度管人"转变。

三是乡村治理功能从"行政管理"向"公共服务"转变。随着社会的转型，农民群众的自主、自强、自立、自尊的主体意识逐渐觉醒并趋于成熟，农村社会组织的多样化增强了农民的归属感与凝聚力，给完善乡村治理结构尤其是村"两委"的有效管理提出了新的课题，村"两委"治村方式从理念、职能、制度和手段等方面逐渐实现从"管理型"向"服务型"转变。

四是乡村治理关系从"调控支配"向"协调沟通"转变。随着社会的转型，农民的行为规范、生活方式、精神状态、价值观念发生了巨大的变化，农民思想的独立性、选择性、多变性、差异性明显增强，促使村"两委"确立以民为本的理念，在管理手段上从原先相对单一的"支配"型逐渐向"协调"型转变，从而保证群众想法得到有效沟通和回应，切实代表和维护好农民群众的合法权益。

（2）乡村治理制度创新典型。绍兴三种乡村治理模式在具体内容上有所不同，但在一些基本原则问题上存在共性：第一，通过程序的民主化、规范化、操作化推动了乡村治理的制度化，制度创新是新模式最大的亮点；第二，通过制度保证了村民的民主权力，使村民参与成为一种常态；第三，通过制度实现了村民对某些村级管理事务（如财务管理）的有效监督。

①新昌县的"乡村典章"。《石磁村典章》涉及村级组织职责、村务议事及决策、村级财务管理、村务公开制度、村干部违规追究办法等，共6章26条。具体内容包括：明确了党组织的领导核心地位；运用分级管理机制使村务管理规范化；创新了议事决策规则，弥补了政策法律的盲点；明确了对村干部和村民的监督机制。乡村典章实施后，有效地保障了村民的知情权、参与权、决策权和监督权。

②绍兴县的"夏履程序"。从深化村务公开和落实村民的知情权、决策权、参与权、监督权入手，对上级政府为加强村级管理工作而制定的23项民主管理制度中最重要、群众最关心、干部最容易出事的一些制度进行调整，设计成"六个程序"，形成新的乡村治理制度，即"夏履程序"，它包括六方面管理制度：村内年度规划、重大政策、工程项目；集体资产经营；村干部报酬、误工补贴；村干部公务消费补贴；重大工程招投标；财务审批。所有程序均用图示形式分解表达，上墙公开，汇编成册，分发至村民。

③嵊州市的"八郑规程"。嵊州三界镇八郑村形成以民主选举、民主决策、

民主管理和民主监督为主线，包括民主选举制度、村务决策制度、财务管理制度、项目招投标制度、村务公开制度、民主管理监督制度、村干部谈听评制度和村干部责任追究制度等八项管理制度以及与之配套的八项工作流程的新乡村治理模式，被称为"八郑规程"。其本质是民主自治，核心是依规程治村，最大的意义在于改变了过去农村基层民主自治"原则性强、操作性弱"的缺陷，增强村级民主管理制度的执行力。

五、案例启示与治理建议

（一）以合作式规划治理推进村庄更新

合作治理才是迄今为止最为开放的政府治理模式，政府、企业、村民各自的利益和发展诉求都能够通过合作得到协调和满足。产权关系视角下的乡村社会治理，核心内涵就是要促进政府、企业、村民的合作共赢，而合作共赢的达成就离不开产权关系的重建。从规划视角看，合作式规划重在行动、重在过程、重在各方发展诉求的落实。因此，合作式规划治理，能够促成村庄集体行动的实现。

（二）培育基层民主治理，拓宽公众参与途径

基层民主治理的培育和发展不是通过纯粹的组织设计和制度保障就可以实现的，更重要的是需要村民真正参与到村内事务中，让村民本人愿意参与、有事务可以参与。只有长期持续性的公众参与，才能巩固村庄基层治理的民主性。

确权颁证始终是最本质、最关键的拓宽公众参与的途径，是与每一位村民最根本利益直接挂钩的村级事务。公众参与程度低往往由于参与的村级事务与村民本人并没有直接的利益关系，因此要从激发村民的参与热情，必须依托与村民切身利益相关的村级事务。北京市部分村庄已经开始推动确权颁证工作，但仍有村庄步伐较慢，因此在村庄基层治理中需要以此为契机，拓宽公众参与途径。

（三）明晰产权边界，将死资产转变为资本

通过民主的方式在宅基地、产业（物业）和集体资产中的确权，以完成资产的固化。在宅基地方面，通过民主治理组织架构实现对村民宅基地的确权，

需要经过村民大会表决并得到村内全体村民的认可。在此过程中涉及的违法侵占宅基地问题，则需要政府介入，与村社集体和村民进行沟通，在明确底线的前提下让部分利益给村庄，以确保宅基地确权得以推进。在产业（物业）方面，同样需要经过整套的民主治理流程，固化到村社集体当中。同时要积极推动集体建设用地地上房屋产权登记和颁发产权工作，出台相关的实施办法，实现"房地分离"，研究地上建筑物独立转让、交易、抵押、变更的可行性。

（四）"村企合一"中的持久性保障

北京大部分村庄拥有强大的村庄集体经济，这些集体经济大多依附于村庄企业当中。在北京广泛的村企合一模式中，针对村民稳步市民化而言，应确保农民的户口性质变更以后其现有的福利待遇继续维持下去。针对村企协调发展而言，为确保企业继续保持良好的发展势头，在村委会转为居委会后，原有的集体经济组织的性质及其服务的主体对象不能改变。尽管当前一种观点认为，在政府提供村级公共服务的情况下，集体经济组织的股份制中可以取消集体股，但仍然需要重视村庄治理中的主体差异性，尤其是村庄社会分化。因此，应强化"集体主义"性质，避免股份流动性放开后形成部分村民的返贫。

课题组长：张英洪

主要成员：唐黎明　陈蛟

执笔人：唐黎明

2016 年 3 月

北京市农村政经分离与社区发展研究报告

课题组

一、研究背景

改革开放以来，农村基层公共组织主要是三类：村党组织（包括村党支部、村党总支）、村自治组织（包括村委会和转为社区之后的居委会）和村集体经济组织（一般称为村经济合作社、村经济合作联社、村农工商公司，也包括这几类经济组织改制后的股份制公司）。其中村集体经济组织被村党组织和村自治组织代管，处于长期有名无实的状态，这种状况也被称为"政经合一"。

在农村经济社会发展过程中，特别是 2000 年以来，村党组织、村自治组织与村集体经济组织的"政经合一"的情况引发了诸多矛盾和问题，主要集中在三个方面：第一，在经济发达地区和大中城市附近的农村集体经济组织常常依靠出租土地、厂房和自办企业等方式获得大量的收入，由于参与利益分配的集体成员资格不清晰，这些利益的分配常常引发矛盾。第二，由于村党组织、村自治组织和村集体经济组织的负责人常常是同一批人，村干部的权力就过度集中又缺乏有效监督。这容易导致村干部涉及贪污腐败、铺张浪费、滥用职权等问题。第三，村民的户籍不仅是集体经济收益权的资格，还是享受农村公共服务的成员资格。为保留集体经济收益权，村民排斥外来人口落户，也不愿将户口迁出。这对城镇化和公共服务城乡统筹进程造成了很大的阻碍。

为解决"政经合一"的弊端，2010 年前后，一些经济发达地区的基层政府，如佛山市南海区和温州市等，都进行了"政经分离"改革。2010 年 12 月，南海制定实施《关于深化农村体制综合改革的若干意见》，明确规定村党组织和村自治组织领导成员不能与村集体经济组织成员交叉任职，并将村集体经济组织领导成员任期年限从 3 年调整为 5 年，且集体经济组织独立选举自己的负责人。政经分离后，南海区的村"两委"成员仍是村集体经济组织理事会成员，有监督及建议的义务，但没有决策权。到 2012 年，南海区村集体经济组织中完成独立选举的分别占总数的 97.31% 和 98.91%，南海区基本完成农村政经分离改革。与南海区类似，2011 年，温州市人民政府出台第 81 号文件，明确要求终止村委会代理行使村集体经济组织的财产所有权的职责。温州市首先在各村成立资产清查小组专门负责集体资产的清查，清查完毕后原来由村委会管理的账户移交到村集体经济组织，由村集体经济组织管理。另外，温州市的村集体经济组织明确界定了成员身份，被确立为集体经济组织成员的人员，不论在以后的工作、生活过程中户口怎样变动，都不会影响他们在集体经济组织中享有的集体经济产权。

本文的研究对象是北京市的农村政经分离。通过对北京市农村政经分离历史进程的把握，结合个案调研、类型划分和比较、制度和历史分析等方法，本文首先对北京市农村政经分离的现状和类型进行总结和深入的分析，在此基础上，对北京市农村政经分离的过程和影响因素进行深入分析，并结合地方政府在政经分离中的作用给出了政策建议。

2016 年 2—4 月，课题组对我国政经分离的现状进行了文献梳理，并结合北京市农村基层组织之间关系的现状，初步对北京市农村进行了类型划分。2016 年 5 月，课题组在北京市选择了不同类型的农村开展实地调研。通过收集查阅有关文献资料、与村级组织全体成员座谈、对村级组织主要负责人进行个案访谈，获取了丰富的基础资料，并在此基础上形成研究报告。

二、变革中的村级组织体系——北京市农村政经分离的现状与类型

与农村的经济社会改革相伴随，村级组织体系正处在持续演变中，其突出特点可以集中概括为"政经分离"。虽然，基层政府对于村级政经分离的态度、举措不尽相同，但是，农村经济社会发展进程本身，具有促进村级组织体系逐步走向分离的内在动力。因此，村级组织的政经分离，客观上是一种必然趋势。这个过程对基层政府的治理能力提出了要求和挑战。

课题组在实地个案调研和文献研究的基础上，形成了对北京市农村政经分离的基本印象和初步判断。以政经分离作为分析视角，当前北京市的农村村级组织主要存在四种类型，分别称为三合一模式、一带二模式、纽带式政经分离和独立式政经分离。村级组织体系演变还在进行中，但演变方向是清晰的。深化农村改革，政府需要在这方面有所作为。

（一）三合一模式

三合一模式是指村级三种组织，即村党组织、村自治组织、村集体经济组

织的领导成员高度重合、决策权高度统一的运行模式。此种类型的典型表现形式是，由同一个人担任村党组织、村自治组织和村经济组织的负责人，即支部书记、村委会主任和村经济联合社社长由同一个人担任，也被称为"一肩挑"。

以房山区青龙湖镇晓幼营村为例，其村党支部书记、村委会主任、村集体经济组织是同一个人，晓幼营村的各项工作都由同一个人领导。晓幼营村作为北京的远郊村，能够利用的资源不多，但其现任村书记长期在基层工作，也有自己经商的经验，能够较好地整合各方面的力量。在他的统筹下，晓幼营村整理了原有工矿企业用地，并申请了上级政府的补贴，最终完成了晓幼营村农村社区化，为村民提供了统一的新住宅。晓幼营农村社区采用民居建设和产业建设同步，在水、电、路、气、暖、通信、供排水、污水处理、绿化美化等基础设施同步建设的基础上，还建设了幼儿园、社区医院、邮政储蓄所、农贸超市等公益服务设施。目前，晓幼营村的村书记工作有成效，村民也满意农村社区建设，但现任村书记年纪较大，几年后就会退休或者不再担任本村领导职务。今后新任的晓幼营村的村书记能力如何、是否尽心为村民工作、如何有效的监督，都是没有解决的问题。

三合一模式是现在大部分农村基层公共组织的运行模式。在经济不发达地区，三合一模式有一定优势。如果有能力强的人成为领导，则可以在各方面资源相对不足的情况下，集中力量发展本村经济，提高村民生活水平，集中集体力量改善公共设施。

但是，三合一模式的权力集中，难以避免政经合一存在的制度性难题。对于经济发达地区，村集体经济组织掌握大量资产，而权力高度集中，集体资产的分配方式不够透明，经济决策也不够民主，容易引发基层干部的贪腐和干群矛盾。除此之外，经济发达地区受到城镇化影响更大，很多村民由于征地、招工、参军等原因转为居民户籍，又有外来人口大量进入本地居住，政经合一使得本地村民不愿意迁出户口，而外来人口没有户籍无法享受公共服务，阻碍城镇化进程。

（二）一带二模式

一带二模式是指村自治组织和村集体经济组织的领导成员并不交叉任职，但村自治组织和村集体经济组织的领导成员都是村党组织成员，村党组织统一领导村自治组织和村集体经济组织。在这种模式中，虽然村委会和经联社相对独立运行，但是，这两个组织负责人都是党支部成员，支部书记可以通过党组织的运行来直接指挥村委会和经联社。

在课题组调查的北京市郊区农村，一带二模式中村党组织的书记，常常担任村集体经济组织的负责人，但不在村自治组织中任职。在一带二模式中，村自治组织和村集体经济组织已经实现了分离，但村党组织还在直接指挥。现在看来，一带二模式似乎是走向三者分离的过渡形态。但是，这种过渡将经历怎样的过程，这个过程多长，现在还不清楚。

丰台区南苑乡石榴庄村属于一带二模式。2001年年初到2002年年底，石榴庄村的集体经济组织改制为股份合作制公司，村委会在城镇化过程中转变为社区。石榴庄村的党总支的工作方式是"分工不分家"，不同的党总支成员分别负责股份合作制公司和社区的具体工作，但每周二联合召开党总支扩大会，整体协调工作。石榴庄村党总支分工是：党总支书记兼任股份合作制公司董事长；党总支副书记兼任股份合作制公司党务监察部部长；原村委会主任担任股份合作制公司人力资源部部长；党总支成员担任社区书记。石榴庄村集体经济组织改制为股份合作制企业——金石公司后，金石公司拥有占地2.75公顷、地上建筑11.02万平方米的产业建筑。这些产业建筑主要被用于大型超市、休闲娱乐、餐饮购物、写字楼和酒店等。目前，金石公司主要收入来自于商业地产租赁。

在集体经济获得较大发展同时，石榴庄村也随着城镇化改为社区。社区居民的总数增加，社区需要提供的公共服务种类也在增加。社区的办公经费远不能满足实际工作需要，且社区工资较低难以留住工作人员。为解决这个问题，金石公司对社区的工作人员有工资方面的补贴，在办公经费和办公场地上也有很多支持。不仅如此，金石公司还出资聘请了社区工作中需要的其他人员，以缓解社区编制不足带来的工作人员短缺的问题。社区管理人员和日常费用等大部分是由金石公司来承担。除此之外，金石公司对社区老人还有过生日、节日等的补贴，社区居民可以成本价使用金石公司场地办婚礼、酒宴等。

现在，一带二模式面临着一些问题。社区党组织和金石公司党组织同属于一个党总支，金石公司对社区工作和对社区居民生活的补贴都没有区分受益人是否属于公司股东，这实质上是把公司股东的一部分收益拿来用于社区全体居民。当金石公司的股东都是原石榴庄村民，且在社区居民中占绝大多数时，由公司出钱资助社区建设遇到的争议比较少。但是，随着社区里的非公司股东的居民越来越多，金石公司承担的社区建设资金越来越多，股东承担公共服务成本，而外来居民实质上是免费享受补贴，金石公司的股东们就开始不满意，他们不愿继续承担这些费用。

（三）纽带式分离模式

纽带式政经分离模式是指村自治组织和村集体经济组织的领导成员并不交叉任职，且村自治组织和村集体经济组织分别有自己的基层党组织；村自治组织和村集体经济组织在不同的基层党组织领导下独立运行，但是，三个组织之间，还有一根相对强有力的纽带，村集体经济组织在人员、资金、场地等方面支持村自治组织具体工作的运行。

在政经分离过程中，村党组织常常会随之分离为两个基层党组织：其中一部分党组织成员负责集体经济组织的经营，成立经济组织的党组织；另外一部分则转为村或社区工作的负责人，成为村或社区的党组织。在基层党组织随着政经分离而发生组织形态的分离之后，村或社区的自治组织在人员和资金等方面确有困难，一些集体经济组织会在资金、人员、场地等方面对村委会或社区的工作进行支持。这种分离的特点是，农村基层公共组织在组织形态上已经实现了完全的政经分离，但在具体工作上还存在密切合作关系的模式。

以北京市丰台区南苑乡槐房村为例，其集体经济组织已经改制为股份合作制公司并开始集团化运行，村委会也在城镇化过程中变成了社区。目前槐房村的主要负责人员及分工是：党总支书记兼任股份合作制公司董事长；党总支第一书记为北京市某机关在槐房村的挂职干部；党总支副书记转为社区书记；股份合作制公司总经理由公司根据需要从外部招聘。

在组织分离的过程中，槐房村党组织也一分为二，分别参与股份合作制公司或社区的工作。槐房村集体经济组织已经改制为股份合作制公司——盛世公司，盛世公司开始集团化运行，设立了子公司宏南公司，并进入地产、物业、文化、体育等多个产业。2015 年，盛世公司实现收入8 870万元，上缴国家税金 477 万元。在 2016 年建立社区之后，原村党总支副书记主持社区党组织工作，社区党组织和股份合作制公司党组织独立工作，不再联合开会，实现了完全的政经分离。但政经分离之后，槐房社区的工作缺乏足够资金和人员。为解决这个问题，槐房村专门到石榴庄村金石公司进行了调研，学习了金石公司对社区进行支持的经验。槐房村盛世公司也对槐房社区在办公经费和办公场地上有支持，除此之外，盛世公司对社区老人也有过生日、节日、体检等方面的补贴。

纽带式政经分离与一带二模式面临类似的问题，即随着槐房社区的居民多元化，社区内盛世公司的股东们不再愿意由公司承担社区公共服务的成本。政经分离之后的自治组织，无论是村委会还是居委会，都需要地方政府公共财政的投入，实现公共服务的城乡统筹。

（四）独立式分离模式

独立式分离是指自治组织和集体经济组织的领导成员并不交叉任职，社区和公司分别有自己的党组织；村委会和经济组织各自独立运行，两者之间不发生直接的经济联系，通常情况下，经济组织不对社区公共服务体系建设提供资金支持。

北京市朝阳区十八里店乡十里河村属于这种类型。在政经分离之后，十里河村经济组织已经转制为完全由个人持股的股份有限责任公司——十里河集团，没有保留集体股份，十里河集团是民营的股份有限公司。十里河村"两委"与十里河集团联系不多。十里河村的政经分离给集体经济组织带来了活力。目前，十里河集团注册资金5 477万元，拥有商业街总营业面积近100万平方米，年流通额逾100亿元。但目前十里河村的公共设施水平停留在了原来的村居时代。由于缺乏规划和资金投入，十里河地区无论是北部的商业街区，还是南部的村民居住区，主要的道路和设施还是原来村落居住时候的设施，违章建筑也很多。在上下班时段，人流车流非常密集，在商业街出入口、幼儿园等重点地段，车辆拥堵严重，基础设施水平显然与经济发展不匹配。

独立式政经分离对改制之后的集体经济组织有好处，集体经济组织完全成为企业，根据市场原则发展壮大。改制之后，集体经济组织不再承担村级公共服务的各项成本，可以聘请更合适的人才而非照顾本村人就业，可以建立现代企业管理制度更加有效的进行决策。

独立式政经分离也给村自治组织带来了挑战。完成独立式政经分离之后，村自治组织不能继续从集体经济组织获得必要的资金和人力物力支持，在发达地区的农村，通常有大量的外来人口居住，需要提供的公共服务的种类和数量也更多，需要更多的基层工作人员，也需要更多的基础设施建设，这些都需要大量的资金。如果地方政府不能给予独立式政经分离后的村自治组织提供资金、人员编制等方面的支持，没有了集体经济组织提供的经济来源，这类村自治组织无力提供足够的公共服务。

（五）讨论：村级组织改革的政策选择

通过对北京市四种模式的政经分离的个案调查和类型比较，并结合南海区和温州市政经分离的历程，课题组初步形成如下判断和认识：

1. 经济发达的村出现政经分离是大势所趋

政经分离的核心动力是化解经济发展中出现的多种矛盾。南海区和温州市都是经济高度发达的地区，而北京市政经分离较为彻底的村都邻近城市中心，这些经济发达地区的村都在经济快速发展中遇到了很多问题，因此具有很强的动力进行政经分离，以化解这些冲突。

经济发展给发达地区农村带来了机遇，通过物业出租、兴办企业、征地拆迁获得的巨额收入使得这些村富裕起来，但内部的分配规则不清晰常常引起村民内部矛盾外，这些矛盾主要集中在，原村民由于参军、外嫁、就业、上学等原因将户口调出后，这些人是否有资格继续享受集体经济组织收益权的问题。在政经合一的农村，集体经济组织收益权与本村的户籍挂钩，迁出户口之后，村民的经济收益权也得不到有效保障，为了争取自身权利，已经迁出的村民常常以上访、纠缠村干部、制造群体性事件等方式来表达权利诉求。除了村民内部矛盾外，政经合一的体制中，村干部与村民之间也存在大量矛盾。由于村干部管理大量集体资产，但缺乏有效的监督，容易引发贪腐，村民在本村通过常规途径常常无法维护自己的权益时，也会采用上访和群体性事件的方式给地方政府甚至中央政府施加压力。

为了化解在经济发展中出现的矛盾，地方政府和村党组织、村自治组织常常进行两方面的改革，其一是把集体经济组织收益权与本村的户籍脱钩，从而允许历史上因为参军、就业、外嫁等原因离开本村的村民继续享受分红和其他权益；其二是将村集体经济组织和村党组织、村自治组织在进行分离，让村集体经济组织成为独立运行的企业，避免村干部集权带来的贪腐问题。这两方面改革的实质都是指向政经分离，即在组织层面将村集体经济组织与村党组织、村自治组织分离，在村民层面将集体经济收益权固化为股份，并与本村户籍脱钩。地方政府和农村基层组织推进政经分离改革未必是主动和情愿的，但为了化解大量的村民与村民之间、村干部与村民之间的矛盾，其采用的政策不得不向着政经分离的方向调整。在这个意义上，农村基层组织出现政经分离是大势所趋，越是经济发达地区的农村，这类矛盾越是突出，政经分离的要求就越强烈。

2. 地方政府主动推进政经分离更加有利

在经济发达地区，地方政府主动推进政经分离有多方面的好处。首先，无论地方政府是否主动进行政经分离，农村基层组织政经合一带来的大量矛盾都需要政经分离改革来化解，因此主动推进政经分离，能够帮助地方政府更早也更好地化解基层矛盾，大大减少上访和群体性事件。

其次，发达地区农村集体经济组织拥有的土地、物业等具有更高的市场价值，也更容易利用区位优势进行投资和经营。但是，集体经济组织面临资金、人才、体制等方面的束缚，不能和其他企业一样在市场上募集资金，也不能自由聘请管理层和招聘人才，还承担着的本村公共服务的负担。政经分离改革可以让集体经济组织成为独立的企业，可以通过市场手段募集资金，招聘更优秀的员工和管理层，建立完善的公司治理结构和监督机制，这些都有助于集体经济组织发展壮大，有助于地方经济发展。

三、北京市村级组织分化的动力机制

政经分离是近年来一些基层政府比较明确的改革目标。历史地看，农村改革带来的村级组织分化由来已久。不论地方政府是否有意识地把政经分离作为改革目标，政经分离本身都是这个历史过程的伴生物。

推动这一进程的动力有很多种，从北京市来看，这种动力主要来源于三个方面，即集体经济组织改制、城市化和村民内部冲突。改制使村集体经济组织获得了独立法人地位，赋予了个人股完整所有权，并使个人股与户籍脱钩，这些改革都为村级组织分化创造了条件。城市化改变了村集体经济组织的产业结构和规模、村民的就业方式和村自治组织公共服务供给方式。在集体经济组织改制过程中，一些村集体经济组织成员内部会出现冲突，这些内部博弈影响了最终的改制方案，推动了村民的经济权利与户籍、就业方式分离。

（一）集体经济组织改制为村级组织分化创造了条件

北京市的农村政经分离起源于集体经济组织改制。改制主要内容是将村集体经济组织（一般称为村经济合作社或村农工商公司）改制为股份合作制或股份制公司。在改制过程中，根据工龄等标准把一部分股份的收益权量化到村民个人，以股份作为村民获得集体经济组织分红的标准。

丰台区东罗园村，是北京市最早实行股份合作制改革的村庄之一。1993

年7月，丰台区、南苑乡和东罗园村派出代表到广州市天河区考察股份合作制改革的经验。同年10月，东罗园村通过了社区股份合作制章程。1994年1月，丰台区工商行政管理局向东罗园农工商联合公司颁发了企业营业执照。东罗园村集体经济组织改制的基本特点包括：①改革方向是股份合作制企业，正式名称为东罗园农工商联合公司；②公司股东仅限于现有农村集体经济组织成员；③改制后集体股为主；④个人股按照劳动工龄进行量化；⑤个人股只有收益权，没有所有权，不可以继承转让；⑥在职干部设置了干部贡献股。

在东罗村开始改制之后，丰台区和北京市其他区县的集体经济组织改制也陆续展开。在改制不断推开的过程中，一些在东罗园村没有遇到的问题凸显出来，这些问题包括：第一，个人股份没有所有权，不能转让和继承，容易带来纠纷；第二，集体股所占比例过大，而集体股的代表权和收益分配方式都存在很多不确定；第三，设立干部贡献股容易引起普通群众的不满；第四，原有集体经济组织成员转为居民户籍后没有股份，带来不同成员之间的冲突。为解决这些改制中的问题，丰台区果园村、万泉寺村、菜户营村、东管头村、成寿寺村、石榴庄村等进行了更加深入的集体经济组织改制，积累了新的经验。其中，石榴庄村集体经济组织改制方案最为成熟。

2002年，丰台区石榴庄村进行了股份合作制改革，石榴庄农工商联合公司改制为北京市金石庄源投资管理有限公司（以下简称为金石公司）。石榴庄村集体经济改制的基本内容和特点：①个人股股东占85％股份，根据股东工龄全部量化到股东；集体股占15％，属于股东共有股份，这使金石公司成为由个人股东控股的企业；②个人股股东拥有所有权，股份可以继承和转让，且转为居民户籍的成员也可拥有股份，这使得个人股与户籍脱钩，村民政治身份与经济权利出现分离；③没有设立干部贡献股。

从历史进程中看，北京市农村集体经济组织改制的本意并非政经分离，但实行股份合作制改革，客观上为村级组织分化创造了条件。股份合作制改革以前，村集体经济组织长期被村党组织（村党支部或党总支）和村自治组织（村委会或改社区后的居委会）代管，股份制改革后，集体经济组织获得了独立的法人地位，得以从其他村级组织代管的状态中分离出来。村集体经济组织改制，也使村民的权益得到了明确并量化为个人股份，赋予了个人股，包括继承、转让和收益在内的完整所有权，并使得个人股可以在脱离农村户籍后保留。这就为村民的经济权利与户籍的分离创造了条件。

（二）城市化推动村级组织分化

进入 21 世纪，北京郊区的城市化进程开始加速。在城市化过程中，土地和资产大幅增值，工商业地产迅速发展，村集体经济组织有能力也有动力从其他村级组织中脱离出来；城市化提供了交通基础设施和收入更高的就业机会，使村民可以更便利地实现非农就业，能够将工作、生活方式与其拥有的农村集体财产权利分离；城市化使地方政府愿意对农村进行土地整理以获得建设用地，同时也对农村进行社区化改造和提供公共服务，地方政府的改造有助于村自治组织转为城市社区，使村自治组织与村集体经济组织互相分离。

从北京市来看，城市化推动政经分离主要表现为三个不同的模式：一是旧村改造模式，指地方政府对村集体经济组织和村自治组织的整体性改造，并使之互相分离；二是产业升级模式，指村集体经济组织的职能从农业转为商业，发展壮大并脱离了村自治组织的分离方式；三是征地拆迁模式，指征地拆迁使得村集体经济组织的资产规模萎缩而失去重要性，村自治组织则转为居委会而实现村级组织分化的方式。

1. 旧村改造模式

在城市化进程中，北京市一些近郊村在政府支持下进行了整体性改造，内容包括：第一，腾退了集体土地，全部土地变为国有，村集体和村民个人获得安置性住宅和商业地产；第二，村民户籍转为居民户籍，逐步撤销村委会并建立居委会。在旧村改造过程中，原有的村集体经济组织通常会与村自治组织完全分离。

以丰台区槐房村为例，2011 年 9 月，槐房村开始旧村改造，2012 年 6 月基本完成土地腾退，之后槐房村村民 3 000 余户先后回迁到益嘉园、德鑫家园、御槐园等小区。在土地腾退过程中，原有村民 95% 已经转为城镇户籍，2016 年 7 月槐房社区成立。在旧村改造过程中，槐房村的村集体经济组织改制为盛世公司，盛世公司不参与槐房社区工作，盛世公司与槐房社区的负责人也由不同的人担任。槐房村在旧村改造之后，实现了村级组织的政经分离。

旧村改造之后，村集体经济组织从村自治组织独立出来，减轻了提供本村公共服务的负担，也获得了更多的发展机会。同时，村自治组织转为社区后，地方政府承担了公共服务职能，但是，在通常情况下，村集体经济组织也给予社区组织一定的经济支持，如支付部分社区工作人员工资补贴、社区活动免费使用场地设施等。旧村改造模式背景下的村级组织分化，既有较好的经济表现，也有较好的公共服务。

2. 产业升级模式

北京市一些交通便利、邻近城市中心的村，抓住城市化加速的机遇，在集体土地上开发工业或商业地产。这些村的集体经济组织一般改制为公司，在发展中完全脱离了农业生产经营，转为经营工商业地产。其中，一部分村集体经济组织在改制和壮大后，逐渐与村自治组织实现了政经分离。

朝阳区十里河村，位于北京市东南三环，地理位置优越，村集体经济组织在改革开放之后发展较快。1999年，十里河村成立北京创新世纪家居装饰市场服务管理集团有限公司（简称"世纪公司"）。2007年，世纪公司改制为以投资人为股东的民营企业。2008年，世纪公司正式更名为北京十里河投资管理集团有限公司（简称"十里河集团"），十里河村经济合作社在世纪公司的股份完全退出，十里河集团成为完全由原来的社员个人持股的有限责任公司。至此，十里河集团和十里河村委会已经实现了完全的分离。

在村级组织分化过程中，集体经济组织会带动本村的产业升级，并提供大量的机会。但由于经济发展会带来外来人口大量集聚，村集体经济组织独立后，通常不为本村公共服务提供足够的资金和人力支持，而村自治组织根本无法提供足够的公共服务，地方政府也不会对村自治组织有更多的投入。产业升级模式带来的村级组织分化过程中，村集体经济组织通常有较好的经济表现，但是，村自治组织提供的公共服务则明显不足。

3. 征地拆迁模式

在城市扩张过程中，一些近郊村被大规模的征地，集体土地不断减少，而征地之后的村民绝大多数转为居民户籍，同时村委会也转为社区并建立居委会，原来的村集体经济组织被取消或者因为规模很小而不再重要，从而实现村级组织的互相分离。

以海淀区肖家河社区为例，肖家河有过两次比较大的征地拆迁，第一次是在2000年前后，中国农业大学征地，被征地的村民转为居民；2010年之后，北京大学又一次大规模征地。经历过多次征地和拆迁之后，原来的肖家河村集体经济组织留下的土地和集体资产很少，目前只负责少量的房屋出租。肖家河的户籍人口中绝大多数已经转为城镇户口，肖家河村也转为肖家河社区。肖家河社区与原村集体经济组织不再有关系，实现了政经分离。

从经济后果来看，征地拆迁模式与产业升级模式相反。征地拆迁使得村集体经济组织的资产规模大大减少，以至于不再重要；而村自治组织则转为社区，继续承担基层公共服务。村集体经济组织在失去重要性之后，与新建的社区实现完全分离。在征地拆迁模式中，由于地方政府承担社区的公共服务投入，社区比之前的村自治组织能够更有效服务辖区居民。

（三）村民内部利益冲突推动村级组织分化

在北京市农村集体经济组织改制过程中，一些村集体经济组织成员内部出现利益冲突，这些冲突推动了村民的经济权利与户籍、就业方式分离，推动了村民获得个人股的完整所有权，从而推动了村级组织分化。

2002 年，朝阳区十里河村进行了农村集体经济产权制度改革，直接目标是实现集体资产的保值增值。当时，并没有考虑历史上已转居的原集体经济组织成员的权益，结果引发了内部矛盾。这些矛盾没有被村里重视，引发了转居村民的大规模上访，最终导致十里河村的第一次股份制改革失败。矛盾激化之后，朝阳区政府总结了经验教训，在改制中重视了对已经转居的原集体经济组织成员权益的保障。到 2007 年，十里河村最终完成了集体经济组织改制，最终的改制方案中，原集体经济组织成员的权益得到了考虑，村民个人无论是否保留本村户口都具有村集体经济的股份。

十里河村集体经济组织改制的过程中，村集体成员内部的矛盾与冲突影响了集体经济组织改制的具体方案，甚至决定了集体经济组织改制能否顺利完成。村民内部的冲突使得十里河村集体经济组织的股份所有权突破了户籍的限制，村民个人及其股份都可以与村自治组织进行分离，这有力地推动了村级组织的分化。

（四）讨论：地方政府如何处理政经分离

从北京市农村改革的历程来看，村级组织分化是一个长期的历史过程，其驱动力包括集体经济组织改制、城市化和村民内部的冲突，这些因素共同推动了村级组织分化，并导致了一些村的政经分离。在村级组织分化的过程中，北京市形成了较为成熟的经验来更好的引导改革和化解矛盾。这些经验包括：

第一，保持改革敏感性，重视并及时回应基层出现的问题。20 世纪 90 年代，农村集体经济组织开始改制，北京市领导高度重视，从区县、到乡镇、到村，不同层级都设立了股份合作制改革领导小组，由专门的领导和机构来实际推进。

第二，坚持多样化试点，由点到面稳步推进。在农村集体经济组织改制过程中，丰台区针对改制中出现的一些问题和矛盾，鼓励和支持不同情况的村进行新的尝试，不断总结经验，最终形成了比较成熟的做法。随后，丰台区的成熟经验再向全市推广。这种由点到面、逐步深化的改革方式可以降低改革风险、更快地积累经验，也有助于观察改革在不同情况下的适用性并及时完善改革措施。

第三，重视总结基层创新，及时出台相关政策。北京市和丰台区政府在集体经济组织改制的每个阶段都出台了相关的政策文件，保证了改制的顺利推进。地方政府在改革中及时出台政策文件进行支持，可以赋予改革合法性，保障了改革成果的可持续性，也为改革经验的推广提供的便利。

第四，通过培训、讲座、考察等方式交流经验和凝聚共识。在集体经济组织改制过程中，北京市相关部门对各区县工作人员开展了股份合作制方面的培训，各区县、乡镇和村也分别邀请先进单位进行经验介绍。不仅如此，一些乡镇和村还赴外地进行考察和学习。这些交流学习开阔了相关人员的眼界，吸取了其他地区和单位的改革经验，也形成了对改革的目标、改革的方法的共识。

课题组负责人：赵树凯

课题组成员：赵树凯　吕绍清　朱贤强　米健

课题协调人：张英洪

报告执笔人：赵树凯　米健

2016 年 12 月

北京市农村基层政权建设研究报告

近年来，北京市按照坚持党的领导、人民当家做主、依法办事有机统一的原则，加快推进首都农村基层社会管理创新，全市农村基层政权建设取得了新的进展。农村基层群众自治制度进一步健全，村民自治机制进一步完善，村民群众的民主权利得到保障，有效化解了农村基层社会矛盾，为构建和谐社会首善之区奠定了坚实基础。

一、历史沿革与现实状况

（一）历史沿革

农村基层政权，是指国家设立在农村的，其下不存在行政层级的，直接面对农村社会进行社会管理的政权组织，是国家政权体系中的最低一个层级。近代以前，我国农村基层政权设立在县一级。新中国成立后，农村基层政权正式设立在乡镇一级，其中，在人民公社时期，村级组织也是农村基层政权的组成部分。改革开放以来，村级组织从基层政权中剥离出去，成为自治组织。因此，农村基层政权，就层级上说即指乡镇，就组织形态上说即指乡镇级党委、人大、政府三位一体。本报告中的农村基层政权就是乡镇基层政权，而且主要是其中的乡镇政府。当然，报告也会论及上至区县级政府下到村委会（党支部）。

自新中国成立以来，北京市农村基层政权建设经历了从乡、镇、村并存到乡、镇政权，"政社合一制"以及政社分开的乡镇政权体制三个阶段。

1. 从乡、镇、村并存到乡、镇政权（1949 年 3 月至 1958 年 8 月）

1949 年 3 月 30 日，北平市市长叶剑英签发了关于废除伪保甲制度的北平市人民政府令，提出了《废除伪保甲制度，建立街乡政府的初步方案》，北京市的农村基层政权建设工作从此全面铺开。从 1949 年 3 月到 1953 年，北京市农村基层政权建制的形式有乡、镇、行政村。乡、镇、行政村的建置，一般以原来保的管界为基础，在 1 000 户左右的设乡，500 户以下 200 户以上的设独立村（行政村），乡和行政村同为农村基层政权组织。由于当时郊区农村的规模较小，所以农村基层政权建制形式以村为主。1952 年 12 月 25 日，北京市人民政府召开北京市郊区划分工作会议，根据人口多少和自然条件状况，以及便于领导群众生产和行政管理的原则，对郊区农村基层政权建制形式作了调整，撤销行政村建制，乡镇为农村基层政权建制形式。1953 年，调整工作完成，将郊区的 550 个行政村新划为 310 个乡。至此，京郊农村基层政权建制形式定型。以后，随着北京市行政区划的逐步扩大和调整，乡镇建制和行政区划也相应进行了调整。1956 年 2 月 28 日，北京市人民委员会发出了《关于调整本市郊区乡镇建制和行政区划的通知》，对乡镇建制和行政区划作了调整。近郊平原地区以原来的 3～4 个乡合并为 1 个乡，山区一般以原来的 2 个乡合并为 1 个乡；对近郊已改变农村性质的乡，撤销乡的建制，改建为街道办事处。调整后，北京市郊区共有 125 个乡、5 个镇、18 个街道办事处（包括 1956 年 3 月划入北京的昌平县的情况在内）。截至 1958 年 5 月 31 日，北京市郊区下设 204 个乡、7 个镇。

1953 年统一建制以前，乡、镇、行政村政权机关由乡、镇、行政村人民代表大会（或各界人民代表会议）和人民政府组成。乡镇政府人员编制为：乡（镇）长 1 人，副乡长 1 人，户政委员 2 人，民政委员 1 人（副乡长兼），文教委员、调解委员、文书、通讯员各 1 人。行政村政府的人员编制为：村长 1 人，副村长 1 人，武装、农业、民政、财政等委员各 1 人；人口较少的村只设村长 1 人，工作人员 2 人。1953 年撤村建乡以后，乡镇政权机关由乡镇人民代表大会和乡镇人民委员会（人民政府）组成。乡镇人民委员会由乡（镇）长 1 人，副乡（镇）长和委员若干人组成。根据需要可设立民政、治安、武装、生产合作、财粮、文化教育、调解工作委员会。至 1958 年 8 月，北京市的乡、镇人民政府的组织结构、人员编制以及产生方式等基本确定。

2."政社合一制"的人民公社（1958 年 9 月至 1980 年 12 月）

1958 年 9 月，在人民公社化运动形势下，全市郊区的 211 个乡镇共建立起了 56 个人民公社。1958 年 10 月，平谷、怀柔、密云、延庆 4 县划入北京，北京市郊区的人民公社的总数增加到 75 个。由于不顾经济规律的运动频繁发生，大大超越了当时的郊区经济发展实际情况，农村发展遇到很大困难，导致了郊区经济的倒退。为确保管理和经济恢复，改变人民公社规模过大引发的诸多工作不便，1961 年，郊区逐步调整人民公社规模，一般恢复到以原来乡为单位划分一个公社，其中，房山县等 8 个郊区县新划人民公社 210 个。人民公社增加到 277 个。

人民公社是政社合一的组织。它既是生产组织，又是农村基层政权，既有领导和组织本社一切工农业生产的职能，也具有对本社进行行政管理的职能。初期的人民公社由公社党委和公社管理委员会两大系统组成。公社党委设有书记、副书记，还设有办公室、宣传部和组织部3个部门；公社管理委员会设有主任、副主任，还设有办公室、生产建设部、财政贸易部、文教卫生部、民政福利部、治安保卫部和武装部7个业务工作部门。1961年以后，北京市逐步调整人民公社的规模，制定了《北京市人民公社工作条例》，公社党委和管理委员会除设党委书记、副书记和管理委员会主任、副主任外，不再设立职能机构。各项业务工作由办公室和专职委员承担。1966年8月，全国范围的"文化大革命"开始以后，北京市郊区人民公社建立了"人民公社革命委员会"，仍然实行政社合一的人民公社体制。

3. 政社分开后的乡镇政权体制（1981年年初至今）

1979年12月，北京市召开了落实农业生产责任制的会议，开展了以联产承包责任制为核心的农村经济体制改革。原有的政社合一的人民公社体制已越来越不适应农村政治、经济的发展。北京市乡镇政权的改革又被提到了议事日程。1981年年初，北京市先在丰台区黄土岗人民公社（即现在的花乡）、昌平县沙河人民公社（即现在的沙河镇）进行政社合一体制改革，建立乡人民政府的试点工作，召开了乡人民代表大会，选举了乡人民政府。1983年4月，北京市政府召开了全市郊区"关于改变政社合一体制、建立乡政权工作会议"。至此，北京市农村基层政权体制的改革全面铺开。截至1984年11月21日，将郊区原有的263个公社改建为350个乡政府（其中民族乡6个），恢复和建立了14个镇政权。北京市农村基层政权体制改革基本完成，改变了政社合一的人民公社体制。与此同时，在农村重新确立了村民委员会的基层自治组织形式。之后，随着经济、政治和社会的发展，又在乡镇政权体制基础上，在一定范围和一定时期内探索实行了乡—村公所建制、乡—地区办事处混合建、镇辖办事处以及具有乡镇政权性质的地区办事处。

总之，新中国成立后，随着经济和社会的发展，城市化进程的加快，形成了现在北京市辖16个区的区划，这16个区按其所承担的功能划分为四个层次，即：东城区、西城区的首都功能核心区；朝阳区、丰台区、石景山区、海淀区的城市功能拓展区；房山区、通州区、顺义区、昌平、大兴区的城市功能新区；门头沟区、怀柔区、平谷区、密云区、延庆区的生态涵养区。农村基层政权建制主要分布在生态涵养区、城市功能新区及城市功能拓展区。截至2012年年底，北京市共有144个镇、43个乡，乡镇及行政村常住人口户数

215.2万户、582.5万人；到2014年4月，北京市共有107个镇、15个乡、3 938个村委会。

（二）现实状况

根据《中共北京市委办公厅、北京市人民政府办公厅转发〈北京市机构编制委员会办公室关于深化本市乡镇机构改革的意见〉的通知》（京办发〔2010〕28号）及北京市机构编制委员会《关于印发各区县乡镇机构改革方案的通知》精神，全市各乡镇积极转变政府职能，理顺职责关系，创新体制机制，优化机构和岗位设置，严格控制人员编制，建立了比较精干高效的乡镇行政管理体制和运行机制。

1. 机构设置

农村基层政权机关由党委、人大和政府三部分组成。在实践中，各乡镇围绕转变职能和理顺部门职责关系，按照精简统一效能的要求，从本辖区功能定位出发，根据地域特点、产业结构、城镇化发展水平，合理设置和调整基层政权机构。一般来说，设置党群机构、政府管理和服务机构、县区政府派出机构。

党群机构一般有：纪检（监察）部门、组织部门、宣传部门、人大、工会、团委、妇联、残联、武装部、党建办公室等。政府管理和服务机构一般有：政府办公室、财政科、计划生育办公室、社区建设与管理办公室、社会事务管理科（公共卫生科）、社会治安综合治理办公室（流动人口和出租房屋管理办公室）、规划建设与环境保护办公室、经济发展办公室、安全管理科（突发事件应急办公室）、招商办公室、农业发展办公室、林业站、公共事务服务中心、农村经济经营服务中心、农业产业发展中心、生态环境保护中心、文化服务中心、机关服务中心等。工作任务相近的党委和政府管理机构有的是合并在一起的，如党建办公室，与人大办公室、组织人事科、社会工作党委办公室等合署办公。

区政府派出机构一般有：工商所、国税所、地说所、司法所、统计所、食品药品监督所等，它们的人事权、财权都由上级业务主管部门管理。

2. 人员构成

农村基层政权的工作人员由三部分构成：一是行政编制。乡镇党群机构、政府管理机构的工作人员基本属于行政编制，每个乡镇从30～60人不等。二是事业编制。乡镇政府服务机构工作人员属于事业编制，每个乡镇从30～

60人不等。三是劳动合同制。在部分人口比较多、社会事务比较复杂的乡镇，政府为了提高服务能力、弥补在编工作人员的不足，还借调30～50名数量不等的社区工作者、"村官"、协管员等。

此外，乡镇干部编制一般是处级的党委书记、人大主席各1名，党委副书记、镇长各1名，党委副书记、纪委书记、组织委员、宣传委员、武装部长、工会主席、人大副主席各1名，副镇长3～4名；内设机构一般是3名编制的科室设科长1名，4～7名编制的科室设科长、副科长各1名，8名编制及以上的科室设科长1名、副科长2名；人大办公室设主任（正科级）1名，纪检（监察）、工会、共青团、妇联、残联等机构的领导职数一般按1名配备。

3. 财政体制

各区及其乡镇政府根据《北京市人民政府关于完善市与区县分税制财政管理体制的通知》（京政发〔2005〕16号）要求，结合各自的实际情况，完善区与乡镇财政管理体制，保证乡镇政府机关和村级组织所需的正常经费支出和各项事业发展所必须的支出，建立基层公益事业专项补助和农村社会事业专项补助。为此，北京市财政局印发了《北京市村级公益事业专项资金暂行管理办法》（京财预〔2005〕1899号）。

如有的区与乡镇之间打破原有的"确定收入基数，保证基本需求，财权事权分开，激励增收发展"的财政体制，建立"按照企业属地分税、保障基本经费需求、财权事权相对统一、建立动态调控机制、规范转移支付制度"的财政管理体制，以充分调动乡镇发展区域经济的积极性，促进乡镇经济发展。还有的郊区的乡镇财政管理体制遵循事权与财权相结合、公平与效率相结合、税收属地管理和重点扶持完善转移支付的基本原则。将两级财政分成从原来的4：6调整为5：5，并以转移支付的形式对基本需求财力不足的乡镇予以适当补助，保证其正常运转。也有的区镇街财政收入范围包含镇街所属各类企业及个体工商户所缴纳的增值税、营业税、企业所得税、土地增值税、房产税、资源税，按税收形成区级财政收入区与镇街3：7的分成比例；镇街处置资产及出租等非税收入100％计入镇街财政收入。

4. 职能设定及运行机制

（1）职能设定。现行的1995年2月修正的《中华人民共和国地方各级人民代表大会和地方各级人民政府组织法》（以下简称《地方各级人大和政府组织法》）第9条和第61条，分别规定了乡镇人大和乡镇政府各自的13项职权和7项职权；中共中央1999年2月印发的《中国共产党农村基层组织工作条例》第8条也明确了乡镇党委的6项职责。各乡镇党委、人大和政府都将这些职权（责）时代化、具体化和可操作化了。就乡镇政府职能来说，各乡镇政府大都将自身职能设定为：促进经济发展、增加农民收入，强化公共服务、着力改善民生，加强社会管理、维护农村稳定，推进基层民主、促进农村和谐。具体来说，主要包括如下四个方面：

一是促进经济发展职能。推动产业结构调整，转变农业发展方式，加快乡镇区域经济发展，构建都市型现代农业产业体系，提高经济发展的质量和水平，增加农民收入。二是公共服务职能。加强基础设施建设，大力推动公共服务均等化，确保民生不断得到改善。三是社会管理职能。依法指导和帮助社区居委会、社会组织和社会志愿者队伍建设，提高社区建设、管理和服务能力及水平。四是维护社会安全职能。加强农村基层民主法制建设，创新协商民主机制。整合农村综合治理力量，建立健全公共安全防范预警机制，完善农村社会矛盾排查化解工作体系，预防、减少和妥善处理农村社会矛盾纠纷。

（2）运行机制。现行的《地方各级人大和政府组织法》第62条规定，乡镇政府实行乡镇长负责制，乡镇长主持乡镇政府工作。1986年9月26日《中共中央、国务院关于加强农村基层政权建设工作的通知》（中发〔1986〕22号）规定，乡党委对乡政府的领导，主要是政治、思想和方针政策的领导，而不是包办政府的具体工作；同时，乡党委要保证乡政府依照宪法和法律的规定独立行使职权，支持乡长大胆地开展工作。在具体实践过程中，往往是乡镇对于重大问题及重要事项的决策，一般都须通过乡镇党委会或者党政联席会等会议讨论决定，特别重大决策还须经过乡镇人大讨论决定。

5. 乡镇政府与区县政府权责划分及与村委会的关系定位

（1）乡镇政府与区县政府的权责划分。根据现行《地方各级人大和政府组织法》第59条规定，区县政府与乡镇政府是上下的领导关系，区县政府领导乡镇政府的工作，有权改变或者撤销乡镇政府的不适当的决定、命令。同时，该法第61条规定，乡镇政府办理区县政府交办的事项。

近年来，有的区县从转变政府职能、清理行政职权着手，围绕理顺政府与市场、政府与社会、政府与事业单位及政府部门内部的关系，通过摸清县区、乡镇两级政府及其部门在经济社会管理中的职权底数，探索推进权责清单制度，进一步提高行政效能。

（2）乡镇政府与村委会的关系定位。《中华人民共和国村民委员会组织法》及《北京市实施〈中华人民共和国村民委员会组织法〉的若干规定》具体明确了乡镇政府与村委会是指导、支持和帮助的关系，同时乡镇政府不得干预依法属于村民自治范围内的事项；村民委员会协助乡镇政府开展工作。

有的乡镇把两者关系具体化为：镇政府指导和支持村民委员会贯彻国家法律、法规和党的方针政策，通过培训、宣传、说服、动员的方式引导村民委员会在法律的范围内积极开展自治活动，对村民委员会在工作中遇到的各种阻力和困难给予帮助和协调，在物质等各方面提供援助；指导和支持村民委员会发展集体经济，管理好属于村民集体所有的土地和其他财产，根据乡镇在教育、科技、文化、卫生、体育等社会事业方面的发展规划，制定村级公益事业和公共事业的发展规划，践行和培育社会主义核心价值观；村委会协助与本村有关的、属于镇政府职责范围内的各项工作，包括环境与资源保护、土地管理、公共卫生、治安保卫、计划生育、优抚救济、税收、粮食收购等工作。

二、主要做法和经验

近年来，在民政部、北京市委市政府领导下，经过各区和乡镇民政系统工作人员及村"两委"成员的共同努力，北京市农村基层政权建设取得了显著成效，积累了丰富的经验。实践证明，加强党的领导是农村基层政权建设的根本保障，转变政府职能是保障农村基层政权建设的基本措施，加强基层群众性自治建设是农村基层政权建设的内在要求。

（一）加强顶层设计，适时制定并实施系列加强党的领导和基层民主法制建设以及群众性自治组织建设的政策法规规章

就市级层面来说，主要有《关于建设和谐社区和谐村镇的若干意见》（京发〔2005〕18号）、《关于转发〈市委组织部、市委农工委、市民政局关于充分发挥村党支部领导核心作用，进一步推进村民自治的意见〉的通知》（京办发〔2001〕26号）、《关于贯彻落实转发〈中共中央办公厅、国务院办公厅关于在农村普遍实行村务公开和民主管理制度的通知〉的通知》（京办发〔1998〕16号）、《北京市实施〈中华人民共和国村民委员会组织法〉的若干规定》（2001年8月）、《北京市村民委员会选举办法》（2000年9月）、《关于印发〈关于健全和完善党组织领导的村民自治机制的意见〉的通知》（京组发〔2004〕13号）、《关于印发〈北京市村务公开民主管理工作暂行规定〉的通知》（京农发〔1999〕17号）、《关于印发〈北京市村民代表会议规则〉的通知》（京民基发〔2003〕264号）、《关于规范社区居民委员会、村民委员会印

章管理工作的意见》（京民基发〔2003〕429号）、《关于印发〈北京市村级公益事业专项补助资金暂行管理办法〉的通知》（京财预〔2005〕1899号）等，有力地促进和规范了农村基层政权建设。

（二）转变政府职能，协调理顺关系，构建合力的领导体制和工作机制

1. 设置"一站式"办公、"一条龙"服务以及乡镇级综合服务中心，加强政府的社会管理和公共服务职能

乡镇政府在履行其职能过程中，更加注重社会管理和公共服务职能。有的郊区在村建立农村社区服务站，设置"一站式"服务平台，为村民提供百余项便民利民服务项目，实现了寓管理于服务，以服务促管理。广泛开展"自治、安全、便捷、优美、和谐、富裕"的"六型"农村社区创建工作。有的郊区全面推动镇级综合服务中心建设，政府机关涉及与群众直接接触的科室全部入厅办公，形成了高效、精简、透明、规范的政务公开平台。而以乡镇综合服务中心为载体的乡镇政务公开的不断深化和完善，又为乡镇政府转变职能、精简机构提供了一个支撑的平台，成为乡镇行政体制改革的重要突破口。

2. 构建从"单打独斗"到"抱团合围"的农村基层政权建设工作机制

从理论上说，乡镇党委、政府、人大的职责和关系明确，可是在具体实际工作中，往往也会出现农村基层政权建设工作由党委组织部、政府民政局"单打独斗""疏于管理、放任自流"的状况。对此，有的郊区强化党委组织部门牵头抓总，发挥涉农部门工作职能，按照"谁主管谁负责"的原则，建立健全并严格执行相关村级组织工作管理责任制度，由组织、纪检、民政、政法、农业、扶贫以及其他涉农部门等相关职能部门参加的联席会议制度，由党委组织部、政府民政等职能部门组成的督查指导制度，区、乡、村三级问题、信息反馈制度，形成了"抱团合围"和"各司其职、各负其责"的农村基层政权建设工作机制。

3. 乡镇政府统一指导和协调与区级政府派出机构的关系

乡镇政府与驻地区政府派出机构的关系，一直以来是一个难以处理的棘手问题。有的区的乡镇政府与区级政府及业务部门沟通协调，对工商所、国税所、地说所、司法所、统计所、食品药品监督所等区政府派出机构进行统一指导和协调，各机构主要负责人的任免事项须征得乡镇党委同意，其工作人员的考核实行条块结合并以乡镇为主。

（三）创建"全方位晒账""五延伸""六步"的村务公开制度和方法

1. 村级财务公开的"全方位晒账"制度

财务公开是村务公开的重点和核心。深化村级财务公开是保证村民的民主权利、促进农村基层民主政治建设的重要途径，是促进农村党风廉政建设、密切党群干群关系的制度保证。有的区结合每年四次的村民代表例会，全面实行村级财务按26项收入39项支出进行公开、群众点题公开的办法，逐票登记、逐项审核、逐笔晒账、公开答疑、存档备案五个步骤，全面对村民群众关心和有疑问的地方进行"挑、审、晒、答"，让村民了解村里每一笔钱的流向和用途，让村级财务完全公开、透明。并成立了由区委党建工作领导小组成员任组长，区委组织部、区民政局、区经管站等部门主管科室工作人员为成员的村级财务逐笔公开督导组，负责全区村级财务逐笔公开督查工作，取得了显著实效。

2. 村务公开的"五延伸"制度

有的郊区创建实行村务公开的"五延伸"方法，即：一是由事后公开延伸到事前、事中、事后全过程公开，针对扶贫救济、就业保障等关系民生的重点内容，必须事前公开政策、事中公开实施办法、事后公开办理结果；二是由上级定题、村委会选题延伸到定题、选题与村民点题相结合，凡是村民关心的热点问题都要进行公开；三是由传统的公开载体延伸到现代化的公开载体，通过安装信息机、电子触摸屏，建立村务网站，逐步实现让群众在家中就能参与民主监督；四是由定时公开延伸到按需随时公开，必须对大额财务支出情况进行随时公开；五是由笼统公开延伸到量化公开，特别在财务公开时，严格限制了"其他"费用支出科目。在公开形式上，由"只见栏不见面"的间接公开变为"既见栏又见面"的直接公开，村干部面对群众直接公开村务和财务，鼓励村民代表当场提问，村干部当面回答、讲清楚，实现了干群之间面对面双向交流。

3. 村务公开的"六步"方法

有的郊区进一步规范了村务公开的程序，积极推行"六步"方法，即：村"两委"提出公开方案、村务公开监督小组审查、征求群众（村民代表）意见、补充完善公开方案、提交村"两委一社"联席会议讨论确定、报乡镇主管部门审核同意六步程序，从而确保村务公开程序严谨合法，从制度上确保了公开结果的准确透明。

（四）实行"五委决策、三透明""村账镇托管""村章镇管"、村民代表设岗定责，加强村务民主管理

1. "五委决策、三透明"

有的乡镇坚持村级事务民主管理制度，正确处理"两委"干部、党员大会、村民代表大会之间的关系，积极推行"五委决策"制，就是将"两委"班子联席会、老干部监督协调委员会、党员议事委员会、干部群众民主评议委员会和村民质询委员会紧密联系起来，通过决策、监督、议事、评议、质询等程序，实行"三透明"原则（决策透明、大项开支透明、工作结果透明），将党内民主与村民自治有机结合，健全民主制度，保证党风廉政建设责任制度、大项开支集体决定制度等得到严格落实。

2. "村账镇托管"

有郊区各村全部实行村级财务委托镇级代理，由镇财务中心运用统一的农村财务管理软件对各村财务记账核算，由村经济合作社与镇财务中心签订财务委托协议书和印章委托保存书，实行公章、财务账分存。"村账镇托管"实现了财务审计关口前移，解决了"豆腐账"、不及时结账等问题。

3. "村章镇管"

有的郊区试点推行"村章镇管"制度，由镇政府统一保管村级公章，加强镇党委政府对村级重大事务民主决策的指导和事前监督。具体内容是：与村集体利益无关，只涉及村民个体利益的一般事项，例如：死亡证明、无犯罪证明等，由村委会主任审批后，村章管理人持审批单到镇政府办理用章手续。为方便群众、简化手续，一般事项证明也可事先盖章后存放在村里；涉及村集体利益与广大村民利益的重大事项，必须经镇政府审核，依据文件规定履行民主决策程序后由村主任填写用章审批单，村章管理人持审批单到镇政府办理用章手续。使得村级事务与集体资产管理工作更加规范化、制度化，促进了农村经济持续健康发展，维护了社会稳定。

4. 村民代表设岗定责

针对部分村民代表文化程度偏低、履职能力不强的问题，有的区按照"按需设岗、因事设岗、以岗定责、责任到人"的原则，对村级事务进行梳理分类，设立4大类13个指导性岗位，引导村民代表根据自身能力特长选择1～2个岗位，主动认岗领责，并向群众公开承诺。通过这一活动，让村民代表明确了自身职责，知道了自己该做什么，该怎么做。

（五）利用"听声见影档案""全程视频直播""民主日""民主议政日""六有"，创新村务公开、民主管理和民主监督的形式

1. "听声见影档案"

有的区利用农村基层党建全程记实系统，依托农村党员干部远程教育网，实现区、镇、村三级之间互联互通，通过各村远程教育网终端的摄像头等设备，以文字、图片、视频等形式，全程记录村级重大事项决策过程，自动生成"听声见影档案"，变过去的决策结果公开为决策过程公开。系统所生成的影像资料，群众可随时点击播放，随时查看村级决策过程；区、镇党政部门也可在网络上随时检查村里工作，并可通过网络视频给予实时指导。这套系统的运行为党政部门指导村级各项工作，村民监督村务管理和决策提供了一条新途径，有效缩短了管理半径，提升了基层管理工作各环节工作效率，确保了基层组织执行决策的及时性、有效性和准确性，增强了农村基层组织的执行力，规范了工作程序，保障了群众的民主权利，提高了村级各项事业决策的合法性和科学性。

2. "全程视频直播"

有的区加大村级基础设施的投入，分阶段有步骤地实现在全区各村安装LED电子屏，实现对村级会议的全程视频直播。通过村级会议的现场直播，让村民群众实时观看村"两委"班子会、村民代表会等村级会议的召开情况，实现村级事项民主决策由结果的公开向过程的公开转变，使得村级民主决策更加公开、透明。

3. "民主日""民主议政日"

有的区自 1998 年开始，就开展了"民主日""民主议政日"活动。全区各行政村每年的 1 月 20 日、7 月 20 日都要统一开展"民主日"活动，4 月 20 日、10 月 20 日都要统一开展"民主议政日"活动，各村党员、干部、村民代表全部参加。"两日"活动中，党支部、村委会、经联社要分别报告工作，听取群众的意见和建议，公开财务账目，接受群众的质询和监督，并对村内的重大事项进行决策。"两日"活动是一个开放交流的平台，在这里干群之间增进了沟通了解，村民的不解、疑问得到释怀，村民参政议政的积极性被充分调动起来。

4. 村务监督委员会"六有"

针对村务监督难的问题，有的区创设条件，实现村务监督委员会"六有"。

即：一是有牌子，各村将村监会的牌子与村"两委"牌子一起挂在村委办公楼的显眼处；二是有场所，各村根据实际情况，都落实了村监会的固定办公场所，配备必要办公设施；三是有活动，村监会每月召开不少于1次例会，每季度列席1次村民代表会议；四是有计划，村监会做到年初有工作计划、年终有工作总结，并实行向村民代表年度工作述职制度；五是有台账，认真记录好民情日记、五簿一编、情况反馈等工作台账；六是有印章，各村村务公开、财务管理情况必须经村监会盖章方能生效，确保村监会有效履职。

三、存在的主要问题

（一）机构设置不尽科学，职能定位不够明确

1. 机构设置不够规范，职责分工不明确

首先是设置标准不统一。乡镇政权机构是按照"条块"原则设置的，其内设机构基本上是比照区级政府设置的，并非全部出自乡镇治理的实际需要，在一定程度上破坏了乡镇政权的独立性和完整性。其次是有些区的乡镇政府虽然表面部门齐全，但有些机构只是加挂牌子，名存实无；或者是几个科室联合办公，导致部分乡镇科室职能划分不清，开展工作时找不到相应科室，相互推诿、找不到人的情况也时有发生。

2. 人员配置不尽合理，人员不足现象严重

政府人员编制严重不足，特别是相关的法规规章和文件都没有对乡镇政府民政部门的机构设置及其职责做出明确规定，往往大都是隶属于其他部门的1位民政助理具体负责全乡镇基层政权建设工作。因业务繁杂，有的乡镇只能借调社区工作者或者"村官"及其他劳动合同制人员开展工作，因工资待遇与编制问题，这部分人员流失比较严重。

3. 职能定位不够明晰，角色观念仍需转变

有的乡镇政府没有做好角色转变的准备，从"管理型政府"向"服务性政府"转变的观念仍未深入于心、实践于行，有些乡镇政府更多关注经济发展，忽视了其社会管理和公共服务职能。与新城建设全面推进、城镇化率迅速提升以及群众实际需要相比，乡镇政府对社会管理、社区治理的重视程度、投入力度仍有不足。切实关系到村民切身利益的就业、社会保障、教育、医疗等民生问题没有得到有效解决。

（二）管理体制不通顺，权责关系不对等

1. 乡镇政权和村级自治组织权责不一

首先是乡镇政府对村级自治组织调控能力呈现弱化趋势。工商、税务、公安、司法、食药监等越来越多的权力部门实行垂直管理，条块分割，权责不对等，事权大于职权，由此导致乡党委、政府对农村社会事务和村级组织的调控能力弱化。有的乡村干部形象地说，垂直管理部门是"三多三少"：行政执法的多，为群众排忧解难的少；派活儿多、服务少；工作推诿多、和衷共济的少。其次是村级组织存在"泛行政化"倾向。有的区、乡镇政府职能部门把村级组织作为自己的"腿"，安排下达许多不属于村级自治内容的指标任务。调查中，大部分村支部书记、村委会主任认为村干部主要精力是在完成乡镇党委、政府安排的工作任务，在组织村民自治活动、服务群众上缺少时间、精力。

2. 乡镇政权与区政府权责关系不尽对等

乡镇政府作为基层政权，上联区级政府，下接农村百姓，起着承上启下的重要作用。但在实际工作中，乡镇政府与上级区政府存在严重的权责关系不对等现象。乡镇政府担负着该辖区的经济建设规划与发展、各类安全管理与社会治安和稳定、民政事务与计划生育等多项社会事务，在客观上形成了乡镇政府的无限责任。与此同时，上级政府对其管辖范围内的各种情况都提出责任要求，可谓"上面千条线，下面一根针"。然而就其职能而言，多数行政、管理、审批、处理权都在上级区政府，乡镇政府在多数行政行为中不具备行政主体资格，最终造成责任越来越大，职权却越来越少。

3. 村务公开民主管理工作不够规范

首先是村务公开仍需强化。村务公开特别是财务公开不够及时规范，张贴公示较为随意，有的财务公开报表过于专业化，没有一定业务知识的村民看不懂。村委会在村民代表会议决策后，私自进行一些暗箱操作，不完全履行民主决议，使得最终结果与村民代表决议不相符。有些决策程序虽然符合规定程序，可是公示的内容与决策事项的具体内容不符，实际决策的内容并未经过群众认可。其次是群众民主意识淡薄。不少村民对农村基层民主建设的重要性和必要性缺乏必要的认识，对如何维护好、实现好自己的民主政治权利，缺乏参与热情，往往是事不关己，高高挂起。

（三）民主建设质量和水平不够高，民主意识和能力需提升

1. 民主管理欠规范，干部素质待提高

首先是民主管理制度仍不健全。很多乡镇虽然基层民主制度已比较健全和完善了，但仍没有实现制度上的全覆盖和无缝对接，需要进一步创新和细化，为基层工作提供有力支撑。其次是乡镇干部素质与发展要求不相适应。一方面，干部队伍结构不尽合理。现任乡镇干部普遍存在年龄偏大、文化程度低等问题。再加上农村工作条件较差、工资待遇不高、晋升空间有限，导致人才流失现象突出，年纪轻、素质高的优秀乡镇干部凤毛麟角。另一方面，综合素质不高，干群关系不密切。一些乡镇干部依法行政能力不足，对基层民主政治建设的相关政策法规缺乏应有的了解，对新形势下农村经济社会发展出现的新情况、新问题不适应，工作打不开局面。

2. 民主决策不够科学，民众参与应深入

首先是乡镇党委、政府、人大在决策过程中地位不尽合理。实际工作中，很多乡镇党委的权力被放大，对本乡镇内一切事情都有裁定权；乡镇政府功能最多，任务最重，但职责与职权明显不对等；乡镇人大的权力最弱，决策地位也被边缘化，应当行使的决策权成了一种构想。其次是公众参与、专家论证和政府决定相结合的行政决策机制不健全。广大群众并没有真正参与到本地区经济社会发展的重大决策中，在一定程度上影响了决策的民主性和科学性。

3. 民主监督难奏效，内外监督不尽到位

首先是乡镇政务公开工作不到位。不少乡镇对政务公开的重要意义认识不足，对推进政务公开工作的要求把握不准，存在怕麻烦不想公开、怕监督不敢公开的心理，对政务公开工作不同程度存在内容、时间、地点、程序的不规范。部分乡镇政府的门户网站不能做到及时更新，导致政务公开流于表面和形式，广大民众不能真正对乡镇政府形成有效的监督。其次是内部监督机制发挥作用有限。从内设机构来说，由于人大权力的弱化和本级纪委缺乏独立性，不能对乡镇政府形成有效的监督。内部监督机制作用有限，外部政务公开工作不到位，乡镇内外监督机制难奏效的现象比较严重。

（四）财政体制不够健全，开源节流意识不强

1. 财权事权不尽匹配，财力不足问题严重

很多郊区的乡镇政府财政压力比较大，多限于保工资、保运转，发展经济

和民生事业捉襟见肘；村级集体经济薄弱，无钱办事、无钱为群众服务的问题比较突出。上级在下达工作任务时，很多没有相应配套的经济支持；争取到的资金项目很多是差额补贴，不是足额支付，乡镇政府还要配套。另外，临时性突击性工作较多，如拆迁、经济普查、人口普查，等等。农村基层政权建设在财政体制上缺乏"权随责走、费随事转"的刚性制约机制，导致工作越干越多，而经费却没有增加，财权与事权不匹配现象严重。

2. 自身"造血"能力较弱，缺乏长远观念

有些郊区的乡镇政府并没有从根本上认识到，依靠上级的财政扶持只能在短期内解决资金困境，只是权宜之计，并不能从根本上解决问题。不少乡镇政府在结合地区优势、发展当地经济、大力拓展财源工作上仍投入不足，缺乏强有力的经济支撑，自身活力不强。

3. 资金监管不到位，财政支出不合理

有些乡镇政府没有按规定配齐专门财务人员，或者是财务人员身兼多职，既管财务又管经营，财务工作人员不稳定，缺乏系统性、规范性的教育，在一定程度上影响了乡村财务监管工作的科学性。不少乡镇对各项工作的具体经费安排缺乏明确的规定和指导性文件，财政支出缺乏规范、不尽合理。

（五）社会治理水平不够高，社会治理能力弱

1. 社会组织在农村治理体系中的作用有限

社会组织具有公益性、非营利性、灵活性等特征，它可以承担政府事务性管理工作和公共服务。可是有的郊区的乡镇政府如同无限责任公司，管理的事越来越多，政治、经济、文化、社会无所不包，人民团体、社会组织在基层政权建设中发挥的作用非常有限。有些本应该交由社会组织履行的职责，乡镇政府却揽权不放，全能政府形象使得干部叫苦叫累，可村民却并不理解、不满意。

2. 镇干部依法行政能力仍欠缺

有些郊区的乡镇干部文化水平不够高，民主法治意识不强。不少乡镇干部仍没有从旧的工作方式中走出来，存在着"老办法不适用、新办法不会用，软办法不管用、硬办法不敢用"的问题，遇事经常束手无策。在化解社会矛盾、协调利益关系工作中，不善于用说服教育、示范引导的办法同村民打交道，法治意识和执法水平仍比较弱。

3. 影响农村社会和谐稳定的因素不断增多

在奥运、绿隔等重大事件和政策的影响和推进下，乡镇内部利益格局正在发生深刻变化，农村社会矛盾"触点"多、"燃点"低。一些群众"信访不信法"，征地拆迁、房屋拆迁工作难度大，保障房社区逐渐增多，给农村治理带来重大挑战。村民在就业安置、社会保障、创业致富、医疗卫生、征地拆迁等方面，期盼着能够得到越来越多的优质高效的服务，但不少乡镇干部的工作仅限于传达会议精神、宣传政策、组织发放补贴等浅层次服务工作上，村民对此却并不认可、不买账。

四、思考与建议

（一）深化乡镇机构改革，推进政府职能转型

1. 优化机构设置，明确职责分工

首先是改革现行体制，理顺条块关系。坚持宜条则条、宜块则块、不搞一刀切，坚持人、事、财相统一的原则，根据当地乡镇经济社会发展需要，设置相应的服务和管理部门，全方位覆盖各个服务领域。其次是按照精简、效能的原则规范机构设置和人员编制。在确保乡镇编制不增的前提下，可通过精简领导干部职数，提倡交叉任职等途径，在撤销、合并政府部门和机构同时，分流人员。对设置重复、职能模糊的机构进行撤销，对业务工作相近、工作性质相似的机构进行合并与整合，对业务单一、工作量相对小的机构进行挂靠。

2. 规范专职人员配置，加强人才储备

应结合大部门制度改革和农村综合治理改革，完善"三定"方案，对干部人才队伍空编情况进行全盘统筹。根据单位职能发展需求，科学调剂使用人才。定期分析干部人才队伍现状，适时有序地组织公务员招录、事业编制招考、大学生"村官"选聘等，加强专职专科人员的配置，提高工作效率；建立完善的人才培养机制，在发展环境、待遇保障、提拔任用机制上加大力度，吸引并留住人才。

3. 转变政府职能，密切干群关系

首先是转变角色观念，树立以民为本的角色理念。坚持在工作中自觉服务乡镇社会经济发展，从"管理型政府"向"服务性政府"转变。其次是强化服务职能，创新社会管理。乡镇政府应将当前工作重点放在改善农村生产生活条件，提高农村教育水平和卫生保障水平，加快建立农村社会保障体制和推进农村城镇化建设上来，增进群众福祉。加强对农民安置房小区的社区管理，逐步

将安置房小区转型为与城市商品房小区一致的规范化物业管理模式。再次是牢固群众观念，密切干群关系。乡镇干部在实际工作中应尊重村民的合法权益，切实减轻农民负担，转变工作作风，热爱农村，热爱农民，善于用说服、教育、示范的办法同群众打交道，解决群众利益诉求。

(二) 畅通管理体制，理顺权责关系

1. 下放管理权限，实现责权对等

首先是理顺上级派出机构与乡镇政府的关系。将上级派出的站办所的人、财、物、事权全部下放给乡镇管理，使乡镇政府真正成为具有一级政权职能的相对独立的组织。其次是建立以公共服务为指向的行政问责体制。改变目前对上的单向问责为对上和对下的双向问责。当前来自上级的考核指标是乡镇一切工作的指挥棒，基层政府向上级生产考核性产品代替了为民众提供需要的公共服务物品，在一定程度上会脱离群众、脱离实际。

2. 明确乡镇政府与村级组织的关系

乡镇政府应改变传统的行政管理和领导方式，把村委会当做其下属行政组织，对村民自治组织的日常事务进行行政干预。应明确乡镇政府与村级组织的权责对应关系，对村民委员会的工作给予指导、支持和帮助，不得干预依法属于村民自治范围内的事项。此外，乡镇干部应自觉扭转村级组织的"泛行政化"倾向，大力发展村民自治组织，自觉维护村民自治的合法权益。

3. 进一步加强村务公开民主管理工作

首先是进一步深化村务公开。要通过深化村务公开，特别是财务公开，从源头上加强对农村基层干部的监督，科学规范村务公开内容、时限和格式。在全面推行村级重大事务票决制基础上，充分结合本地实际，严格票决程序，拓展票决内容，紧紧围绕村民普遍关注的热点、难点问题和涉及村民切身利益的重大事项开展进行。其次是扩大民主法治宣传，强化民主政治观念。各乡镇应充分运用各种方式，广泛宣传党在农村的各项方针政策和村民自治法律法规，使广大群众知法、懂法、守法，有效行使民主权力，切实维护自身利益，推进乡镇民主化管理水平。

(三) 推进基层民主建设，提升民主建设水平

1. 建立健全民主管理制度，强化干部综合素质

首先是完善民主管理制度，提升民主管理水平。要进一步制定并完善村民

会议和村民代表会议制度，创新基层民主选举、民主决策、民主管理、民主监督的方式方法，拓宽基层群众自我管理、自我服务、自我教育、自我监督的渠道，提升民主建设水平。其次是创新选人用人机制，加强乡镇班子建设。建立健全干部定期培训机制，与区政府相关部门联合一起，结合农村优秀人才培训班、"科班"培养、"轮训"等长效机制，分批分阶段对乡镇干部进行专题培训，增强其履职能力，提升其工作水平和综合素质；要按照"双有四强"要求，狠抓乡镇班子队伍。着力打造有带领群众致富的能力、有个人致富的产业，开拓创新能力强、民主管理能力强、应对复杂局面能力强、服务村民能力强的干部队伍；加大组织实施"基层培养选优计划"的力度，有计划地选派机关和事业单位干部到乡村基层挂职任职，选聘高校毕业生到村任职，推动城市优秀人才向乡村流动。

2. 建立健全民主决策机制，畅通民众参与渠道

首先是完善乡镇政府内部决策机制。科学合理界定乡镇党委、人大、乡镇政府的决策权。可将人大置于党委、政府之外，直接隶属于区级人大，给予人大足够的决策权和监督权，切实发挥人大的参与监督作用。其次是建立健全公众参与、专家论证和政府决定相结合的民主决策机制。除依法应当保密的外，决策事项、依据和结果要公开，群众有权查阅。村级重大事务票决制要紧紧围绕群众普遍关注的热点、难点问题和涉及群众切身利益的重大事项开展进行。再次是健全"八部决策法"工作机制。严格按照"提出议题、'两委'研讨、党员讨论、形成决议、决策公开、组织实施、过程监督、结果公开"等八个步骤实施民主决策。最后按照"谁决策、谁负责"的原则建立决策跟踪反馈和责任追究制度。加强对决策活动的监督，明确监督主体、监督内容、监督对象、监督程序和监督方式，实现决策权和决策责任相统一。

3. 建立健全监督制约机制，确保内外监督切实有效

首先是进一步完善监督制约机制。加强村务监督委员会建设，在监督村级村务公开、民主管理工作落实上切实发挥作用；健全以人大、纪委为主的外部监督体系，对公开内容加大审核力度，对公开工作进行监督检查，进一步推进政务公开工作；进一步研究探索、发动群众自觉主动、依法依规开展监督活动。通过报告工作、民主评议、民主理财、听取和征求群众意见等形式和程序，深化民主监督工作。其次是进一步推动政务公开工作。建立健全主动公开和依申请公开制度。对应当让群众广泛知晓或参与的事项，要及时主动向社会公开。暂时不宜公开或不能公开的，要报上级主管机关备案。对于只涉及部分人和事的事项，要按照规定程序向申请人公开；建立健全政务公开评议制度，把政务公开纳入社会评议政风、行风的范围；建立健全政务公开责任追究制度，明确政务公开各部门和单位的责任；同时充分利用村务公开栏、广播、网络等载体，进一步增加公开频率，重要事项确保事前、事中、事后及时公开。

（四）加快财政体制改革，增强开源节流意识

1. 改革财政体制，匹配事权与财权

解决乡镇政府经费不足、资金短缺的问题，应着手改变长期以来向上级政府倾斜、向城市倾斜的财政制度，实现财政在各级政府的合理分配。在对乡镇工作中，也应按照"费随事转、权随责走"的原则，根据承接的具体工作或事项给予经费支持，逐步实现以事权为基础进行财权配置。此外，上级政府在布置工作任务时，对确实需要较多资金投入的工作，应转移支付经费，使基层有更多手段推行城乡一体化建设。应逐步清理并减少配套资金要求，控制乡村债务增长。同时，针对公共服务经费紧缺问题，应按照实际居住人口情况拨付公共服务经费，实行人口和经费相挂钩的年度动态机制。

2. 结合地区实际，积极拓宽财源

对于解决乡镇政府财政吃紧的问题，需要上级政府给予大力支持，同时也需要立足长远，大力拓宽财源。各乡镇应发挥地区优势，着力推进重点产业及基础设施项目建设，推动特色、精品、观光农业以及农产品加工业融合发展，增加本地财政收入。

3. 加强资金监管，严格支出管理

加强专业财务人员的配备与后续教育，确保资金监管到位。严格执行《预算法》的规定，坚持依法理财，增强预算意识。严格贯彻落实中央八项规定和六项禁令，厉行节约，反对浪费，坚决压缩各种不必要开支。

（五）创新社会治理体系，提高社会治理能力

1. 改进社会治理方式，建立良性互动机制

乡镇政府应改变以往包揽包办的治理方式，在坚持加强党委领导、发挥政府主导作用的同时，逐步放权，鼓励和支持社会各方面参与到乡镇经济社会发展中，实现政府治理、社会自我调节、村民自治三者之间的良性互动。首先是激发社会组织活力，推进社会组织明确职权。充分发挥社会组织在规范行为、反映诉求、提供服务等方面的作用，适合由社会组织提供的公共服务和解决的

事项，应交由社会组织承担。其次是引导支持群众参与乡镇治理。乡镇政府应维护、支持、保障村民自治的合法权益，积极引导广大群众进行自我管理、自我教育和自我服务，努力使广大群众在乡镇民主管理、民主决策和民主监督进程中发挥重要作用。

2. 坚持依法行政，加强法制保障

乡镇干部应加强政策法规的学习，提高自身法治意识和法治水平。在实际工作中自觉运用法律法规约束行政行为，用政策指导和推动各项工作，用法治思维和法治方式化解社会矛盾。同时，应切实加强乡镇政权的法规和制度建设，把农村基层政权建设纳入到法制化轨道。各乡镇应按照宪法有关规定，从本地区实际出发，对社会管理权力、公共服务责任以及队伍建设、财政保障等方面做出明确规定，使之有法可依。

3. 坚持改善民生，推动农村社会治理持续深化

把改善民生放在更加突出的位置，以城乡一体化为目标，改进社会治理方式，创新社会管理服务，统筹解决就业、保障、教育、卫生等民生问题，切实增进群众福祉。大力培育社区服务类、公益慈善类社会组织，引导和组织社区居民主动参与社区公共生活和社区事务，树立一批有影响力的社区发展品牌。

总而言之，基层政权是国家政权的基础，而北京基层政权又是国家政权的基础和核心，北京基层政权稳固了，国家政权就具备了牢固的稳定基础。因此，北京基层政权建设是全国基层政权建设的重中之重。随着社会主义市场经济的不断发展完善，以家庭联产承包为主的责任制、家庭和集体统分结合的双层经营责任制的出现，人们越来越关注基层政权的改革。目前，关于农村基层政权改革基本上有四种方案：一是主张加强乡镇政府建设，将它建设成为一级完备的农村基层政权组织甚至将其向村级组织延伸；二是主张虚化乡镇政府，将其改为县级政府的派出机构，实行"县政、乡派、村治"；三是官民合作的"乡政自治模式"；四是主张撤销乡镇政府，实行"乡镇自治"。北京市农村基层政权改革究竟采取哪一种方案，要从北京的实际出发，坚持顶层设计和摸着石头过河相结合，探索出一条适合北京市长治久安的农村基层政权建设之路。

本报告协调人：张英洪

执笔：甘国再

2018 年 11 月

北京市农村村民自治研究报告

截至 2018 年 10 月底，北京市有 16 个区，16 个区中有 13 个区涉及农村工作；全市 329 个街乡镇，其中街道办事处 145 个、地区办事处 64 个、镇 105 个、乡 15 个。有村党组织 3 907 个、村委会 3 920 个、村务监督委员会 3 920 个、村民小组 23 909 个。目前，海淀区、房山区、顺义区、大兴区、密云区荣获"全国村务公开民主管理示范单位"称号，密云区获得"全国村务公开民主管理制度创新提名奖"称号，全市 60% 以上的乡镇、村达到了"村务公开民主管理示范"单位标准的要求。

一、北京市村民委员会选举基本情况

1987 年，《中华人民共和国村民委员会组织法（试行）》（以下简称《村委会组织法》）颁布后，2000 年 9 月，北京市第十一届人大常务委员会第二十一次会议通过《北京市村民委员会选举办法》。根据 2010 年 10 月，全国人大第十一届常委会第十七次会议修订的《村委会组织法》，2012 年 9 月，北京市第十三届人大常委会第三十五次会议对《北京市村民委员会选举办法》进行修订。根据《村民委员会组织法》和《北京市选举办法》的有关要求，按照每届三年的规定，到 2016 年，北京市村委会换届选举工作共进行了十次。总的来说，北京市村委会换届选举工作，对于发展社会主义民主，健全社会主义法制，加强农村基层组织建设，促进农村经济社会发展，积极维护首都农村社会稳定，产生了深刻的影响，具有十分重要的意义。

2016 年北京市第十届村委会选举工作，按照市委、市政府的统一部署，经过选举准备、全面实施、总结验收三个阶段，圆满完成了全市换届选举各项工作任务。全市 13 个涉农区共有 3 930 个村委会（整体转居尚未撤村但已参加了第九届居委会选举的 136 个村除外），应参加第十届村委会选举的行政村 3 794 个，实际参选村 3 726 个，参选率达 98.2%，比上届提高 4.5%。有 68 个村因整体拆迁、居住特别分散无法组织选举等原因，经民主讨论决定，由区政府批准不参加本次换届。门头沟区、通州区、顺义区、密云区和延庆区实现了"应选尽选"，参选率 100%。本届村委会选举共产生村委会成员 13 266 人，其中主任 3 726 名，副主任 766 名，委员 8 774 名；依法推选产生新一届村民小组长22 861名、村民代表118 983名，推选产生村务监督委员会成员12 504名。

党组织领导核心作用进一步加强。新一届村委会成员中党员10 323人，占全体成员的77.8%，比上届提高0.5%；村民代表中党员比例为33.7%，比上届提高10%。全市共有2 511名村党组织书记兼任村委会主任，"一人兼"比例达到64.3%，村"两委"交叉任职比例达到55.4%，与上届基本持平。村委会主任不是党员的435人，占村委会主任总数的11.7%，比上届降低0.3%。全市没有"白点村"，实现了确保每个村委会中至少有一名党员的目标，党组织的执政基础进一步巩固。

村委会班子结构更加科学。新一届村委会成员平均年龄48岁，比上届上升1岁；具有大专及以上学历的共4 758人，占35.9%，比上届提高3.4%。新一届村委会主任的平均年龄为49岁，比上届上升1岁；具有大专及以上学历的共1 923人，占51.6%，比上届提高2.5%；其中有1 102人属首次当选，占29.6%。有105名大学生"村官"当选为村委会班子成员，村级组织成员呈现出多元化发展趋势。

妇女和流动人口的民主权利得到有效保障。妇女专职专选工作措施有力，新当选妇女委员4 303人，占委员总数的32.4%，比上届提升了0.6%，在确保村村都有女委员的基础上相对比例创新高。其中门头沟区、怀柔区和密云区的妇女委员比例分别为36.7%、35.6%和35%。为保障妇女权益，加强妇女在农村基层民主管理中发挥有效作用奠定了基础。共有流动人口3.45万人经民主程序被登记为参加选举村民，扩大了基层民主覆盖面。

村民群众的民主法制意识显著增强。全市共有296.8万村民进行了参加选举村民登记，参加投票选举的村民共有270.5万人，参选率91.1%；一次选举成功率82.7%，比上届提高3.5%。农村广大村民群众参政议政热情普遍高涨，积极参与选举工作全过程，自觉依法行使选举权、监督权等各项民主权利，依法竞争和理性竞争氛围更加浓厚。

（一）主要做法和特点

1. 领导高度重视，着力推动第一责任落实

一是旗帜鲜明地加强党的领导。全市各级党委、政府高度重视本届村委会选举工作，将其作为加强农村基层社会治理、推进首都农村改革发展稳定的大事来抓。市委、市政府先后召开市政府常务会、市委常委会进行研究，市委、市政府主要领导对做好村委会选举工作提出明确要求。市委组织部、市委农工委、市民政局联合下发了《关于在第十届村委会选举工作中切实加强党的领导的意见》（京组通〔2016〕15号）。各区均成立了以区委书记任组长的村"两委"换届选举工作领导小组，进一步明确各区委书记、乡镇（街道）党（工）委书记是做好本地区换届选举工作的第一责任人，建立了区委统领、乡镇主责、村级具体组织实施的工作体系，确保层层传导、逐级压实责任。各区委组织部与农工委、民政局等相关部门统筹协调，通过建立台账、下派督导组、印发工作指导手册等方式，加大指导力度，集中排查治理市、区两级322个换届选举重点难点村，实行领导包干，逐村摸底排查，逐村分析研判，"一村一策"，分类施治，帮助重点难点村做好换届选举工作。本届村委会选举全市杜绝了"白点村"，党员村民代表比例进一步提高，充分体现了村党组织在基层民主建设中的领导核心作用。海淀区组建了由7名区委常委和7名其他相关区领导分别任正、副组长的7个区委督导组，强化对换届选举工作的领导和指导。丰台区建立了领导小组抓好统筹、区选举办全面把控、巡视指导组实地督查、乡镇（地区）选举办下沉入村、村选委会依法实施的逐级联动模式。

二是统筹谋划村委会选举工作。市委提出了"两保持、两提高、两确保、两降低"的"两委"换届目标，坚持"两委"人选一并摸底、"两委"结构比例一并考虑。市委办公厅、市政府办公厅下发了《关于认真做好北京市第十届村民委员会选举工作的通知》（京办发〔2016〕3号），明确了选举工作的意义、工作要求和具体安排。按照全市统一部署，各区、乡镇及时组织召开动员大会，结合实际制定选举工作方案和突发事件处置预案，对选举工作关键环节进行细化，有计划、有步骤地推进村委会选举各项工作。

三是建立高效运转的选举工作机制。2015年9月，市委、市政府即成立了市村"两委"换届选举工作领导小组，下设办公室，由市委组织部、市委农工委、市民政局主管领导组成，从市公安局、市司法局、市信访办、市总工会、团市委、市妇联等相关部门抽调人员充实力量，在市委组织部统一领导下开展工作，并建立了沟通会商、信息报送、选情周报等制度，定期召开阶段性情况分析和培训会、调度会、碰头会，统一思想认识，推进选举工作。各区、乡镇均成立了相应的选举工作机构，抽调工作人员，明确工作职责，并提前开展摸排工作，牢牢掌握村委会选举工作的主动权。

2. 严把选人用人关，营造农村良好民主氛围

一是严格把关候选人资格条件。本届村委会选举首次明确提出候选人资格"五不能、六不宜"规定，全面推行候选人资格联审制度，进一步明确村干部选人用人导向，坚持选优配强农村带头人队伍。积极引导村民把那些政治上靠得住、工作上有本事、群众中有威信的优秀人才选进班子，特别是要把政治坚定、办事公道、敢于担当、廉洁自律的人选到村委会主任岗位上来。在充分借鉴村党组织换届选举成功经验的基础上，各区进一步改进了资格联审方式，通过分批预审等方式，强化职能部门信息共享，顺利完成了候选人资格条件的审查工作。全市累计对24 524名村委会候选人初步人选进行了资格联审，其中422人因存在"五不能、六不宜"问题被取消候选人资格，从源头上坚决防止品行差、有劣迹、群众影响较坏的人进入村委会领导班子。昌平区在村委会换届选举中进一步细化了候选人资格的限制性条件，以民主测评等方式进行认定并写入村民委员会选举办法，确保将候选人资格的限制性条件合法转化为村民意志。房山区结合全区转型发展实际和特点，在市委提出的"五不能、六不宜"基础上提出"五不能、七不宜"，增加了"从事低端产业拒不清退疏解的不宜作为候选人"一项，细化审查标准，树立鲜明的用人导向。同时各区通过引导村民回请外出务工经商的"能人"、选拔优秀的大学生"村官"等方式，进一步优化村委会班子结构，力争换届后增强村"两委"班子活力，提升工作能力。

二是严肃村委会换届选举纪律。各区按照市委"十项禁令"要求，对拉票贿选等违法违纪行为始终保持高压态势。本次村委会换届，全市没有出现一起查实的拉票贿选案例，没有发生一起由此引发的集体访事件。各区将严肃选风选纪贯穿换届工作全过程，配合全市法治宣传周活动，通过编印下发选举指导手册、印制下发宣传折页、宣传挂图和《致选民的一封信》，利用区电视台、区人民广播电台以及农村流动宣传车等渠道，对村委会换届选举相关政策和纪律进行广泛宣传。此外，制作微动漫、拍摄微电影、微平台全面推送和朋友圈热传等创新模式，也极大丰富了本次村委会换届选举宣传教育形式。怀柔区拍摄的《换届变奏曲》微电影、延庆区制作的《到底该选谁》和顺义区制作的《参选村干部不能碰的高压线》动漫宣传片，都以趣味化、可视化和感染力受到选民欢迎，为换届营造了良好氛围。

三是做好舆情应对和信访接待工作。全市建立和完善了舆情分析、舆论引导、舆论控制、应急处置的有效工作机制，时刻关注媒体相关报道，未发现和村委会换届选举相关的负面舆情信息。各区也加强了舆论正面引导工作，积极争取村民群众对选举工作的支持。全市各级选举工作领导小组都成立了信访接待工作机构，主动向社会公布信访电话、信访接待地址。选举期间，市选举办共接到村民群众来电 199 次，来访 251 批 917 人次，来信 5封。对于村民群众反映选举工作中存在的问题，市选举办按照不同类别和轻重缓急，及时转办、交办相关区、乡镇调查处理，并要求在规定时限内上报情况，事事有结果、件件有回复。未出现缠访、闹事、滞留不走等极端行为。市选举办还与市非紧急救助服务中心 12345 热线建立了信息交换的沟通机制，对 12345 受理的涉及农村换届选举的重点来电诉求进行督办，要求各区通过对来电内容的分析，提前做好矛盾纠纷的排查工作。朝阳区应对信访矛盾纠纷措施得力，将定期与不定期督导相结合，即时响应、调查、处置信访问题，市级信访数量全市最少。大兴区针对世界月季洲际大会举办的特殊情况，提前启动魏善庄镇的村委会换届选举工作，在人员配备、安保警力等方面加强投入，将矛盾化解在选举前，确保该镇在 3 月率先顺利完成选举工作，起到良好的示范作用。

3. 加强教育培训，严格依法把握选举工作程序

一是系统培训法律法规。举办全市村委会选举工作培训班，对各区主管部门领导、各乡镇主管领导进行了系统培训，对推选村民选举委员会、参加选举村民登记、提名候选人、投票选举等关键环节内容进行了培训，特别是对本次村委会换届选举首次提出的"五不能、六不宜"候选人限制性条件和"十项禁令"的规定，进行了重点解释和说明。同时根据选举工作进展，定期刊发《村委会换届选举有关政策答疑》，为各区依法开展工作提供政策指导。按照"一阶段一培训"的要求，各区坚持召开选举阶段性培训会，依据"两法一规程"要求对相关法律法规和政策进行详尽解读，反复强调严格依法依规组织选举工作，充分发扬基层民主。怀柔区创新方法，通过电视电话会议的方式进行政策法规培训，授课规格高、覆盖范围广，在动员部署阶段就已将有关政策深入普及到各村。

二是细化选举工作流程。为规范村委会选举工作，市选举办制定并下发了《选举工作指导规程》和《选举工作手册》，各区都在此基础上制订了《选举工作指导手册》，在推选选委会、选民登记、提名候选人、审核把关、竞职承诺、投票选举等各个阶段制定细致明确的工作执行标准和工作流程，确保选举工作依法、规范、有序。平谷区建立动态摸排机制，制定《平谷区换届选举形势评估图》，划分较好、一般、复杂三个等级，分别用绿、黄、红三种颜色进行标注，加强总体把控。

三是加强巡视指导。为确保选举工作依法依规进行，市选举办主要领导和工作人员分阶段深入各区、镇村进行现场督导，针对村委会选举关键环节中出现的疑难问题，研究解决方案。多次到海淀、房山、通州、顺义、大兴、怀柔等区进行调研，针对各区村委会换届选举工作做出具体指示，要求加强党的领导，营造良好选举氛围，依法有序推进选举。

（二）存在的主要问题

从整体分析，全市村委会换届选举工作虽然总体平稳、推进顺利，但仍存在一些不容忽视的问题。主要包括：

一是少数基层党组织作用发挥不明显，解决矛盾、处理问题的能力薄弱。有的基层同志对村委会选举工作的复杂性认识不足，对选举工作缺乏足够重视；有的村党组织书记因为是新当选的，对选举工作整体掌控能力还不强，对突发事件缺乏有效处置手段，如村民代表会议无法召开、村民选举委员会消极不作为等，影响了村委会选举工作的顺利开展。

二是有的地方选举培训力度还需加强。经过系统培训，各级选举工作人员基本能依规操作，依法组织指导选举工作。但有的乡镇和村选举培训力度不够，有的基层同志对选举工作中的具体操作问题掌握得还不准确，依法组织选举的能力有所欠缺。

三是一些选举环节没有严格依法办事。从信访反映问题看，主要有：①推选选举委员会有不合法现象；②被提名候选人的村民中，存在不具备候选人资格情况；③提名候选人过程中存在发放纸条、重复投票、代书不规范等问题；④现有村民代表的产生过程存在问题；⑤不参选村认定程序问题；⑥贿选问题。

四是有的乡镇、村选举宣传力度不够。村民对村委会选举工作缺乏认识，对选举工作安排、选举工作程序等不够了解，村民参与积极性没有充分调动起来，影响了选举工作的参选率。

二、创新体制机制 健全完善工作制度

北京市委市政府坚决贯彻落实中央的决策部署，坚持不懈地抓好首都农村自治制度建设。多年来，市委市政府对村务公开和民主管理工作高度重视，成立了全市村务公开和民主管理工作领导小组，并根据形势、任务和人员的发展变化进行多次调整，两至三年召开一次全市村务公开和民主管理工作会议，总结成绩，部署工作，交流经验，表彰先进。

（一）市委市政府制定出台了一系列政策文件

2008 年，市新农村建设领导小组村务公开工作办公室制定下发《关于〈北京市村务公开和民主管理工作规程（试行）〉的通知》（京村办发〔2008〕5号）。《规程》共 6 章 26 条，主要从民主选举、民主决策、民主管理、民主监督等方面，加强村民自治活动实践，注重强调了健全农村基层党组织领导的充满活力的村民自治机制，实现村级事务管理的法制化、制度化、规范化，特别是在民主决策上开展了大胆创新，提出了民主决策"八步工作法"，既：提出议题、议定初步方案、广泛征求意见、听取乡镇（街道）党委政府意见、形成决议、公告、组织实施、公开落实情况。

2011 年，市委常委会第 191 次会议上专题研究了首都基层社会管理创新问题，农村基层是社会管理的基础，要求各级各部门切实开展和加强基层社会管理创新工作。因此，2011 年，市委办公厅市政府办公厅印发了《〈关于建立村务监督委员会工作的意见〉的通知》（京办〔2011〕32 号），《通知》要求全市 3 940 个村，将原来的村级的村务监督小组和村民民主理财小组整合，经过民主程序，产生村务监督委员会，并对建立村务监督委员会的重大意义、指导思想和基本原则、村务监督委员会的机制建设、主要工作内容和职责等方面提出具体要求。

2013 年，市委办公厅市政府办公厅印发了《北京市村务监督办法（试行）》（京办发〔2013〕17 号），《监督办法》共 5 章 26 条，对全市村务监督内容和村务监督职责、村务监督的保障和支持等方面做出了全面安排和部署，这两个文件是北京市开展村民自治实践活动以来，首次以市委、市政府的名义对村务监督发文规范，是贯彻落实《村委会组织法》的必然要求，是适应首都农村推进村级民主监督实践，健全完善基层自治组织体系，推进农村基层社会管理创新的重大举措，有利于提升基层社会管理和服务水平，促进农村社会和谐稳定。

2013 年，市纪委、市委组织部、市委农工委、市民政局联合印发了《北京市村务监督委员会工作规则（试行）》，《规则》共 6 章 29 条，对村务监督委员会的机构设置及产生方式、职责任务和权利义务、监督内容和程序、工作制度和机制等进行了全面规范和完善。

2013 年市民政局对《北京市村民代表会议规则》（京民基〔2013〕330 号）进行了重点修订，《规则》共 8 章 33 条，主要是对村民代表会议的职责和权利、村民代表的产生和撤换、村民代表的职责和权利、村民代表会议的召开和会议程序、村民代表会议制度建设、乡镇人民政府对村民代表会议的指导等方面进行进一步规范和完善。

2014 年，市民政局会同市委组织部和市委农工委联合印发了《关于进一步加强村务公开和民主管理工作的意见》（京民基〔2014〕449 号）。《意见》以深入贯彻落实党的十八大和十八届三中、四中全会精神，不断扩大农村基层民主，增强社会自治功能，坚持依法治村，健全基层党组织领导的充满活力的村民自治机制，维护农村社会和谐稳定，适应首都农村改革发展的新形势、新要求，对进一步推进村务公开民主管理工作体制机制建设为重点，进一步健全制度、规范程序、完善机制，探索村务公开民主管理工作的新途径、新方法，不断完善乡村治理机制，全面提升农村基层依法治村的能力和水平，促进农村经济社会持续快速稳定健康发展，为实行首都城乡社会治理现代化奠定坚实的基础等 32 个方面做出了具体安排，提出了明确要求。

（二）坚持工作机制创新，村务公开和民主管理体制机制更加健全

市委、市政府高度重视村务公开和民主管理工作，把它纳入重要议事日程，与农村党的建设"三级联创"活动、新农村建设有机结合起来，一同研究、一同部署，党委统一领导、部门密切配合、上下联动的领导体制和工作机制更加健全。一是各级党委政府高度重视。市委专门成立了新农村建设领导小组村务公开工作办公室，并定期召开专题会议，听取工作情况汇报，研究决策重大事项。13 个郊区全部建立村务公开协调机构及办公室，全市所有乡镇全部成立了村务公开协调小组，并健全完善了工作制度和工作机制。二是民政部门积极牵头协调。各级民政部门认真履行村务公开工作办公室职责，全力抓好中央、市委决策部署的落实，加强新形势下工作研究，出台了《北京市村务公开和民主管理工作规程》《关于开展村务公开和民主管理"难点村"专项治理工作的实施意见》等政策，建立市、区、乡镇（街道）、村和群众五级监督检查制度，有力推动了村务公开和民主管理工作开展。三是市有关部门密切协作。各成员单位积极采取措施推进村务公开民主管理工作。市纪委制定了《关于加强农村基层党风廉政建设的实施意见》，且将村务公开工作作为农村基层党风廉政建设重要任务，统一部署、统一实施、统一检查；市司法局、市民政局联合继续开展"民主法制示范村"创建活动，表彰了全市第五批全市"民主法治示范村"；市审计局、市经管站大力推广"村账托管"制度，将民主理财

与审计监督有效衔接；市民政局、市农委、市财政联合发文，每年为每个村安排 8 万～15 万元不等的公益事业经费，之后又根据村的大小、人口多少在原有基础上再增加 50％公益事业经费，人口多的村最高每年可以达到 30 多万元。

（三）坚持民主制度创新，村务公开和民主管理制度体系基本确立

以改革创新为先导，着力推进村务公开民主管理制度创新，不断健全完善村党组织领导的村民自治机制。

1. 规范村级事务民主决策程序

全市普遍推行了村级重大事项民主决策"八步工作法"，凡涉及村内经济、社会发展和其他带有全局性的重大问题和重要工作，都由村"两委"联席会议集体讨论后才提交村民（代表）会议讨论。大兴区实行了"四议一审"决策程序（村干部动议、联席会合议、党员会复议、村民代表决议，镇党委政府审核）在全市推广。房山区推广了村级重大事务民主决策票决制和"3121"工作法，即"三提一议两审一票决"。顺义区建立了村级民主决策"五步走""五延伸"制度（"五步走"一是村"两委"提案、二是村监会审议、三是实施公开、四是听取意见、五是整理归档。"五延伸"：一是在公开的过程上，由事后公开延伸到事前、事中、事后全过程公开；二是在公开的内容上，由上级定题、村委会选题延伸到定题、选题与村民点题相结合；三是在公开项目上，由笼统公开延伸到量化公开；四是在公开形式上，由死公开延伸到活公开，突破公开栏、"明白纸"、广播等传统公开载体的局限，由"只见栏不见面"的死公开转变为"既见栏又见面"的活公开；五是在公开时间上，由定时公开延伸到按需随时公开）。平谷区建立了农村重大经济事项事前咨商制度。密云区推行村级财务逐笔公开，即"晒账"（主要有五个步骤：第一步逐票登记，第二步逐项审核，第三步逐笔晒账，第四步公开答疑，第五步存档备案）。延庆区建立了村级重大事项决策"六议工作法"制度（提出动议，"两委"合议，村民广议，民主复议，上报审议，形成决议），极大地推动了村级民主决策的制度化、规范化。

2. 完善村级日常事务管理

及时指导基层通过村民会议修订村民自治章程、村规民约，村民自治章程普及率达到 100％以上。积极探索乡镇政府托管村级账目资金制度，全市所有行政村都普遍实行村级会计委托代理制。各区结合实际，采取了许多创新性的做法，如朝阳区的《机关干部服务基层日制度》，丰台区的《民主日工作制

度》。通州区的"村级民主理财参席制"（各乡镇农村财务服务中心，年初做好计划，安排记账人员参加各村的民主理财会议，使参会率达到100％，同时做好参会记录，查找问题、总结经验）。门头沟区的"阳光账务"制度（以农村民主日活动为载体，打造"阳光财务"，充分利用农村基层党建全程记实系统、党务村务公开栏、村级报刊、明白纸、小纸条、网络等，创新公开形式，保障村民知村情、晓村事）。密云区的村民代表设岗定责和村民代表履职量化管理。

3. 强化民主监督机制

完善村务公开制度，重点从群众关心、关注的热点问题入手，规范了村务公开的内容、形式、时间和程序。在公开内容上，各区全部完成村务公开目录编制工作，公开内容实现了标准化、规范化。在公开形式上，采取村务公开栏为主，明白纸、广播、电视、电子触摸屏、手机短信息等为辅。在时间上，实现了一般的村务事项至少每季度公布一次、涉及农民利益的重大问题及时公开。同时，进一步完善村干部勤廉双述、村干部任期经济状况审计、群众意见受理等制度。如海淀区下发了《村干部任期和离任经济责任审计实施办法》，使村民群众的知情权、监督权得到了切实保障。

（四）坚持自治实践创新，村务公开和民主管理实践活动全面开展

着眼深化村民自治，积极创新活动载体，全力推进村务公开民主管理实践活动创新。一是广泛开展"村务公开和民主管理示范单位"创建活动。截至目前，共命名118个"村务公开民主管理示范乡镇"和2 497个"村务公开民主管理示范村"，使全市郊区60％以上的乡镇、村达到示范单位的要求，极大提高了村级事务民主管理水平。二是稳步推进民主选举实践活动。按照加强党的领导、充分发扬民主和严格依法办事有机统一的原则，依法完成了十届村委会选举工作，村委会班子得到优化，村"两委""一肩挑"、交叉任职比例明显提高，一大批懂经济、善管理的"能人"、大学生"村官"进入村委会班子。三是全面实施以农村"民主日"为载体的村级民主活动。全市各村在每年的1月和7月举行至少两次"民主日"活动，其中密云区每年举行四次"民主日"活动，房山区除每年两次"民主日"外，还有两次"民主议政日"。通过开展"民主日"活动，广大干部群众的法制意识和政策水平明显增强。四是加强民主法制宣传活动。广泛利用广播、电视、送法下乡等形式，为村民提供常用法律知识等与农民切身利益相关的宣传资料，大力宣传村民自治的法律法规，村民群众民主法制意识得到增强，村民自治的政策知识进一步普及。

（五）坚持治理模式创新，"难点村"治理工作取得明显成效

按照中央要求，从 2009 年开始，本市全面启动了村务公开和民主管理"难点村"治理工作，共排查出 105 个"难点村"。经过 3 年的努力，"难点村"治理工作取得了明显成效。在治理工作中，我们坚持把"难点村"治理作为新农村建设的重要任务，与村委会换届选举难点村治理工作有机结合，专门成立治理工作领导小组，大胆创新治理模式，取得了较好效果。为了继续加大村务公开和民主管理"难点村"治理力度，从 2013 年开始，本市又用了 3 年的时间，对 122 个"难点村"开展新一轮治理工作。到目前为止，"难点村"治理任务顺利完成，从治理效果来看，达到了预期目标，实现了根本性好转。

三、存在的主要问题

近年来，在全市各级党委和政府的高度重视下，农村基层自治建设工作取得了显著成效，对于促进农村改革发展稳定发挥了不可替代的作用。但也应该清醒的看到，本市村民自治工作中也存在着一些问题，主要体现在以下方面：

一是有的村级组织不健全，村级班子软弱涣散，战斗力不强，自身能力不足，在村民中的威信力不够。缺乏有效协调各方关系，推动本村发展的能力。村级各项事务发展较慢，个别基层组织在处理复杂问题时，面对突发状况时束手无策、处置适当，既缺乏合理处理问题的能力，又缺乏在本村村民中的公信力和威信力，造成了工作的被动，对局面失去掌控，甚至导致了村民间的冲突和群众集体上访。目前，本市共有软弱涣散村 212 个。

二是有的政策法规不落实，村务不透明、不公开或假公开，村务管理不民主现象长期存在；有的村务公开和民主管理制度不健全、不规范、不完善，村务公开和民主管理制度形同虚设，村民的知情权、参与权、监督权没有得到有效保障。

三是有的村务决策不民主，程序不规范，内容不全面，随意性较大，村民代表履职能力不强，致使村民意见很大。

四是有的村干部作风不实、群众基础薄弱，党群干群关系紧张，小官巨腐问题依然严重，大额专项资金监管使用的隐患没有彻底消除。

五是农村历史性遗留问题较多。许多历史性遗留问题在村"两委"换届选举过程中集中显现出来。群众反映的问题不限于选举本身，还包含征地补偿、宅基地纠纷、违章建筑、村干部作风等其他问题。究其原因，就是目前农村基

层还有许多历史性遗留问题没有得到有效解决。

六是经济社会发展滞后。有的村干部不思积极进取，不善于开拓创新，不追求经济社会发展，安于现状。目前全市还有低收入村 234 个。

七是农村后备人才匮乏。能人少，各项工作基础差，村民参与村级事务管理的积极性不高，村级班子中普遍缺乏高素质、高水平的人才。通过十次换届选举虽然从整体上使村级班子的年龄文化结构得到改善，但由于年轻人多外出务工，一些村有公心、懂经济、会管理、敢创新的合适人选仍然十分缺少。有的村左挑右选也没有合适人选，有的只看重老实厚道，一些能力平平、素质不高的村民被选进村级班子。

八是部分村民群众民主法制意识不强。少数群众不能正确理解村民自治的目的意义，从维护个人或小团体的利益出发，在选举中只讲权利和民主，不讲义务和法制，把选举当成达到个人或小团体利益的手段。有的村民为谋取私利，拉帮结派、暗中贿选；有的思想落后，宗族派别观念严重，完全以家族派别角度参加选举，而不管选出的人是否能为本村谋福利、促进本村经济发展，达不成目的甚至阻挠选举工作开展；有的在村里私自张贴竞选宣言、在投票中抢砸票箱、煽动群众拒绝投票。从选举信访情况来看，不少是由于群众不懂法所致，把本来合法的行为作为违法事件来反映，不少是在个别别有用心的人煽动鼓动下参与上访的，上访行为本身就有无理取闹的性质，等等。这些现象都说明，对农村群众的法制意识、集体观念和党的领导的教育工作仍然十分艰巨，农村民主政治建设的任务任重道远。

四、进一步加强农村基层民主建设的意见和建议

（一）强化基层党组织建设，构建基层组织建设体系

乡村基层党组织是乡村治理体系的核心。只有坚持村党组织的领导核心地位，建立起科学高效的村级基层组织体系，乡村治理才会有坚强的领导力量。因此，要加强农村基层民主建设，必须根据新时代农村社会发展实际和基层自治建设的需要，不断加强基层党组织建设，进一步完善基层组织建设体系。

（二）选优配强村干部，做强农村产业，带动农民增收

2017 年是村"两委"换届后第一年。为进一步了解农村基层民主建设情况，市统计局、市委组织部、市民政局等联合开展了农村基层民主建设调查。调查显

示，实现乡村振兴的五个方面，满意度较低的是产业兴旺和生活富裕，调查者对产业兴旺的满意度为 53.1%，对生活富裕的满意度为 60.3%。2012—2016 年，本市农村居民人均可支配收入实际增速快于城镇居民实际增速，但农村居民收入增长速度逐年降低。2015 年、2016 年农村居民收入增速与城镇居民基本持平，2017 年城乡居民收入增速趋势逆转，农村居民低于城镇居民 0.3 个百分点。坚持把做强农村产业作为乡村振兴的首要任务，带动农民致富增收。

关于促进农村稳定和谐的关键因素，75.9% 的调查者认为是选优配强村级班子；70.1% 的调查者认为应发展农村经济，促进村民增收。调查时部分受访者反映村干部年龄较大，党员年龄老化问题突出，农村基层组织后继乏人。从市农委获悉，行政村党员中 35 岁以下的仅占 13%，60 岁以上的占 45.4%。建议加强农村后备人才培养，造就一支懂农业、爱农村、爱农民的"三农"工作队伍。以培养本乡本土人才为重点，实施农村后备干部人才培养工程，储备一批扎根乡土的农村公共管理服务人才。实施乡村振兴战略，加快农业新旧动能转换，培育现代农业农村经济，发展农村新产业新业态，做优做精乡村旅游、文化创意、农村电商等，促进一二三产业融合发展，把京郊的绿水青山转化为农民的聚宝盆。

（三）加强党务、村务、财务公开制度化、规范化建设

推进党务、村务、财务事项从办理结果的公开，向事前、事中、事后全过程公开延伸。要根据农村改革发展的新形势、新情况和新要求，及时丰富和拓展村务公开内容。规范公开的内容和形式，涉及农民利益的重大问题以及群众关心的事项要及时公开，集体财务往来较多的村，财务收支情况应每月公布一次。丰富村务公开内容，确保群众愿意看。创新村务公开形式，考虑村民文化知识水平的差异，公开信息尽可能通俗，确保群众看得懂。加大宣传的力度，注重发挥媒体的宣传引导作用，确保群众多渠道获取村务信息，努力营造良好的舆论氛围，不断提高农村党务、村务、财务公开的工作质量和水平，为维护农村社会和谐稳定夯实基础。

（四）整合乡村治理资源，构建村民自治管理体系

村民自治是中国特色社会主义制度的重要内容，是乡村治理体系的主体。在新时代，面对乡村政治结构、经济结构、社会结构的深刻变革，乡村治理的经济基础、政治基础、社会基础及思想基础的显著改变，构建乡村治理体系，

关键是整合乡村治理资源，搭建参与平台，强化村民自治管理体系建设，进一步提升农民群众自我管理、自我服务水平。

（五）加强依法治理，提升乡村治理法治化水平

法治是健全乡村治理体系的保证，乡村治理体系能否平稳运行，取决于乡村社会治理法治化的进展水平。目前，我国乡村治理基本做到有法可依，要加强依法治理，善于运用法治思维构建社会行为有预期、管理过程公开、责任界定明晰的乡村治理制度体系，善于运用法治方式处理社会问题，提高乡村治理法治化水平。

（六）打造自治法治德治相结合的乡村治理格局

乡村治，百姓安。党的十九大报告指出："加强农村基层基础工作，健全自治、法治、德治相结合的乡村治理体系"。乡村治理是国家治理体系的基础，在我们这样一个农村人口众多的国家，乡村治理不仅是乡村的自我治理、自我发展问题，更是关系到中国共产党的执政基础、关系到中国特色社会主义民主政治的发展、关系到国家治理现代化建设的问题。乡村治理程度亦决定了党和国家政策的落实程度，决定了国家治理现代化的实现程度，更决定了我国现代化建设的进程。

（七）加强村务监督委员会建设

2011 年，北京市第一家村务监督委员会成立，到 2016 年村务监督委员会与第十届村委会同步选举，实现全市农村全覆盖。村务监督委员会在深化村民自治、加强农村基层党风廉政建设等方面发挥了积极作用。本次调查显示，7.2% 的调查者明确表示对本村村务监督委员会的监督作用不满意，反映的主要问题是：村干部重视不够、有畏难情绪不愿监督、业务不熟不会监督、阻力大不好监督、保障不力影响监督等。因此，必须加强新时期村务监督委员会建设，结合实际情况，重点加强对惠农政策措施落实情况、村级民主决策、党务村务财务公开情况、村级集体资金、资产与资源管理，以及对村工程建设项目的全程监督，同时注重发挥广大群众的监督作用。

（八）强化民主监督，确保村民群众的监督权

部分村干部法治观念淡薄，村内财务不公开不透明，搞"一言堂"，广大

村民群众的知情权、参与权、管理权、决策权等民主权利受到严重侵害。为此，必须建立村务民主监督的长效机制。一是财务公开"全过程"，每一笔财务收支都必须经过村务监督委员会的严格审核，做到账目清晰、用途合理。二是民主决策"全方位"，做到问政于民、问计于民，充分发挥村民会议和村民代表会议等民主程序的作用。三是任期或离任审计"全覆盖"，每一位任期或离任的村委会成员都必须接受审计，对于审计中出现的问题，不回避、不偏袒，该处理的处理，该移交的移交，给村民群众一个满意的答复。

（九）以宣传教育为先导，不断增强村民的民主法治意识

各级党委政府必须始终高度重视宣传教育工作，善于运用电视、广播、报纸等传统媒体和网络、微博、微信等新兴媒体，通过文艺演出、案例教学等群众喜闻乐见的方式，着力宣传村民自治建设方面的法律法规新知识、新亮点、新规定，以及违反"四个民主"的违法行为的危害性和惩处措施，使村民不仅"知其然"，而且"知其所以然"，从而更好地理解党的路线方针政策，正确行使民主自治权利。

本报告协调人：张英洪

执笔：甘国再

2018 年 11 月

村落价值与乡村治理

朱启臻

2018 年《中共中央 国务院关于实施乡村振兴战略的意见》强调了乡村振兴，治理有效是基础。坚持自治、法治、德治相结合，才能确保乡村社会充满活力、和谐有序。需要指出的是，有效的乡村治理必须尊重乡村特点，利用乡村所具有的德治文化和自治传统，挖掘和提升传统优秀文化，把现代法治理念和精神融入到乡村价值系统中去，这样才能构建出有效的乡村治理体系。这就需要我们懂得乡村的基本结构，了解乡村的基本特点，遵守乡村发展的基本规律。本文从乡村价值系统出发，围绕乡村治理与乡村空间结构、乡村社会结构、乡村文化结构等内容，探讨乡村与治理的关系，旨在保护和传承有效乡村治理的要素。

一、村落空间结构与乡村治理

村落在其发展过程中，始终沿着两个维度成长，一个维度是适应村落生产，另一个维度是方便村落生活。在这个过程中除了不断完善和发展生产与生活功能外，还衍生出一系列乡村所特有的功能，如民间信仰、邻里互助、丰富的民俗、时令与节日、人群关系等。客观上形成了重要的村落教化价值。教化是乡村治理的重要基础，有效的治理不仅是对人行为的约束，而是对人格的塑造。为什么乡村具有教化价值，这与乡村的空间结构、社会结构和文化结构密切相关。

村落的空间结构是指对地面各种活动与现象的位置相互关系及意义的描述，[①] 是村落物化要素及其之间的联系。乡村由哪些物质要素构成，这些要素之间是一种怎样的关系，构成了什么样的结构，是一个十分复杂的问题。建筑学家关心的是建筑要素形态及其类型、影响村落空间的因素、村落形态演变机制以及特定空间的社会功能等。从乡村治理的视角审视村落结构，则重点考察村落结构要素对人行为的影响。可以从构成乡村肌理的宅院、公共空间和公共资源三大要素来考察。

---

① 刘大可，《传统客家村落的空间结构初探以闽西武平县北部村落为例》，《福建论坛》（文史哲版），2000 年第 5 期，第 63～68 页。

（一）院落与村落舆论

院落作为村落细胞，主要包括农民居住的房屋以及房前屋后一定范围的闲散空间。其大小、组合对村落肌理起着决定性作用。农家院落有着悠久的历史，并且在村民的日常生活与生产当中占据重要地位。如果将村落比作农户的"大"生活与生产空间场所，那么院落就是农户的"小"生活与生产场域，农民的生活与生产在这里以微观的形式得以生动体现。院落里不仅可以进行种植业、养殖业生产，还为乡村手工业提供了空间。与城市居民楼相比，院落最大特点在于它的开放性。院落不仅在空间是敞开的，其社会层面也是敞开的，随时欢迎来访的邻里和客人。这种开放性为村民之间的交流提供了便利。串门是村落里最为普遍现象，其目的从借工具或其他生活用品，到商量事情或请教问题；可以是聚在一起打牌，更多的是在一起聊天、交流感情。

正是由于院落的开放和透明，才有了熟人社会的道德评判，形成村落公共舆论。有人认为，舆论是指在一定社会范围内，消除个人意见差异，反映社会知觉和集合意识的、多数人的共同意见。而也有的学者认为，舆论是在特定的时间和空间里，公众对特定的社会公共事务，公开表达的、基本一致的意见或态度[①]。其实，村落舆论是村民对村落某种现象的态度、信念或价值的言语表现。在乡村，村落舆论是基于熟人社会而产生的，涉及内容十分广泛，围绕人与物关系和人与人关系的评价，村里的大事小情，诸如科技信息、国家政策，家长里短，农户运用技术水平的高低，合理使用利用土地的能力，勤快还是懒惰，节俭还是浪费，对待老人和孩子的态度，对邻里是热情还是冷漠，借东西勤借勤还还是只借不还，对人的态度是真诚的还是虚伪的，在家里是讲卫生的还是邋遢的，对家人是贤惠的还是刁钻的，是善良的还是邪恶的，诸如此类。人们都会按照一定的价值标准表现出某种态度。尽管这个标准是不成文的，也没有定量的指标，常常带有浓厚的个人情感色彩，但是在村落舆论形成过程中经过村民间的反复酝酿、讨论、矫正，可以达成相对一致的态度。或是赞扬与鼓励，或是嘲讽与鞭笞，使得村落公共舆论对人行为的约束与教化作用十分有效。这与两个条件有关。第一，村落舆论具有广泛的参与性。我们调查发现，参与村落舆论传播的人涉及到男女老幼，而且传播效率非常高。一个舆论的形成到扩散到60%的农户只需要3～5天。人们不仅按照自己的愿望和理解接受

---

① 李良荣，《新闻学概论》，复旦大学出版社，2001年，第49页。

信息，还根据个人价值取向和期望加工、传播舆论，在这个过程中，培养了参与者对是非善恶的辨别能力和与群体保持一致行为与态度的自觉意识，客观上形成了较为一致的价值观念和态度。如对不肖子孙的谴责，村民们就有非常高的共识度。第二，村落舆论具有群体压力性。尽管村落舆论是自发的、约定俗成的，但具有很强的约束、引导、甚至控制人们行为方向的力量，使人们的行为按照乡村大多数人所期望的方向去发展。所谓人言可畏，反映的就是村落舆论的巨大压力对于规范村庄秩序、调节人们的行为规范所具有的作用。其作用机制除了广泛参与和群体压力外，乡村还普遍存在着认同与疏离压力。一个有品行的人，具有较高威望，邻里喜欢亲近他，愿意与他合作共事。相反，一个品行不好的人，人们除了舆论谴责，在行为上还会疏远他、孤立他。人天生就有一种对社会孤立的恐惧感，与群体行为保持一致是人的一种生存方式，这是群体对它所属的成员具有影响力的重要原因。当然，这样的教化效果是基于农家院落特点而存在的。

（二）村落公共空间与精神家园

乡村舆论之所以能够发挥作用，除了开放的农户作为基础外，乡村公共空间和公共资源的存在也是重要条件。哈贝马斯在一篇题为《公共领域》的文章中对公共领域做过详尽的阐释，认为"公共领域"作为人们社会生活的一个领域，能够形成类似公共意见这样的事物。公共领域向所有公民开放。无论什么人来到这个"公共领域"就成为了公众，并作为一个群体来行动。他们可以自由地集合和组合，可以自由地表达和公开他们的意见，最后形成一致态度进行传播[①]。可以把哈贝马斯对"公共领域"的解释移植到乡村公共空间。传统村落里会自然形成一些重要的交往节点或信息交流场所，它们可能是在十字街头、大槐树下、戏台前、水井旁，也可能是在廊桥下以及茶馆、酒馆理发店、磨坊等，都可以成为乡村的公共空间。今天乡村的公共空间可能变成了学校门口、杂货店前、健身广场、村委会甚至田间地头等场所。乡村公共空间在促进社区认同、维系社会秩序、密切融合社会关系，以及消除分歧、缓解紧张、达成共识、互惠合作、文化整合等方面具有重要的社会功能，是村民信息交流、参与村务、人际交往、纠纷调解、休闲娱乐的精神家园。在这里，村落信息持续不断的被制造和传播，构成村落舆论和集体记忆。

---

① 汪晖、陈燕谷主编，《文化与公共性》，三联书店，1998年，第125页。

有人把村落公共空间划分为信仰性公共空间、生活性公共空间、娱乐性公共空间、生产性公共空间以及政治性公共空间等①。信仰性公共空间，祖先崇拜是在先人和后人之间建立关联，以祠堂为空间载体，涉及孝文化、传宗接代等伦理道德，对于规范代际关系、凝聚宗族力量、维系社会秩序、调解纠纷、救济贫困、社会治安、生产互助等方面发挥着重要作用。被认为是维持伦理的有效教化方法，正所谓"慎终追远，民德归厚矣"。生活性公共空间，是农民聊天、打牌、参加民俗活动、人情往来等日常生活所依赖的场域空间，如树荫下、池塘旁、商店门口、庭院等场所。聊天是作为乡村公共交往的一种重要形式，其过程不仅是传播信息、交流思想的途径，也是形成村落舆论、社会规范的重要形式。乡村生产性公共空间主要是方便村民进行乡村的多种多样生产活动而形成的，诸如粮食晾晒场、打谷场、碾坊与磨坊、乡村作坊等。乡村娱乐性公共空间指农民参与公共文化活动的公共场域，如戏台、影院、文化大院以及种类繁多的文化组织和活动。娱乐性公共空间为满足村民文化、精神需要提供了空间条件。此外还有乡村事务空间，是农民在参与村庄公共事务过程中形成的社会关联及其空间形式，如村民议事、会堂、村务公开栏等。村落公共空间建设要考虑村民聚集的方便，有些乡村把公共空间建在了村落的边缘，甚至远离村庄，自然是无益于乡村治理需要的。浙江乡村文化礼堂是村落公共空间的有益探索，从 2012 年以来，浙江村村建起了文化礼堂。在文化礼堂里，有村史廊、民风廊、励志廊、成就廊和艺术廊，农民在文化礼堂不仅举办文艺活动、娱乐活动、学习活动，还可以举办村民大会、报告会、表彰会，举行婚礼、入学礼、成年礼、春节祈福礼、清明感恩礼、重阳尊老礼等。文化礼堂创新了人们礼尚往来、情感交流、节庆礼仪等活动的空间，有望成为新乡村的精神家园。

（三）村落公共资源与自治传统

与公共空间相关联的另一个概念是村落的公共资源，如村落里的山、水、林、田、路，村落公共建筑，如祠堂、教堂、广场、会馆、书院、庙宇、学校、集体拥有的土地、工厂，等等。有些村落公共资源与公共空间相重合。公共资源是村民参与村务和村民自治得以存在的基础。由于公共资源与村落每个人的利益息息相关，要有效合理地使用和保护公共资源，就需要每户村民充分

---

① 张良，《乡村公共空间的衰败与重建》，《学习与实践》，2013 年第 10 期，第 93～95 页。

参与决策和发表意见，形成维护资源、利用资源的行为规范。在浙江桐庐县有个深奥村，该村的供排水系统由溪流、暗渠、明沟、坎井和水塘五个层面立体交叉构成，各自独立，又相互联通，充分调控地面和地下水资源，将饮用水、生活水和污水分开处理，并使水始终处于流动状态。要做到这一点，就需要上下游全体村民齐心协力，形成大家公认的用水制度和行为规范。该村在利用公共水资源的过程中约定俗成的用水习惯内化为每个人的自觉行动，近百年来没有发生因用水而导致的纠纷和矛盾，就是得益于因共同资源而产生的自治传统。村落公共资源是村民参与和形成合作的重要基础，缺乏公共资源是村落治理困境的重要原因之一。在进入新时代后，如何形成新的村落资源，不是通过重新发包土地来增加所谓集体收入，也不是简单地重建祠堂或修建文化广场，而是要探索村落为农民提供服务的新内容和新途径，通过服务农民、组织农民，创新共同资源形式，形成新的利益共同体，为有效的乡村治理创造条件。

无论是院落，还是公共空间或公共资源，村落空间结构对乡村治理有效性的影响是十分显著的。除了村落空间结构的教化价值，还在于特定的村落空间特点维系了熟人社会，形成熟人社会人情文化。熟人社会具有维持共同体成员团结互助、规范社会秩序，促进村落成员相互信任等社会功能。只有充分尊重和利用人情这一乡村社会资源，才有助于实现乡村的有效治理。因此，乡村建设要讲究乡村的空间结构，注意村落的形态和规模。近些年，人们提倡乡村治理单元的细化和下沉，从行政村下沉到村民组，其优势就在于充分尊重村落的空间特点，易于利用熟人社会特点达成集体行动，形成一致态度，在组织农民、维护公共利益、化解村民矛盾，提供有针对性的公共服务和创建村落公共生活等方面具有重要价值。

二、村落社会结构与乡村治理

村落的社会结构是指村落社会成员的组成方式及其关系格局，包括人口结构、家庭结构、社会组织结构、就业结构、收入分配结构、消费结构、社会阶层分化等内容。这里仅就家庭、邻里、家族对社会治理的影响做些论述。

（一）家庭与家风

乡村家庭相对城市家庭而言，具有三个显著特点：第一，家庭是集生产、生活和社会交往于一体的初级组织。家人的基本生活需求以自给自足为特征，决定了家庭生产的多样性。农业特点和家庭特点的高度吻合，是家庭为单位的农户经营形式长期存在的根本原因。由于农业生产的季节性需要较多劳动力才能得以进行，以亲友互助为重要内容的家庭网络得以发展，这是乡村互助传统的主要源泉。第二，家庭的抚育和赡养功能。自古以来，养育子女、赡养老人就是家庭重要职责。今天，家庭的这一功能仍然不可替代。也正如此，乡村家庭才可以成为实施教化的最有效、最基本的场所。家庭成员互动过程中不仅可以体会彼此之间的感情，传承尊老爱幼的传统，还有助于后代掌握基本生活技能和领悟为人处世的道理。第三，大家庭聚族而居。所谓大家庭，一般指三代及以上有亲缘关系的人共同组成的家庭。大家庭结构一方面适应农业生产的需要，农作物的耕种、收获要赶节气，时间紧、劳动繁重，需要较多人力配合，家庭成员自然越多越好；另一方面，大家庭有助于实现家庭内部合理分工，做到人尽其用，为乡村生活提供诸多便利。现在的乡村家庭常常是分户不分家，户籍分开了，表面上是"核心"家庭，实际上家庭成员在生产、生活、交往等方面依然保持着整体观念和形态。

一个家庭，在世世代代的生产生活中会形成一定的传统，被称为家风。家风是家庭成员为人处世的态度、行为准则、精神风貌、道德品质、审美格调和价值观念等的综合体现。家风渗透在家庭成员处理日常生产生活和各种关系的态度与行为当中。一个家族的"家风"往往体现为有德望的祖先定下的"家训""家规"，这些"家训""家规"其实就是人们常说的"家教"。无形的"家风"必须依赖有形的"家教"而得以流传并发扬光大。湖北竹溪县的"家规家训进万家"活动就是从抓住乡村家庭这个社会细胞，挖掘、收集、整理一批优秀家规家训，开展评德立范、家训牌匾馈赠活动，用身边家规家训故事教育身边群众。通过树标立范，传扬良好家风，以"慈孝"为道德原点，按照"人立言、家立规、族立训、村立约"的要求，大力在全县开展家规家训进万家活动，取得了很好乡村治理效果。

（二）邻里与互助

邻里是空间上相邻并存在互动关系的初级群体，邻里是经由日常生活互动所形成的人们之间团结、互助、友爱关系的表达，具有认同感和亲近感，自古有"远亲不如近邻"的说法，形容的就是乡村邻里的特殊关系。邻里互助现象从村落诞生的那一刻就产生了。首先是生产需要，小农生产面临各种灾害，稍有意外就会陷入困境，因此维系邻里间的密切关系，必要时获得人力、物力和财力的帮助十分重要。其次是生活的需要，邻里之间从彼此照料老人和儿童，到生活用具的借用，再到婚丧嫁娶的帮助与支持，邻里关系都起着十分重要的作用。再次是情感需要，串门、聊天、打牌、下棋是最常见的邻里交往活动和娱乐方式。在这个过程中，人们交流信息、互诉苦衷，长期相处，频繁互动，为邻里之间结下了深厚的感情。

针对当下乡村邻里互动减少，邻里关系趋于冷漠疏远等现象，特别是由邻里交往模式、交往内容和情感变化等原因导致的"信任"关系的解构，乡村治理应着力于改善乡村邻里关系。古为今用，用传统文化教育、引导村民的价值观念和对乡村的认同是必要的。有学者提出，要把"宣扬仁爱"作为睦邻友好的核心思想；将"帮扶弱者"作为睦邻友好的优先方向；以"自治"与"乡约"作为睦邻友好的法治措施；以"礼"与"让"作为睦邻友好的德治手段①。但要从根本上要改变这种现状，需要综合措施。首先，不要任意改变乡村结构，尽可能维系村落邻里的空间形态。中国乡村的邻里关系是基于固定的院落空间关系和生活范围而形成的，由于这种固定性，才结成了稳定封闭的邻里关系。在传统的村落里，构成邻里的各个家庭在空间上彼此靠近，甚至屋檐相连。邻里之间抬头不见、低头见，茶余饭后，大家很容易地可以聚在一起谈天说地，孩子们打成一片，邻里之间形成守望相助，疾病相扶持的社会群体。需要指出的是，由于对传统村落空间结构社会意义的忽视，在改造乡村过程中，传统住房结构发生了变化。特别是楼房化的结果，由开放的院落转变成封闭的单元楼，使乡村邻里整体走向彼此隔绝②。在改变住宅结构的同时也改变了乡村的社会结构和文化结构，增加了乡村治理的难度。因此，乡村建设要特别注意传统村落肌理的重要意义，为邻里关系创造尽可能的空间条件。其次，要注意发挥民间组织的作用，建立在"熟人社会"基础上的群众组织，如婚丧嫁娶组织、红白理事会、民间调节组织、互助组织等有助于维持乡村邻里的密切关系。在乡村建设过程中要特别注意体现村民的主体作用，让农民自己建设自己的家园，而不是通过工程招标等措施把村民变成乡村工程的旁观者，更不能为了所谓"现代"农业而排斥农民。当然，农民合作社的不断发展和完善，被认为是密切村民关系，在新时代形成村民互助的新的组织形式。

---

① 高磊，《中国传统文化视域下的邻里关系重建》，《南通大学学报》（社会科学版），2013年第7期，第8～13页。

② 王丽娟，《从一场纠纷透视农村邻里关系的变迁》，《中国青年研究》，2012年第8期，第24页。

（三）家族与社区认同

有学者对村落社区认同与农民行为逻辑进行了研究，认为因为村落居民互动而产生村落社区认同，村落社区认同会促进社区内社会资本的生产和再生产，社区社会资本越高，村落认同也就越强。村落认同感不仅影响社区成员为社区尽义务和责任的意愿，也影响社区公共舆论及其对村落成员行为的规制能力[1]。村落认同感越高，对社区成员的行为预期越明确，人们越能够理解自己行为的意义，从而形成一致的态度和行为。正因如此，提高村落认同感就成为乡村社会治理的重要手段。

家族被认为是维系和提高社区认同的有效组织形式和重要载体。家族作为一种根深蒂固的乡村社会存在，对其社会功能及其发展变迁的研究已经很多，就乡村社会治理而言，家族可以发挥作用的领域集中体现在对家族成员行为的规范与教化。家族成员在长期的生产生活中所形成的守望相助、疾病相扶的互助传统，使家族成员之间保持着密切的联系和情感依恋，通过一系列的家族活动，如修谱祭祖、修建祠堂、婚丧嫁娶等，可以唤起家族成员的认同感和归属感。密切家庭成员关系，满足情感需求。家族要达到和睦家族的目的，往往要借助于祠堂祭祀活动和祭祀仪式来实现。通过宗族活动可以融洽宗盟、收拢人心、增强宗族内部凝聚力，进而实现尊祖敬宗、合族收族、控制族人正确行为的目的。传统社会宗族内教化功能是十分显著的，通过族规、祖训规范家族成员行为，当宗族内部发生诉讼纠纷时，往往由族长、族老等在祠堂内进行调解，进行"公道品论"，将族内纠纷及时加以解决。[2] 尽管传统家族的控制功能在减弱，但当代乡村家族行为的新变化使其在新的历史阶段发挥新的作用。如修谱祭祀，从神圣标记向"新文化意义"转变[3]。一些农村的修谱活动，打破了传统家族的陈规，媳妇和出嫁姑娘也被写进了族谱，传统的家族观念正在被现代平等思想所取代。隆重而热烈的祭祀活动，尽管失去往日的神圣权力，但在很大程度上依然是人们认祖归宗和文化认同的重要表现形式，而家族成员

---

[1] 吴理财，《农村社区认同与农民行为逻辑——对新农村建设的一些思考》，《经济社会体制比较》，2011 年第 3 期，第 123 页。

[2] 陈瑞，《明清时期徽州宗族祠堂的控制功能》，《中国社会经济史研究》，2007 年第 1 期，第 54～61 页。

[3] 疏仁华，《当代乡村家族的流变与现代走向》，《南通大学学报》（社会科学版），2016 年第 7 期，第 125～131 页。

的精神支持与行为参与更多的是体现对历史情感与文化价值的高度认同。平等、竞争、契约、法律、理性等新的价值因子渗入到家族的内核之中。家族成员能合理地汲取家族规范和礼俗机制，维持道德层面的村庄公共秩序，某种程度上比行政管理更有效，有些情况下甚至起到了法律所不能起到的作用，从而为乡村社会提供安全的价值取向和稳定的社会秩序。

家族成员的频繁互动，不仅使成员具有较高的参与意识，也意味着成员对家族、社区愿意投入更多的情感，尽更多的义务和责任。利用家族这一特点，可以强化族内团结和和扩大族群认同意识，增强家族内部的聚合力和维持力，新乡贤文化的兴起也是源于家族意识，从而为家族的共同行动和集体行为奠定基础。

（四）村落共同体与社会整合

自滕尼斯提出共同体概念，人们对共同体的作用、境遇、问题与趋势做了深入探讨和研究，社会学意义上的共同体主要指自然的、地域性、小型的、成员彼此熟悉、日常互动频繁、相互依赖、相互帮助的、以感情为纽带、具有某种共同生活方式的群体。这种群体的典型形态就是村落，或者说村落是典型的真实存在的共同体。村民自治、民主协商、道德教化、村规民约等只有在村落共同体环境下才有实际意义。缺乏共同体的基础和道义的支撑，在中国乡村，无论哪一类治理，都难以有效地运行，也难以有可持续性。村落共同体对于维系村民之间认同意识，增强村落的凝聚力、向心力和内聚性，保持村落的可持续发展均具有无法替代的作用。在城市化、市场化冲击下，村落共同体日渐式微，如何发挥村落共同体在乡村社会经济发展、文化建设中的作用，在新的社会环境下重塑村落共同体，是乡村有效治理需要破解的重要环节。

村落共同体重建需要从村落内外两个方面入手：在村落内部，其一，要强化村落共同体的经济规制。维系农业家庭经营制度是农业生产特点所决定，也是村落共同体得以存在的基础。村落共同体的现代组织趋势是以村落为单位的综合合作社，不仅可以满足村民经济上互助互补，也体现文化上手足之情。其二，建设新的乡村公共空间。前面谈到的浙江乡村文化礼堂建设是村落共同体重塑的有益尝试。其三，要体现村民的主体作用。村民主体性的弱化是村落共同体衰落的重要原因，恢复乡村主体性是村落共同体得以重建的重要途径。基础设施建设改对外招标为村民自主建设，可以增加农民的主人翁意识；成立乡村红白事理事会，既规范民俗行为，又密切村民关系。其四，利用新乡贤力量复兴村落共同体也是重要经验①。乡绅制度植根于乡土社会，乡绅作为体现儒家道德规范，实施知识教化的有威望群体，通过维护伦理、劝课农桑、纠纷调解、扶贫济困、协调村落公共事务等，保障乡村有秩序运行。在新的时代背景下，吸引有知识、有道德、有情怀、能影响农村政治经济社会生态并愿意为之做出贡献的新乡贤返乡，有助于凝聚乡邻，以道义整合利益，发展出在新时代下适应乡村发展的共享价值规范体系。此外，培育公共文化、发展乡村公益事业，壮大集体经济等，也是重建村落共同体的有效措施。

在村落外部，首先要着眼于制度创新，强调村落共同体的作用，并不是要固守传统，而是要打破村落边界，实现更大范围的联合，把村落共同体发展成为现代社会结合体的一部分。如允许合作社联合社的设立，就是这样一种既可以链接村落共同体又可以与外部社会衔接的组织制度。其次，村落共同体重建还需要现代技术手段做支撑，特别是互联网的发展，为村落共同体的重塑提供了可能。以村落为单位的微信群、QQ 群等把相对分散的村落成员重新聚合在一个相同的网络空间内，实现了村落成员信息共享。村落成员参与讨论共同的话题而密切彼此关系，不仅增进成员之间互动，还有效增强成员对村落的认同感。基层政府可以通过网络空间发布各类政策、地方生产与生活资讯，让村民了解基层政府政策和工作动态，通过互联网收集民意，倾听村民的心声，实现对村落公共事务的参与，进而塑造村落新秩序，实现村落的有效治理。②

三、村落文化结构与乡村治理

村落文化是村民在长期农业生产与生活实践中逐步形成并发展起来的精神产品。村落文化具有乡土性和地域性特点，所包含的内容十分丰富，涵盖了乡村生产生活的方方面面。村落文化不仅塑造着人们的道德情感、社会心理、风俗习惯，也规定着是非标准、行为方式和理想追求。在村落里以言传身教、潜移默化的方式影响人们，反映着村民的处事原则、人生理想以及对社会的认知模式。村落文化不仅是乡村治理的重要内容，也是实现有效乡村治理的重要途径。从某种意义上说，有效的乡村治理就是乡村文化建设过程。我们可以从村民的生产、生活、娱乐等三个方面考察村落文化构成及其与乡村治理的关系。

---

① 朱启臻、胡方萌，《柔性扶贫：一个依靠乡村自身力量脱贫的案例》，《中国农业大学学报》（社会科学版），2017 年第 10 期，第 119～126 页。

② 朱启彬，《"互联网＋"背景下的村落共同体重塑》，《人民论坛·学术前沿》，2017 年第 21 期，第 74～75 页。

（一）农业文化与乡村治理

农业文化是与村落生产相关的文化，包括农业科技、农业思想、农业模式、农业制度、农业生产的地方知识以及当地农事节日等农业文化。农业文化在三个方面对乡村治理发挥作用：一是协调人与自然的关系，农业文化渗透着"天人合一"理念，体现尊重自然和利用自然的智慧，许多农业信仰维系了人与自然的和谐共生，成为保护环境和生态建设的重要精神财富。循环农业理念成为现代可持续农业的模板，也是影响和规范人们养成珍惜资源、合理使用资源习惯的重要动力源泉。二是塑造人的良好品格，农业文化是附着在农事活动之中的，其教育与熏陶作用越来越受到人们的重视，从事农事活动本身可以学习农业生产知识和经验，体验劳动的艰辛，养成珍惜劳动成果的品质；农业劳动可以锻炼耐力与忍耐品质；农业文化培养勤劳、节俭、循环利用的理念；农业信仰有助于形成诚实守信的品格，合作互助的精神和感恩、祈福的情操。三是增强凝聚力。无论是传统的小农生产还是未来的规模化经营，互助的传统、合作需求、生产经验与技术交流、生产示范模仿都不会消失，而且还会得到不断地强化，这个过程密切了村民彼此关系，增加对社区的认同和凝聚力。因此，农业文化也是现代合作文化的基础。

除了农业生产文化，乡村手工业文化及其教化价值也得到了广泛重视。乡村手工艺像"以文载道"一样，注重手工艺所包含的思想、道德、信仰、愿望等内涵，使手工艺的价值超出其使用价值而成为教化载体。传统手工艺教化价值体现了手工艺品所凝结的村民们敬畏自然、崇尚祖先的淳朴的精神信仰与心理诉求，承载着乡村悠久的历史文化和民间习俗及精神诉求。同时，也是工匠精神传承的重要载体，乡村手艺人对自己的手工产品精雕细琢、精益求精，对产品投入巨大感情就是人们所说的工匠精神。

（二）生活习俗与乡村治理

生活习俗是村落生活中的文化现象，包括生老病死、衣食住行、婚丧嫁娶的习俗、宗教信仰、巫术与禁忌等广泛内容。一些习俗仪式给予人们心理安慰，让人内心平静，寄托希望，让生活更有奔头。村落习俗对人们的价值观、为人处世的原则和行为发生着重要影响。因此，是乡村治理最丰富的内容和重要途径。

传统生活习俗是一个地区自然生态环境、经济环境、社会环境所共同决定的，具有明显的地域性，故有"三里不同风，五里不同俗"的说法。习俗是村民对自己作为本村成员身份的心理确认。这种祖祖辈辈流传下来的心理认同，能从人的心理深层唤起对村落利益的关心。民俗文化的突出作用是教化，无论是红白喜事，还是节日时令，各种仪式礼仪中都饱含着协调人与自然、人与社会、人与人关系的内容。引导和强化人们形成敬畏天地、尊重祖宗、尊老爱幼、诚实守信、邻里互助等品质，其本质是倡导人与自然、人与人的和谐。村落生活习俗具有无形的凝聚力、感召力和行为影响力，人们常说的"入乡随俗"，就是指这种影响力的作用，不是强制的，但是对个体来说却是不可抗拒的。村落习俗的存在和延续需要某种形式的强制力作后盾，这种强制力不像法律那样通过剥夺人的自由或尊严来实现，而是通过因果报应心理来实现的。如人们违反生产习俗，会受到自然界的惩罚，违反人们交往的习惯，将会被众人所排斥，从而形成遵守习俗的心理压力。要融入村落群体，不被孤立，就必须遵循村落的行为规则和信仰。生活习俗一旦形成就不会再轻易改变，习俗的代际传承是以老带小和村落环境反复强化的结果，人们自小耳闻目睹大人所做的一切，不断被要求去遵守某些习俗规范，通过群体行为矫正不合乎规范的行为。这些社会行为规范经过反复强化逐渐成为个人习惯，久而久之就自然内化为自身的信仰，进而影响后代和其他人，维系了村落社会的有序性。

乡村治理离不开法律，但出于法律规定更多是义务。相对而言，习惯却是日常生产生活必不可少的规则，每当做某个事情时，人们头脑中第一反应是以往这种事情是怎么做的，这种潜移默化和日积月累的习惯比国家法律的宣传频率更高，更贴近生活，对人的行为约束和人际关系的调节无处不在。但是，必须看到村落习俗文化作为乡村治理的制度资源，需要一定的载体。文化载体可以宗庙、祠堂、神台、石刻、纸钱、族谱、村规民约、歌圩舞台等实物形式存在，也可以诸如婚丧嫁娶、节日时令等各种各样仪式承载。过去很多人不理解村落文化价值，不清楚文化与载体的关系，采用不恰当措施、消灭了传统优秀文化载体，错误的干预导致村落传统习俗习惯的破坏，使村落居民对自己的传统产生怀疑与否定，引起乡村秩序混乱。因此，有效的乡村治理，必须研究村落生活文化在乡村治理中运作的机制，在强化法律定纷止争作用的同时维护习俗在乡村治理中的作用，被认为是乡村治理的努力方向。①

---

① 卢明威，《民俗习惯在乡村治理中的秩序维护功能分析》，《广西民族大学学报》（哲学社会科学版），2016年第3期，第31～37页。

（三）村落娱乐与乡村治理

繁重的农业劳动、琐碎的家务，需要通过娱乐缓解、释放压力，以获得精神的愉悦。于是发展出丰富多样的村落文化，诸如串门聊天、庙会、花会、地方戏、杂耍、游戏、舞蹈、民族体育、故事、传说、民歌、乡土文学等村落文化。诸如贴对联、贴窗花、供财神、迎喜神、放鞭炮等民俗活动和节日庆典也是乡村娱乐文化的重要组成部分。我们常用"喜闻乐见"形容村落文化形式，反映的是村落娱乐文化的乡土性和群体参与性特点。乡土性不仅指文化内容是乡土的，因为它直接来源于老百姓的生活，同时也指娱乐文化形式也是乡土的，最接近老百姓的劳动和生活习惯，像唢呐、快板、评书、相声、小品、对歌、地方戏等，很多娱乐形式都是来源于生活。所谓群体性，是指村落娱乐文化具有广泛参与和互动特点，就像聚在一起打牌聊天一样，每个人都是平等的参与主体，秧歌、花会、庙会都是以大众参与为特征的。即使是看戏，在村落里抱着孩子围着戏台看戏与城市人坐在剧院看戏也具有不同的性质，前者具有群体参与性质和互动，后者则完全是属于个体性的。

村落娱乐文化除了娱乐功能，乡村治理要十分重视其教化与宣传功能，即所谓"寓教于乐"。"寓教于乐"通过三个渠道对村民的精神文明、道德情操发生影响，即感化、榜样和鞭笞。通过一系列发扬传统优秀品德的文化节目，可以感染人，特别是村落里自编自演的节目，其内容大多是以自己的生活和村里发生的事情为题材创作的，或歌颂称赞好人好事，或鞭笞丑事恶俗，都会给台下的村民留下深刻印象，节目或故事所传达出的对人的教导、感化意义都会延续到村民的日常生活当中，并潜移默化地影响着他们的为人处世方式。娱乐文化之所以能够发挥教化作用，是因为在一种文化环境中成长起来的村民有了很深地认同感，他们的价值观具有一致性和稳定性，通过文化活动弘扬敬老、诚信、互助等传统美德，总能得到大家的认可，就逐渐成为村落文化的主旋律。不仅如此，村落娱乐文化可以破解如何将党和国家的方针政策有效传递到农村的难题。把政府的惠农政策、法律知识、国家大事等以村民喜闻乐见的文艺形式表现出来，村民在娱乐的同时接受和理解了党和政府的相关政策，比纯粹的说教要有效的多。此外，村落娱乐文化在增强农民的凝聚力，重现乡村生机，进一步实现乡村整合中也具有显著作用。在共同参与的文化活动中增强了农民的集体荣誉感，加深了村民对村落的认同感和归属感，有助于恢复乡村的活力。村落文化娱乐在促进交流信息、密切感情、消除隔阂、化解矛盾等方面都有其独特的发挥作用空间。

综上所述，我们认为乡村治理不是要另起炉灶建设一套新文化，也不是把外来的治理文化机械地移植到乡村，而是要在遵循村落价值体系基础上，沿着村落文化谱系，实现传统自治、德治与现代法治的融合。村落在漫长的成长过程中形成了特定的空间结构，进而衍生出特定的社会关系和村落文化。村落形态、邻里关系、农事活动、熟人交往、节日庆典、民俗习惯、地方经验、民间传统、村落舆论、村规民约、示范与模仿等，都是维系村落价值取向和有序运行的重要要素，是乡村治理丰富的"自治"与"德治"资源。村落作为一个天然的教化有机体，具有共同信仰和行为规范以及"德业相劝，过失相规，礼俗相交，患难相恤"的文化传统，承担着对村民行为的引导、规训与教育功能，让人们在日常生活中自然的达事明理，明辨是非善恶，以潜移默化的形式不断强化人们的行为规范，并内化为行为准则。因此，有效的乡村治理要从村落整体入手，了解村落空间与村落生产、生活、社会关系以及与村落文化的关系，掌握村落价值发挥作用的特点和规律，使村落丰富的自治和德治资源在新的社会环境下发扬光大，以推动乡村治理的现代化。

乡村治理的道术势

张英洪

乡村治理既是国家治理的基础，也是国家治理的重要组成部分，同时，乡村治理还反映了国家治理的状况和水平。乡村治理既包括乡村的自我治理，也包含国家对乡村的治理两个层面。乡村治理是个大课题。我们不能简单地就乡村治理说乡村治理，必须把乡村治理放在整个国家治理结构的框架中和社会变迁的进程中去认识和理解，既要跳出乡村看乡村，也要跳出乡村治理看乡村治理。如果仅仅满足于从技术性角度推进乡村治理，极可能导致乡村治理扭曲和乡村治理失效。我们既要关心乡村治理的"术"，更要关注乡村治理的"道"与"势"。道是方向根本，术是方法技术，势是形势环境。

一、乡村治理所处的三重体制结构

几千年的中国传统乡村社会，形成了以皇权统治、宗法社会、小农经济、儒家文化、乡绅自治为主要特征的乡村社会结构和乡村社会秩序。改革开放后，中国乡村发生了根本性的巨大变化。现在讲乡村治理，必须认清其所处的三重基本的体制结构，这三重基本的体制结构，从根本上左右和影响乡村治理的水平与成效。

一是党领导体制。坚持党的领导，这是乡村治理的政治基础。深入推进政治体制改革，改革和完善党领导体制，加快民主法治建设步伐，必将为乡村治理奠定善治的基础。

二是集体所有制。20世纪50年代，中国所有的乡村，无一例外地建立了以土地为基础的集体所有制。集体所有制本质上是一种财产归社区公有且由国家控制的产权制度安排，其基本特征是产权的政治性、集体性、社区性、封闭性。这是乡村治理的一个产权基础。使集体所有制适应市场化、城市化和城乡融合发展的需要，是新时代农村改革的重要内容。

三是城乡二元体制。20世纪50年代建立的城乡二元体制结构，将整个中国划分为农村与城镇两种体制领域，实行城乡分治，城乡居民的身份、公共服务等完全不同，其最大的特征是城乡居民权利的不平等。这是乡村治理的体制基础。破除城乡二元体制，构建城乡融合发展的体制机制和政策体系，是实现乡村善治的必然要求。

二、乡村治理要开放三个领域

乡村治理至少要在以下三个领域实现新的开放，否则难以取得应有的治理绩效。

一是集体产权改革要确权开放。集体产权的模糊性和封闭性，是市场化、城市化进程中制约乡村治理的重要产权障碍。在坚持土地集体所有权不变的前提下，土地的使用权完全可以依法流转或转让。例如，在承包地上，已实施"三权分置"，承包土地的所有权归集体，承包权归农户，土地经营权可以对外流转。这就实现了承包地产权的开放。而农村的宅基地、集体建设用地、集体经营性资产的股权等，在产权的改革开放上需要迈出新步伐。

二是公共事务管理要民主开放。农村社区公共事务管理的封闭性，不适应市场化、城市化进程中人口流动的需要。在市场化、城市化进程中，因人口的快速流动，中国农村出现了两种不同类型的村庄，一种是大量人口外出的"人口空心村"，另一种是大量外来人口聚集的城乡接合部"人口倒挂村"。新时代的乡村治理必须突破乡村产权的封闭性和社区管理的封闭性这个双重封闭格局，实行开放式的民主治理。在传统的城乡二元户籍制度废止后，要加快推进城乡融合发展，构建乡村社区公共事务由社区全体居民共同平等参与的新格局。

三是公共服务供给要补齐开放。乡村基础设施和基本公共服务的短缺，是城乡发展不平衡、农村发展不充分的最突出问题之一。加大农村基础设施建设投入，加快建立健全城乡均等、城乡一体的基本公共服务体系，是国家的基本职责所系，是各级政府的责任所在。各级政府应当为老百姓提供基本公共服务，要尽快使城乡居民享有大致均等而可及的基本公共服务。要实现基本公共服务的全国统筹、自由接续转移和开放享有，确保城乡居民的社会保障随着人口走，实现农民进城有社保，市民进村同样享有社保。

三、乡村治理重在保障"三权"

新时代的乡村治理，要将中华优秀传统文化与现代政治文明理念有机结合起来，关键是要加强民主法治建设，维护社会公平正义，核心是尊重、保障和实现公民权利，具体来说就要维护和发展农民的人身权、财产权、村民自治权。

一是维护和发展农民的人身权。就是要尊重、保障和实现农民的各项基本权利和自由尊严。习近平总书记在十九大报告中指出："维护国家法制统一、尊严、权威，加强人权法治保障，保证人民依法享有广泛权利和自由。"按照《宪法》，农民应当享有的基本权利和自由的内容十分丰富，包括平等权、自由迁徙权、受教育权、健康权、社会保障权、环境权等基本人权，都应得到尊重和保障。特别是各级领导干部，要切实增强人权观念和法治意识，要真正把人权观念和法治意识融入到日常的治理之中去。在乡村治理中，如果缺乏对农民基本人权的尊重和保障，就不可能真正做到乡村善治。

二是维护和发展农民的财产权。就是要赋予和保障农民享有更加充分而完整的财产权利。赋予和保护村民的产权，是新时代"三农"工作的重要任务，是保障人民对美好生活需要的基础工程，也是乡村治理的重要目的。农民的财产权利可区分为集体财产权利和个体财产权利，主要包括承包地权利、宅基地和住房权利、集体资产权利以及其他财产权利。农村集体产权具有归属不清、权责不明、流转不畅、保护不严等问题，这是制约乡村有效治理的重要产权因素。实施乡村振兴战略，提高乡村治理水平，必须全面深化农村集体产权制度改革，发展农民财产权利，构建归属清晰、权能完整、流转顺畅、保护严格的农村集体产权制度，助推城乡融合发展，提升乡村治理水平。如果集体的产权不理顺、农民的产权得不到实现和保护，乡村的善治也就无从谈起。

三是维护和发展农民的村民自治权。就是要发展社会主义民主政治，健全现代国家民主治理规则，用制度体系保证农民当家做主。农民的治权就是农民参与公共事务治理的权利，这是现代国家公民的政治权利。现代国家的一个基本特点就是民众更广泛地参与公共生活的治理。人民当家做主是中国特色社会主义民主的本质与核心。习近平总书记在十九大报告中提出："我国社会主义民主是维护人民根本利益的最广泛、最真实、最管用的民主。发展社会主义民主政治，就是要体现人民意志、保障人民权益、激发人民创造活力，用制度体系保证人民当家做主。"坚持人民当家做主，就是要保障和实现人民对国家事务、社会事务、经济和文化事业的管理和治理。农民的治权有两个基本方面：一是参与国家和社会层面各项公共事务的治理；二是参与社区层面各项公共事务的治理。农民的治权，应当随着经济、政治、社会、文化、生态建设的发展而发展。如果农民不能有效地参与乡村治理，不能成为乡村治理的主体，那么，乡村治理就不可能实现善治。

四、乡村治理须重塑三种环境

新时代的乡村治理，需要重塑三种环境，没有良好的乡村政治、文化、生态环境，就没有良好的乡村治理。

一是重塑乡村政治环境。没有良好的乡村政治生态，就不可能有良好的乡村治理。习近平总书记强调要构建风清气正的政治生态。这对于乡村同样适应。净化乡村政治生态，重塑乡村政治环境，关键是要将全面从严治党与全面依法治国向农村基层延伸和全覆盖，既强力反腐败，又强力反侵权，依法打击歪风邪气，着力张扬社会正气。切实加强现代公民教育，保障公民权利，提高乡村现代政治文明程度。

二是重塑乡村文化环境。重塑乡村文化环境，必须使人能够明是非，使人能够知善恶。振兴乡村，必须振兴乡村文化。重塑乡村文化环境，必须实现中华优秀传统文化与现代世界的共同价值结合起来。几千年来，中国乡村有着历史悠久的自治传统和自治文化，有深入人心的以儒家文化为代表的道德传统和道德文化。必须大力弘扬中华优秀传统文化，同时大力吸收和借鉴人类文明的共同成果，使我国优秀的自治、德治传统与现代文明中的民主、法治价值实现有机结合，从而建设新型的中华乡村文化，开创新型的中华乡村文明。

三是重塑乡村生态环境。人是自然生态环境的产物，破坏了自然生态环境，也就破坏了人类生存的家园。工业化对自然生态环境的破坏是史无前例的。在新时代，我们必须超越传统的工业文明，坚持绿色发展，走生态文明之路。重塑乡村生态环境，必须改变掠夺自然资源、浪费自然资源、破坏自然资源的生产方式和生活方式，坚决做到习近平总书记提出的那样，像保护眼睛一样保护生态环境，像对待生命一样对待生态环境，坚决摒弃损害甚至破坏生态环境的发展模式，让中华大地天更蓝、山更绿、水更清、环境更优美。只有在健康优美宜居的自然生态环境中推进乡村治理，才能实现文明的永续发展。

五、乡村治理要创新"三治"方式和体系

中共十九大报告明确提出健全自治、法治、德治相结合的乡村治理体系。中央农村工作会议也提出要创新乡村治理体系，走乡村善治之路。现代乡村治理是政治文明的重要内容，要真正提升乡村治理水平，必须推进政治体制改革，发展社会主义民主政治，建设社会主义法治国家，创造社会主义政治文明。

一是要从发展地方自治的视野看待村民自治，大力加强地方自治立法。我国村民自治已经实行 30 年了，应该说取得了不少成就，但也面临许多突出问题。比如小官巨贪、村民自治异化为干部自治、村民难以真正做到民主决策、民主参与、民主管理、民主监督。经过 30 年的实践，应当对村民自治进行认真总结和提升，实现自治的新跨越。关键是要从地方自治上看待村民自治，既要推进村民自治下沉，又要提高自治的层级与水平。应当明确中央和地方的关系，建立完善地方自治制度。要明确规定地方各级的自治事务范围，处理好官治与自治、经济建设与社区自治的关系。要积极发展综合农协组织和各种乡村社会组织，激发广大农民和乡村社会活力，充分发挥农民和乡村社会组织在自治中的主体作用。村民自治不应是民政部门重视和推进的工作，而应是国家政治文明建设的伟大事业，必须提高政治站位，推进村民自治的制度化、规范化、程序化建设，使村民自治制度真正有效有序运转起来，切实保障村民依法实行民主选举、民主协商、民主决策、民主管理、民主监督。

二是要从建设法治中国的高度看待乡村法治，切实推进民主法治建设。在全面推进依法治国进程中，要从法治中国建设的战略高度，加强乡村民主法治建设，重点是要建立健全有利于实现乡村善治的法律法规体系，全面实现乡村治理的民主化、法治化。习近平总书记在十九大报告明确提出，我国社会的主要矛盾已经转化为人民日益增长的美好生活需要和不平衡不充分发展之间的矛盾，并指出人民美好生活需要日益广泛，不仅对物质文化生活提出了更高要求，而且在民主、法治、公平、正义、安全、环境等方面的要求日益增长。为此，我想强调三个重点：第一，"三农"工作要改变过去单纯的追求增加农民收入的倾向，要把加强乡村民主法治建设作为重中之重。要使广大农民在共产党领导下既过上富裕的物质生活，又享受现代的民主自由。这是共产党的初心和使命。第二，各级人大及其常委会要改变政府化的工作思维和方式，要围绕乡村的民主法治建设加强立法调研和立法工作，切实改变乡村民主法治制度供给短缺和滞后的局面。各级人大代表要发挥代表民意的真正作用。这方面的空间还非常大。第三，各级领导干部要真正带头树立人权观念和民主法治意识。习近平总书记鲜明提出"以人民为中心的发展思想"，强调"把人民群众的小事当作自己的大事，从人民群众关心的事情做起，从让人民群众满意的事情做起。"但一些地方领导干部在学习十九大精神和习近平新时代中国特色社会主义思想上表现得积极高调，而在实际工作中又公然做出严重损害群众利益的事。这种口言善而身行恶的现象，需要深思和纠正。

三是要从重建道德中国的目标看待乡村德治，不断提高道德文明水平。中国自古以来就是礼仪之邦，有以德治国的悠久传统。在新时代，要实现乡村的德治，必须走出道德危机，重建道德中国。第一，必须建设一个讲正气、守诚信、重品德的政府。政府的品德决定和影响社会的道德风尚。第二，必须建设一支讲道德的领导干部队伍，营造有道德的社会精英群体。各级党员领导干部以及社会其他精英群体的道德水准高低，直接影响整个社会风气的好坏。我国有必要制定相关道德法律，对各级领导干部的道德进行规范，从加强官德建设入手，带动民德的改善。第三，必须建设一批致力于社会道德建设的社会组织和乡贤君子。建设一个道德中国和道德乡村，单靠政府是不行的，必须激活社会的力量，大力发展致力于社会道德建设的各种社会组织，大力造就一批新乡贤、新君子。政府要还权于社会，实行政社分开，让社会在法治的环境中成长，使社会充满正气与活力。

中共十九大正式提出习近平新时代中国特色社会主义思想。习近平新时代中国特色社会主义思想，肩负着解决中国文明进步的三大问题：一是要解决计划经济体制所形成的老问题，二是要解决市场化改革以来产生的新问题，三是要解决中国向现代民主法治国家转型的大问题。这三大问题得到根本性地解决，那么，新时代不仅将是乡村走向善治的时代，也必将是整个国家实现善治的时代。

根据作者 2018 年 1 月 13 日在"清华三农论坛 2018"上的发言整理

调研报告

以法治建设应对农村人口老龄化
——北京市农村劳动力老龄化问题调研报告

张英洪　刘妮娜

农村人口老龄化是当前和今后我国农村经济社会健康发展面临的突出问题。随着农村人口老龄化问题的加剧，谁来种地怎么种地、谁来养老怎么养老、谁来治理怎么治理的问题已经成为新时期解决"三农"问题的重大课题。近些年来，国家对农村劳动力老龄化问题已经给予了高度关注。2012年，党的十八大明确提出推动城乡发展一体化。中央农村工作领导小组办公室、中央政策研究室、全国人大农业与农村委员会等六部门专题研究"谁来种地"的战略议题。2013年中央农村工作会议又进一步探讨了如何解决"谁来种地"问题。2014年中央农村工作会议又明确提出"人的新农村"建设的重要命题。

学界对于农村和农业劳动力老龄化问题及其影响也进行了诸多研究。例如李澜、李宗才、李昱等人等通过对农业劳动力老龄化现状进行数据梳理分析后，认为农业劳动力老龄化总体上不利于农业生产发展，是推进现代农业建设的重要障碍因素。杜鹏、白南生、周春芳等人的研究表明，农村劳动力的大量外出和迁移显著增加了农村老年人农业生产、劳动时间。这对老年人来说并不是好的晚年安排，对其健康和生活质量都有较多的负面影响。

作为特大城市郊区，北京农村劳动力老龄化问题十分明显。2014年5月，我们利用北京市农村经济研究中心农村观察点对北京市农村老年劳动力状况进行了问卷调查，本研究结合2000年和2010年北京人口普查资料，对北京市农村劳动力老龄化的现状、存在的问题、问题产生的原因进行了初步分析，并提出相关政策建议。

一、北京市农村劳动力老龄化现状及存在的问题

（一）北京市农村劳动力就业结构多元，老龄化程度相对较低

北京农村作为特大城市郊区，农村劳动力就业结构多元、老龄化程度相对较低。根据 2010 年全国第六次人口普查数据显示，2010 年北京市 16 岁以上农村常住人口共 238.2 万人，其中劳动力（在业人口）数量为 150.7 万人，仅有 28.6％从事农林牧渔业。农村劳动力中，45 岁以上老年劳动力所占比例为 36.6％，60 岁以上农村老年劳动力所占比例为 4.7％，中位年龄为 40.2 岁。与全国平均水平相比，北京从事农业的劳动力所占比例低，农村劳动力老龄化程度低。与上海、天津、重庆相比，北京农村劳动力老龄化程度高于上海，但低于天津和重庆（表 1）。

北京市农村劳动力就业结构多元，老龄化程度低，其原因主要是北京农村在地理位置上的绝对优势。一是北京近郊（城乡接合部）带有半城市的色彩，是外来务工人员的聚居地，与之配套的衣食住行等服务业发达；二是北京农村可以就近就便承接城市二三产业扩散，吸纳农村剩余劳动力。这两方面特点使得北京农村劳动力不以农业生产为主，而是就地实现向二三产业的转移，许多人脱离农业劳动或农业兼业化。另外，年龄结构相对年轻化的外来人口伴随产业转移而不断流入北京农村。

表 1　典型地区农村劳动力老龄化情况

地区	从事农业劳动力所占比例（％）	45 岁＋农村老年劳动力所占比例（％）	60 岁＋农村老年劳动力所占比例（％）	中位年龄（岁）
北京市	28.6	36.6	4.7	40.2
上海市	15.2	33.6	5.2	38.1
天津市	63.8	41.8	8.4	41.6
重庆市	80.5	54.5	20.5	46.6
全国	74.8	41.3	11.0	41.5

数据来源：2010 年北京、上海、天津、重庆四市人口普查资料数据。

（二）北京市农业劳动力以 45～60 岁为主，面临"无人接班"的难题

北京市农业劳动力老龄化程度不断加深，45 岁以下年轻劳动力锐减，45～60 岁老年劳动力成为北京市农业生产的主力。从图 1 的农业劳动力人口

金字塔可以看出，2000—2010 年，北京市除 55~59 岁年龄组的农业劳动力增加外，其他年龄组的农业劳动力均有不同程度的减少，其中 45 岁以下农业劳动力减幅均超过 50％。同时，25 岁以下青年人代表着新进入农业行业的劳动力群体，这部分人在农业劳动力中所占比例也从 2000 年的 8.6％下降到 2010 年的 4.3％。具体到农业劳动力老龄化指标上，2010 年北京市 45 岁以上农业老年劳动力所占比例达到 60.1％，比 2000 年提高 13.5 个百分点；60 岁以上农业老年劳动力所占比例为 11.1％，比 2000 年提高 3.9 个百分点；中位年龄为 47.6 岁，比 2000 年增加了 7 岁。依此态势，北京市农业劳动力老龄化程度将进一步加深，速度可能更快。

与我国其他地区相比，2010 年北京市 45 岁以上农业老年劳动力所占比例比全国平均水平高出 13 个百分点，农业劳动力的中位年龄比全国平均水平高 3.6 岁。北京农业劳动力老龄化程度仅低于浙江、江苏、上海和重庆（表 2）。

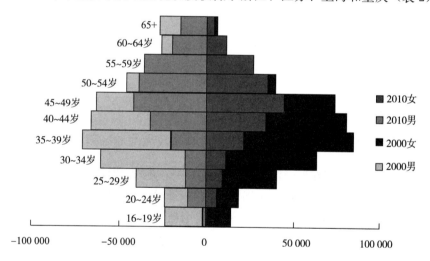

图 1　2000 年和 2010 年北京市农业劳动力人口金字塔

数据来源：国务院人口普查办公室，《北京市 2010 年人口普查资料》，中国统计出版社，2012；国务院人口普查办公室，《北京 2000 年人口普查资料》，中国统计出版社，2002。

表 2　不同省份农业劳动力老龄化情况比较

排名	省份	中位年龄（岁）	45 岁＋比例（％）	排名	省份	中位年龄（岁）	45 岁＋比例（％）
	全国	44.0	47.1	2	浙江	52.8	71.8
1	江苏	53.1	69.5	3	上海	50	65.2

（续）

排名	省份	中位年龄（岁）	45 岁＋比例（％）	排名	省份	中位年龄（岁）	45 岁＋比例（％）
4	重庆	49.8	60.9	18	山西	43.9	47.0
5	北京	47.6	60.1	19	江西	43.9	46.8
6	湖北	46.2	53.5	20	河南	42.7	43.7
7	福建	45.5	51.4	21	内蒙古	42.6	45.1
8	安徽	45.4	51.0	22	贵州	42.1	43.2
9	四川	45.3	50.7	23	广西	41.9	43.6
10	山东	45.1	50.3	24	吉林	41.6	41.1
11	天津	45.0	50.1	25	甘肃	41.4	39.1
12	辽宁	45.0	50.0	26	黑龙江	40.8	38.3
13	湖南	44.7	49.2	27	海南	40.2	37.0
14	陕西	44.5	48.5	28	云南	40.0	35.9
15	广东	44.4	48.2	29	宁夏	39.3	36.7
16	西藏	44.2	25.2	30	青海	37.3	29.1
17	河北	43.2	45.2	31	新疆	36.9	28.6

数据来源：2010 年 31 省份人口普查资料数据。

（三）北京市农业劳动力老龄化程度存在较大的地区差异

由于不同农村存在着经济基础、地理条件、资源禀赋以及人口、文化上的不平衡，在发展过程中获得的机遇和回报并不均等，农村和农业发展的分层分化日益明显。如所调查农村中，怀柔区宝山镇杨树下村常住人口仅有 84 人，且全部是本市户籍人口，海淀区四季青镇香山村常住人口则达到48 000人，其中有40 000人是外来人口；怀柔区北房镇大罗山村人均纯收入1 200元，而密云十里堡镇杨新庄村人均纯收入达到3.5 万元。

同时，北京市农业劳动力老龄化程度也存在较大的地区差别。在北京市农村劳动力综合状况调查的 76 个村中，有 2 个村 50 岁以上农业老年劳动力所占比例低于 10％，12 个村 50 岁以上农业老年劳动力所占比例低于 20％，28 个村 50 岁以上农业老年劳动力所占比例超过 50％，15 个村 50 岁以上农业老年劳动力所占比例超过 60％。其中，昌平区小汤山镇南官庄村 50 岁以上农业老年劳动力所占比例最低，仅为 6.2％；门头沟区王平镇西马各庄村所占比例最高，达到 91.9％。

（四）北京市农业老年劳动力收入相对较低

虽然北京市农村劳动力就业结构日趋多元，但老年劳动力仍主要从事农业生产活动。根据 2010 年北京市人口普查数据显示，北京农村有 110.0 万 45 岁以上常住人口，其中有 50.0％在业，在业人口中有 48.2％从事农业劳动；有 40.4 万 60 岁以上老年人，其中有 17.6％在业，在业人口中有 67.8％从事农业劳动。北京市农村老年劳动力综合状况调查数据也显示，被调查农村老年劳动力中有 63.0％是全职农民或以农业为主，兼营他业。

可以说，农村老年劳动力是北京市农业生产的主力，农业劳动也是北京市农村老年劳动力赖以为生的主要工作。但调查发现这部分人口的收入状况不容乐观，既低于北京市农村非农行业老年劳动力收入，也低于北京市农村居民家庭人均纯收入。根据北京市农村老年劳动力综合状况调查数据显示，78.6％的农业老年劳动力收入不到 15 000 元，有 29.3％的农业老年劳动力收入不足 5 000 元；相比较来看，农村非农行业老年劳动力的这一比例分别为 39.5％和 8.1％，远低于农业老年劳动力。从家庭年平均收入来看，2013 年农业老年劳动力的家庭年平均收入为 24 163.5 元，非农行业老年劳动力的家庭年平均收入达到 38 251.1 元，而北京市农村居民家庭年平均收入已达到 4.5 万元左右。从具体收入类别来看，主要与农业老年劳动力的家庭非农职业收入、出租房子或转包土地收入、从集体或农民专业合作组织得到的利息、股息、红利收入低有关（图 2）。

另外，60 岁以上农业老年劳动力收入状况更差，不到 15 000 元的达到 92.6％，其中有 38.5％收入不足 5 000 元。

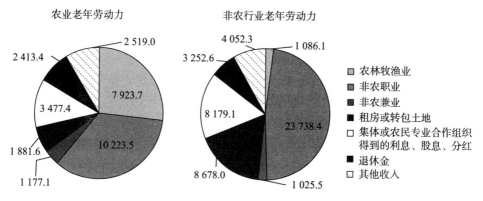

图 2　北京农村农业和非农行业老年劳动力收入类别

数据来源：2014 年北京市农村老年劳动力综合状况调查。

（五）北京市农业老年劳动力健康状况堪忧

从健康方面看，农业老年劳动力健康状况较差，伴随年龄增加，农业老年劳动力健康状况下降。北京农业劳动力中仅有45.3%的农业老年劳动力自报健康状况良好，而60岁以上农业老年劳动力中，仅有33.6%自报健康状况良好。具体到患慢性病比例上，农业老年劳动力中有38.1%患有高血压，38.0%患有肝胆或膀胱类疾病，18.2%患有关节炎或风湿病，8.3%患有心脏病，8.9%患有呼吸系统疾病；而60岁以上农业老年劳动力中，有41.3%患有高血压，45.4%患有肝胆或膀胱类疾病，26.6%患有关节炎或风湿病，9.2%患有心脏病，10.1%患有呼吸系统疾病（图3）。

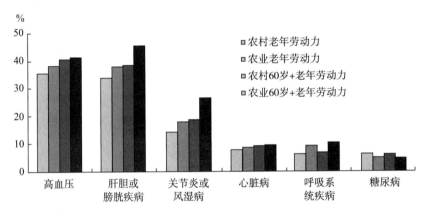

图3　北京农村老年劳动力慢性病患病情况

数据来源：2014年北京市农村老年劳动力综合状况问卷调查。

（六）北京市农村老年劳动力土地流转意愿较强

北京市农村老年劳动力的土地流转比例较低但流转意愿较强。根据北京市农村老年劳动力综合状况调查结果，农村72.0%的老年劳动力家里有土地，绝大部分土地拥有量在3亩①以内（占比为57.4%），超过10亩的不足10%（占比为7.4%），平均拥有土地量为4.59亩。有土地的老年劳动力中，有69.5%自己经营，26.0%将土地流转出去，其中14.7%转包给农民专业合作组织，6.4%转包给其他农户，5.0%转包给企业；有69.1%愿意将土地流转

①　1亩=1/15公顷。

出去，30.9%不愿将土地流转出去。愿意流转土地的老年劳动力中，有34.0%已经实现了土地流转，不愿流转土地的老年劳动力中有91.4%自己耕种。从自己耕种土地的老年劳动力角度来看，有40%不愿流转土地。

不愿流转土地的原因可以分为三类：一是以种地收入为生，一方面认为土地流转不如自己耕种收入高，土地流转出去意味着收入减少；另一方面认为自己除了种地不会干别的，土地流转出去自己就失业了。二是仍具有自给自足的小农思想，一方面认为土地是自己的，就要自己耕种，要留给后代，不愿意把自己的土地交给别人；另一方面认为可以锻炼身体，种无污染的粮食蔬菜，自己吃安心，还增加了生活乐趣。三是没有流转途径或土地太少不愿折腾。

（七）超过一半农村老年劳动力不愿离开农村，农村养老问题值得关注

北京市农村老年劳动力综合调查结果显示，大多数农村老年劳动力没有城市务工经历（81.6%），即使有过务工经历，也主要从事低端的建筑行业和制造业（分别占36.8%和13.1%），在高城市生活成本、没有合适工作的推力，以及家庭团聚的拉力作用下回到农村。他们到城市定居意愿较低（有60.9%农村老年劳动力表示不愿意到城市定居，其中在农村从事二三产业的老年劳动力不愿到城市定居的比例要高于农业老年劳动力），原因包括城市生活成本高（30.7%）、留恋农村生活（21.4%）、交通空气问题（19.5%）、房价高（19%）等，这一意愿伴随老年人年龄增加呈现进一步减弱的趋势。同时农村老年劳动力的土地流转意愿与城市定居意愿并没有显著相关性，也就是说，即使农村老年劳动力将土地流转出去，也不一定愿意到城市生活。

目前北京市农村老年劳动力面临着经济、生活、精神等方面的养老问题，根据调查，他们的子女数已减少到1～2个子女（占比87.8%），家庭规模的缩小和代际居住距离的增加不可避免的削弱了传统的家庭代际照料。这些老年人或准老年人中，有27.5%的农村老年劳动力对社会化养老服务寄予希望，同时他们中有一部分想到城市生活，也有想要继续生活在农村的，未来该如何安置这些老年人以及如何保障农村社会养老服务供给等问题应受到政府和社会关注。

二、对北京市农业劳动力老龄化的原因分析

北京市农业劳动力老龄化程度不断加深，其原因是多方面的，既受公共政

策性影响，如城乡二元体制以及计划生育政策等，也有经济发展之必然，主要体现在农业劳动力的非农转移上，其他原因还包括农地收入、传统的小农思想，以及土地流转困难等。

（一）农村人口低出生率和恶农思想共同导致"农业接班人"流失

首先，北京农村人口低出生率减少了潜在的农业接班人数量。我国从 20 世纪 70 年代初大力推行计划生育政策，人口出生率从 1969 年的 34.1‰急剧下降到 1979 年的 17.8‰，同一时期总和生育率从 4.5 下降到 2.8，到 20 世纪 80 年代人口出生率稳定在 20‰左右，总和生育率稳定在 2～3 之间，1991 年以后我国总和生育率开始低于更替水平（2.1），进入了低生育率时期。根据第六次人口普查数据显示，2010 年我国总和生育率已下降到 1.2，而北京市则是全国总和生育率最低的地区，仅为 0.7。从本次调查结果也发现，北京市农村老年劳动力子女数量平均为 1.72 个，有 3 个以上孩子的所占比例仅为 2.6％。45～50 岁老年劳动力子女数量平均为 1.4 个，仅有 1 个子女的所占比例为 62.5％，无人有 3 个以上子女。

其次，"恶农思想"直接减少了选择进入农业行业的青年人数量。根据 2000 和 2010 年北京市人口普查数据推算，2000 年约有 8 万 16～24 岁青年人口进入农业行业，从事农业生产，而到 2010 年仅有约 2 万 16～24 岁青年人口选择农业作为职业。实际上，由于城乡二元结构的影响，"农民"几乎成为了一种身份象征，收入不稳定、又苦又累且社会地位低下，不光农村青年人向往到城市生活和工作，他们的父母也寄望子女能摆脱这种枯燥的"面朝黄土背朝天"的生活。中国农业大学调研团队的调研对象就表示："即使农业挣钱，也不愿意从事农业""会种地也不种地"。

"恶农思想"的根本原因就在于城乡二元体制禁锢下的城乡差别、工农差别，包括工资收入、生活条件以及社会保障、子女教育、住房等公共服务，也正是这些实质性的差别使人们形成了对农村和农业的刻板印象。

（二）二三产业选择性"吸纳"农业青壮年劳动力

根据配第—克拉克定理，伴随经济发展和人均国民收入水平提高，城镇化进程加快，劳动力将由第一产业依次向第二三产业转移。转移原因是由于各产业间出现收入的相对差异。20 世纪 90 年代以前城乡二元户籍管理制度严格限制农业户口转为非农业户口、农村人口流入城市，导致农村和农业积蓄大量剩余年轻劳动力。农村人口可以进城流动后，受劳动力市场需求和收入差异吸引，人口流迁日益频繁，农村居民或离土不离乡，或离土又离乡，进入城镇二三产业从事非农就业。但也正是由于农业劳动力的相对过剩，工业部门作为农业剩余劳动力的雇主，在就业市场处于强势地位，在双向选择的过程中有更多的选择权。与老年劳动力相比，身体素质和文化素质都相对较高的青壮年劳动力往往更受青睐，在就业市场中占据优势和主动。

2013 年，我国农民工总量达到 2.69 亿，其中外出农民工 1.66 亿，本地农民工 1.03 亿。其中，1980 年及以后出生的新生代农民工 1.25 亿，占农民工总量的 46.5%，占 1980 年及以后出生的农村劳动力的比重为 65.5%。根据 2000 和 2010 年北京市人口普查数据推算，10 年间北京市约有 45 万农业劳动力实现转移就业，2000 年的 20～40 岁农业劳动力占到 40%左右。另外，有超过 50%的 2000 年的 20～40 岁农业劳动力在 10 年间实现转移就业。

（三）农村老年劳动力固守农业或进行填补性的农业劳动

北京市农业劳动力老龄化的原因还包括青壮年劳动力流失后的老年劳动力的固守性或填补性的农业劳动，这部分老年劳动力或仅是不愿流转自己的土地，或已承包经营别人流转出的土地。主要包括以下三类：第一类是固守农业的老年劳动力，这部分人一般没有外出务工，一直从事农业生产，对土地的感情较深，将农业劳动作为自己谋生的职业。第二类是返乡或退守农业的老年劳动力，这部分人曾经实现过转移就业，但因为就业市场的劣势地位、难以融入城市生活、家庭团聚等原因而重返农村，出于家庭理性和经济利益考虑继续从事农业生产，维持生计。第三类是填补性的老年劳动力，有过去以家务劳动为主的女性老年劳动力，也有外来务农人员。有数据显示，2012 年北京市的外来务农人员已经达到 12 万人（实际人数可能要大于这个数量），有效填补了北京农业劳动力缺口，成为不可取代的务农新群体。

但值得注意的是，北京市农村老年人并没有作为填补性劳动力加入到农业劳动生产中，这与全国其他地区情况不同。2010 年北京市农村 60 岁以上老年人的在业率仅为 17.6%，远低于 40.1%的全国平均水平。这一是与北京市农村老年人财产性收入和社会保障水平较高有关；二是与北京市农地流转比例高有关（2013 年北京市流转土地 222.7 万亩，流转率为 49.9%）；三是受北方传统文化中崇老敬老思想的影响。

三、对策建议

应对北京农村劳动力老龄化问题，需要我们加强法治建设，以法治建设的新成就积极应对农村人口老龄化新问题。以法治建设应对农村人口老龄化，核心内容就是坚持依宪治国，破除城乡不平等的制度体系，建立城乡一体、开放平等的体制机制，尊重、保障和实现城乡居民的基本权利和自主选择，在法治的框架中推进新农村建设和新型城镇化协调发展。具体建议如下：

（一）按照统一公平的现代法治要求，破除城乡二元体制，加快推进城乡一体化

现代法治的基本理念是在全国实行统一、公平、开放的法律制度，尊重、保障和实现城乡居民的基本权利和自主选择。破除城乡二元体制，加快推进城乡发展一体化，是有效应对农村人口老龄化的根本制度保障。2015年4月30日，习近平总书记在主持中共中央政治局第22次集体学习时强调，推进城乡发展一体化的着力点是通过建立城乡融合的体制机制，形成以工促农、以城带乡、工农互惠、城乡一体的新型工农城乡关系，目标是逐步实现城乡居民基本权益平等化、城乡公共服务均等化、城乡居民收入均衡化、城乡要素配置合理化，以及城乡产业发展融合化。加快推进城乡发展一体化的核心，就是要改革城乡二元体制，废除城乡不平等的制度安排，建立城乡平等的公共政策，实现城乡居民权利平等。通过城乡一体化改革，一方面使农民不再是一种不平等的户籍身份，而是一种平等的职业身份；另一方面使农业这种职业与其他所有职业一样，平等向全体人员开放，农业不再是传统户籍农民才能从事的封闭性产业，而是所有人都可以选择的现代开放性产业。此外，通过改革，使农业成为有希望的体面产业，使农民成为有尊严的现代劳动者。要围绕上述目标，全面深化包括户籍制度在内的各项改革。按照以人为核心的新型城镇化的要求，加快推进农民工市民化，鼓励和帮助城乡居民带着财产和家庭进行双向流动，自由的选择职业和居所，特别是要重点保护家庭的价值，切实让城乡居民在城乡之间自主追求人生理想和幸福生活。

（二）按照创新农业经营主体的要求，加快培养新型职业农民

加快培养新型职业农民是有效应对农村人口老龄化的人力资源保障。"有文化，懂技术，会经营"的新型职业农民是与现代农业的规模化、集约化生产

经营相适应的，要加快建立新型职业农民制度。北京市目前的农业劳动力平均年龄大、受教育程度低，科技与创新能力不足，仍属于体力型和传统经验型农民。首先，在稳定现有农业劳动力群体、提高其科学种田技能、营销拓展能力的基础上，加大对专业大户、家庭农场经营者、农民合作社带头人、农业企业经营管理人员、农业社会化服务人员、返乡农民工的培养培训力度。其次，依托北京市郊区这一特殊位置和有利条件，促进一二三产业整合发展，大力发展休闲农业和乡村旅游业这一郊区农村经济新的增长点，鼓励和帮扶农业劳动力开展多种形式的休闲旅游观光采摘营销模式，切实提高农民的农业就业收入。再次，高度重视外来务农人员的重要作用，非京籍外来务农人员已逐渐成为北京市农业劳动力的重要组成部分，是应对农业劳动力老龄化最直接的重要力量，各级各部门要从现代农业发展的战略高度，妥善解决其农地经营权、基本公共服务等诸多现实问题，维护外来务农人员的基本权益。最后，着力吸引一批拥有农业学科背景、立志农村经济发展的青年农业接班人加入到北京农业行业中来，大力培育"现代农业创客"，为他们加快成长为京郊现代农业的"新农人"创造条件、提供服务，推动新时期"互联网＋农业"的大发展。

（三）按照发展农业适度规模的要求，加快引导农村土地经营权有序流转

加快引导农村土地经营权有序流转可以将分散的土地集中化，这有利于农业从劳动密集型向资金技术密集型转变，是有效应对农村人口老龄化的现代农业保障。从本文调查结果可以看出，北京市农村居民具有较强的土地流转意愿。根据 2014 年 11 月中共中央办公厅、国务院办公厅印发的《关于引导农村土地经营权有序流转发展农业适度规模经营的意见》，坚持农村土地集体所有，实现所有权、承包权、经营权三权分置，引导土地经营权有序流转，坚持家庭经营的基础性地位，积极培育新型经营主体，发展多种形式的适度规模经营，巩固和完善农村基本经营制度。一要加强农村土地承包经营权流转的管理与服务，为农民的自愿流转土地提供有效的服务指导，尤其应重点帮助有愿意耕种土地的小部分种植大户获得流转土地。二要建立健全土地承包经营权市场，完善农村产权交易，鼓励和规范农民以转包、出租、互换、转让等多种形式流转土地承包经营权。三要建立农民土地流转价格合理增长机制，确保承包农户和经营者的共同利益。四要把建立健全农业社会化服务体系作为农业适度规模经营的重中之重，克服片面理解和追求农业生产规模的倾向，同时要切实提高农村社会支持政策的针对性，包括为老年农业劳动力提供农业生产实用技术和技能，完善农业生产的产前产中以及产后的生产资料与品种供给服务，建立农业存量劳动力交流信息平台等。

（四）按照实现城乡基本公共服务均等化的要求，加快提高农村居民社会保障水平

提高农村居民社会保障水平是实现城乡基本公共服务均等化的重要组成部分，也是有效应对农村人口劳动力老龄化的社会福利保障。从城乡方面来看，目前北京市已经建立了城乡一体的居民养老保险制度和居民大病医疗保险制度，但农村老年人受累积劣势影响，大部分只领取城乡居民老年保障福利养老金，大病可以在起付线以上报销部分医疗费用，另外农村居民最低保障标准也要低于城市居民。从行业方面来看，农业这个产业并未建立由职工基本养老保险、基本医疗保险、工伤保险、失业保险和住房公积金组成的保障制度。当前要着力完善农村人口的社会保障和社会福利，保障农业老年劳动力的收入和健康福祉，提高农村老年人的养老服务水平。一是建立涵盖农业在内的新型社会保障制度，使职业农民能与其他行业就业人员一样享受均等的社会保障待遇。二是进一步完善村级医疗服务，做好农村老年人的慢性病预防与控制，并逐步为农村中老年人提供完善的医疗保健服务。三是鼓励各村级社区根据本村实际情况提供农村养老服务，总结现有农村养老服务模式的特点、适用性及可行性并加以推广，构建以村为中心的老人集中居住模式，鼓励空巢老人到居住区集中居住，完善居家养老服务体系，提高养老服务质量和水平。此外，要以服务为导向，大力发展健康养老服务产业。

（五）按照留住乡愁的文化理念，尊重老年人的劳动权利和耕种意愿

对于很多农业老年劳动力来说，种地不仅是为了维持生计，它已经成为一种习惯性的劳动，一份对传统生活的追思，一项愉悦身心的锻炼。而实际上，这也是"乡愁"的一种，是乡村的农耕文明在不断被城市的工业文明冲击后的自我保留，体现了老一代人对土地深深地眷恋和依赖，也是农业文明不断延续与发展的重要体现。按照留住乡愁的文化理念，这份固执和留守是应该被包容和尊重的。当农田机械化生产、组织化管理、市场化运营成为一种常态，仍有这样一群愿意面朝黄土背朝天、精耕细作、自给自足的小农，对曾经祖祖辈辈这样生活的炎黄子孙难道不是一笔宝贵的精神财富吗？对于这部分老年人群体，我们应当理解他们的生活方式，尊重他们的自由选择，提供相应的农业技

术支持与公共服务，尽量降低农业老年劳动力的农业劳动强度，维护老年人的劳动权利和耕种意愿，保证他们享有健康幸福的晚年。

参考文献

白南生，李靖，陈晨．子女外出务工、转移收入与农村老人农业劳动供给——基于安徽省劳动力输出集中地三个村的研究［J］．中国农村经济，2007（10）．

杜鹏，丁志宏，李全棉，等．农村子女外出务工对留守老人的影响［J］．人口研究，2004（6）．

姜向群，刘妮娜．我国农村老年人过度劳动参与问题研究［J］．中州学刊，2013（12）．

克拉克．经济进步的条件［M］．北京：商务印书馆，1940．

李澜，李阳．我国农业劳动力老龄化问题研究——基于全国第二次农业普查数据的分析［J］．农业经济问题，2009（6）．

李昱，赵连阁．农业劳动力"老龄化"现象及其对农业生产的影响——基于辽宁省的实证分析［J］．农业经济问题，2009（10）．

李宗才．农村劳动力老龄化研究及对策［J］．科学社会主义，2007（6）．

查瑞传．查瑞传文集［M］．北京：中国人口出版社，2001．

周春芳．发达地区农村老年人农业劳动供给影响因素研究［J］．人口与经济，2012（5）．

朱启臻，赵晨鸣．农民为什么离开土地［M］．北京：人民日报出版社，2011．

原载《湖南警察学院学报》，2015 年第 4 期

北京市乡村治理现状及问题研究

——以北京市怀柔区北沟村为例

张英洪　刘妮娜　刘雯

北京怀柔区渤海镇北沟村是怀柔区长城国际文化村所辖的四个行政村（田仙峪村、北沟村、慕田峪村和辛营村）之一，占地 3.22 平方公里，全村 138 户，户籍人口 350 人。该村有党员 32 名，村干部 5 名，居住有外国国籍人员 17 人。2004 年以前，北沟村是渤海镇远近闻名的贫困村，村集体外欠 80 余万元贷款，人均年纯收入不足 5 000 元。2004 年北沟村成立新的领导班子，到 2014 年该村人均纯收入达到 19 000 多元。经过十年的建设和治理，该村探索出了"以法治村、以文化人、以业兴村"的村庄治理之路。

一、北沟村治理的主要做法

2003 年冬，在外地经营琉璃瓦厂的王全回到村里，于 2004 年 4 月经全村党员大会民主选举当选为北沟村党支部书记。2013 年王全当选为第十二届全国人大代表。在王全的带领下，北沟村探索出了一条村庄治理的新路子，比较合理有效地解决了农民增收难、农产品销售难、乡村环境整治难、乡村公共服务提供难、乡村矛盾调处难等问题，取得了较好的村庄治理绩效。从 2004 年到 2014 年十年间，北沟村已先后获得全国民主法治示范村（2009 年）、全国先进基层党组织（2011 年）、全国文明村镇（2011 年）、中国最有魅力休闲乡村（2012 年）等几十项国家级、北京市级荣誉称号。北沟村治理的主要做法和特点有以下几个方面：

一是树正气，重塑村庄精英政治生态。孔子说："政者，正也。子帅以正，孰敢不正。"立身以正，执政以正，言行以正，这是中国政治思想的黄金定律。唯有立身正、为政正，才能聚人心、合众力，开拓施政新局面。王全作为中国最基层的村庄政治精英，他明白正义、正气、正直对一个村庄政治生态和治理的价值和意义。首先，村书记带头放弃企业经营。一段时期以来，我国不少地方鼓励和倡导能人治村。一些善于经商投资的所谓能人纷纷当上了村干部。能人治村有一定的积极意义，但也不能忽视其严重的消极影响。善于经商投资的能人当上村干部后，一手掌握村庄公共权力，一手谋划个人经商发财，这种权钱不分、官商不分的体制极易造成村庄治理腐败，败坏村庄政治生态。王全担任北沟村党支部书记后，主动放弃自己经营多年的琉璃瓦厂，并规定北沟村"两委"干部的家属不能参与村内工程的施工。一个村庄的草根书记能有这种认识和境界，确实令我们调研人员感叹。其次，村党员干部带头做好服务。为人民服务是执政党的宗旨，应是党员干部的职责所系。但在实际工作中，一些党员干部宗旨观念淡薄，言行官僚化。针对这些问题，该村在村党支部书记的带领下，坚持从小事做起，告别官僚习气，强化服务意识。该村党员干部每人认领了一片卫生区，32 名党员分成 6 个小组，每 1 名党员帮带 10 位村民，每月 5 日早晨村里党员带领本小组成员打扫村庄卫生。村党员干部用实际行动在村民心目中树立起"能干事、干实事"的形象，同时也激发了村民参与村庄公共事务的积极性。再次，村党员干部带头强化责任。2004 年之前不少党员干部利用权力和地位在自家宅基地或村里闲置土地上乱堆乱建，或因侵犯其他村民利益而产生民事纠纷。为避免党员干部滥用职权谋取私利，北沟村"两委"班子讨论决定，凡党员干部提出的纠纷均不予解决。久而久之，党员干部身兼帮扶帮带的责任，权力在他们手里逐渐转变成帮助村民的工具，而非谋取私利的手段。

二是定规矩，培育村庄内生规则意识。无规矩不成方圆。不管是国家，还是村庄，要有好的治理，都必须定规矩，按规矩办事。国家层面按规矩办事，就是依法治国、依法执政、依法行政；村庄层面按规矩办事，一个重要方面就是要将国家法律法规与当地民情习俗实际结合起来，制定村规民约、遵守村规民约、执行村规民约。只有走依法依规治村的路子，让村干部和村民都具有规则意识，村干部和村民的文明素质才会逐步提高，村庄的文明秩序才能内生性地建立起来，村庄治理才能稳定有序地运行。我们在调研中发现，该村的村规民约有四个鲜明特点：一是决不照搬照抄外村经验，完全立足本村实际。与一些村照搬照抄外村的村规民约不同，北沟村村规民约完全是结合该村实际情况一条一条讨论研究制定出来的，充分体现了当地的实际情况，符合全体村民的基本诉求。二是经过严格的民主讨论和通过程序。北沟村村规民约经过村支部提议、村"两委"商议、党员大会和村民代表会讨论，村民代表大会同意通过，村民代表签字，同时印制成册，每户一本。三是村规民约涉及村干部和村民生产生活的各个方面，非常具体详细。现行的村规民约涵盖 25 个大的方面、260 余项具体规定，内容非常详尽，切合实际，体现了该村治理上的精细化水平。四是保持了村规民约的连续性、长期性。现行村规民约于 2007 年 12 月 29 日经全体村民代表会议讨论通过，2008 年 1 月 1 日起实行。2009 年 7 月 15 日，该村又制定和通过了补充条款。2010 年 8 月 16 日，该村第 8 届村民代表会议通过决议，明确第 8 届村委会今后 3 年继续执行《北沟村村规民约》。

三是明责任，强化村庄干部责任担当。2012 年习近平总书记在首都各界纪念现行宪法公布施行三十周年大会的讲话中指出："有权必有责，用权受监督，失职要问责，违法要追究，保证人民赋予的权力始终用来为人民谋利益。"大到中央领导，小到村庄干部，拥有权力就意味着担当责任，就要为人民谋福利，就要接受群众监督。北沟村本着"村庄政务公平公正透明"的原则，实行村干部责任制，将村庄事务明确落实到了每名村干部身上。一是实行工作目标管理，强化村干部责任。北沟村每年都将本村年度评星晋级争创措施落实到党支部和村委会班子的责任人，并贴在村委宣传栏里进行公示；村里各家各户的居家动态、村委会服务项目、负责村干部名单，都通过张贴、开会等形式让村民知晓，做到按制度办事，有据可依、有章可循、有人可问。二是进行自我监督和群众监督。坚持每季度开展一次述职述廉，领导班子和"两委"干部及时向群众公开决策事项、资金使用、履职情况等。三是扩大村民自治与多方参与。挑选村里老书记、老干部、党员代表及能力突出、口碑较好的村民，组建村级事务顾问组，参与村里重大决策事项。村"两委"每年集中为村民解决一次纠纷，村级事务顾问组成员与村干部共同为纠纷做出裁断。

四是强服务，推动村庄权力转型。党的十八大报告明确提出，要"以服务群众、做群众工作为主要任务，加强基层服务型党组织建设。"这是党的基层组织执政方式和工作方法上的重大改变。2014 年 5 月中共中央办公厅发布《关于加强基层服务型党组织建设的意见》进一步明确农村服务型党组织的服务内容，即要围绕推动科学发展、带领农民致富、密切联系群众、维护农村稳定搞好服务，引导农民进行合作经营、联户经营，开展逐户走访、包户帮扶，及时办理反馈群众诉求，帮助群众和困难党员解决生产生活、增收致富中的实际问题。近年来北沟村不断推动村庄权力转型，从村庄权力管治型转向服务型，加强服务型党组织建设，力求为村庄经济社会发展服务，为村民增收致富和安居乐业服务。该村从一件件惠及经济民生的实事、好事抓起，树立服务意识，推动服务兴村。2005—2015 年，北沟村竭力为外国人投资兴业服务，克服许多困难，终于陆续将几块闲置宅基地租给外来居住和投资的外国人，这些外国人最多投资 2 700 万元建设农家乐，提高了北沟村的知名度，还解决了村里 30 人左右就业。这些投资在租赁到期后也将无偿赠予北沟村。为保护村民板栗销售价格、降低销售成本，解决农户与市场的对接难题，北沟村成立了村级板栗种植合作社，2015 年以市场价收购社员板栗，再统一以 5 元/500 克的价格卖给板栗大户，去除开支后将剩余收益以分红的形式返还社员。为解决留守老人"无处娱乐、无人照料"的问题，2015 年北沟村在上级有关部门的支持下，投入 100 多万元建设村老年活动站，并于 2015 年 12 月建成使用。该老年活动站将为村庄老年人提供免费洗澡、用餐、体检和日常娱乐活动等服务项目。

五是讲道德，夯实村庄价值认同。对于一个国家、一个民族、一个集体来说，最持久、最深层的力量是拥有共同认可的价值观。伴随农村经济市场化和工业化、城镇化的快速推进，北沟村也面临传统农耕文明消失、家庭组织形式和功能转变、乡村社会价值淡化等问题，邻里纠纷、婆媳矛盾等时有发生，人心不齐，凝聚力不强。为此，北沟村"两委"决定重拾中华优秀传统文化和传统美德，夯实乡村建设的基石，为乡村道德文化建设提供一套结构和符号化的学习标准。首先，该村定期组织村民学习《弟子规》《三字经》《论语》《庄子》等传统经典，并不定期开展村民演讲、村干部宣讲、儿童表演等文化活动，形成了"周一听（村级广播）、周中看（宣传橱窗）、周末围着屏幕转（数字影院）"的立体式学习模式。其次，村集体以传统文化建设为主题修缮乡村基础设施，在村里主要街道两边安装了美德壁画 60 余块，建设以《二十四孝》《三字经》《弟子规》等传统文化经典故事为主题的千米浮雕文化长廊，设计文化雕塑 4 尊，在村务办公室、民俗餐厅、农家院悬挂字画 200 余幅，营造了浓厚的文化氛围。此外，北沟村还围绕文明创建的主题，坚持开展"十星级文明户""好公婆""好儿媳"评选活动，树典型、勤宣传，引领村民文明向善，尊老爱幼让家庭更和美，守望相助让邻里更和谐，天下归仁让乡风更文明。

六是兴产业，打造国际文化新村。发展产业是村庄兴盛的物质基础，也是村庄治理的重要环节。北沟村依托慕田峪长城这一自然地理优势，重点打造了以传统文化与国际文化相融合为特色的休闲旅游产业，成功探索出了一条产业兴村之路。2005 年，美籍华人唐亮女士在北沟村投资建设了商务会所——"小庐面"，揭开了外国居民入住北沟村的历史。在唐亮女士的牵线搭桥下，陆续有 12 户来自美国、加拿大、荷兰等国家的外国朋友在北沟村安家置业。受外来元素的刺激和影响，一批展示京郊民俗、健康时尚的农家院也开始出现在北沟村。其中，由村集体出资建设、由扎根农村创业的大学生"村官"经营管理的"北沓兒乡情驿栈"尤为突出。这个集绿色蔬菜种植、虹鳟鱼养殖、民俗餐饮住宿以及土特产品销售于一体的农家院，开业一年半，已接待旅游观光者6万多人次，创旅游综合收入200万元，纯利润达到60余万元。目前，怀柔区渤海镇已基本形成了"吃在田仙峪、住在北沟村、游在慕田峪、购在西营村"的连片国际文化乡村旅游带。

二、北沟村治理面临的主要挑战

2004年以来，北沟村经过十多年的发展，已经旧貌换新颜，成为远近闻名的明星村。但是，在快速发展的同时，也面临许多深层次的矛盾和挑战。

一是人口老龄化对村庄治理的挑战。从北沟村实际情况来看，人口老龄化问题相当严重。2015年全村138户，户籍人口350人，其中50～60岁的有80人，60～70岁的有40人，70岁以上42人。50岁以上户籍老年人口所占比例达到46.2%，60岁以上户籍老年人口所占比例达到17.7%，二者均高于北京市农村人口老龄化的平均水平。而如果不将外出打工的户籍人口包括在内，常住在村里的人口的老龄化率将会更高。由于村干部收入待遇不高，村里中青年人更愿意选择外出打工挣钱。村干部全职少、兼职多，除王全书记与两名"村官"以外，其余村干部均是兼业，或经营家里土地，或在附近工厂打工。村庄人口老龄化的直接挑战是，面对一帮老人，村庄精英如何推进治理？随着治理精英的老龄化，又如何保障村庄治理精英的正常更替与后继有人？当前，北沟村的治理绩效，是与村庄政治精英王全书记个人的工作作风、办事能力密不可分的。但在缺乏村庄治理年轻人才正常成长机制的情况下，该村如何长期保持和提升现有的乡村治理水平，面临很大挑战。

二是外国人聚居生活对村庄治理的挑战。我国以土地为基础的集体所有制村庄具有高度的封闭性。改革开放以来，村庄人口的封闭性开始打破，人口流动加快，既有本村人口流出，也有外地人口流入。而北沟村则具有国际性的特点，一些外国国籍的人进入该村投资生产和定居生活。2010年6月，43个国家的大使来到北沟村现场观摩了村委会换届选举。北沟村还被外交部列为展示我国新农村基层民主建设的"窗口"。如何在包容外国人参与的情况下完善村庄治理，是村庄开放时代的一个新课题，这对传统的以村庄封闭为特征的村民自治模式提出了新挑战。一方面，在该村投资创业生产生活的外国人，如何参加村庄公共治理？现行《村民委员会组织法》规定："年满十八周岁的村民，不分民族、种族、性别、职业、家庭出身、宗教信仰、教育程度、财产状况、居住期限，都有选举权和被选举权。"其中"户籍不在本村，在本村居住一年以上，本人申请参加选举，并且经村民会议或者村民代表会议同意参加选举的公民"也可以参加村委会选举。但这是针对具有本国国籍的流动人口而规定。对于具有外国国籍而定居本村的人，有关法律法规没有做出明确规定。另一方面，在该村投资创业生产生活的外国人，如何享受基本公共服务？基本公共服务既有国家层面的基本公共服务，又有村庄层面的公共服务。在该村投资创业生产生活的外国人，按规定缴纳税收，应当享有基本公共服务，但如何向外国人提供基本公共服务，缺乏应有的规定。最后，在该村投资创业生产生活的外国人，如何融入村庄社会文化生活？这是不同文化的人的融合。在这方面，北沟村已经有所探索。该村外国居民享有"荣誉村民"称号，他们在每年春节和重阳节，会为村民提供一些财物捐赠，进行交流融合。村民对外国人具有较强的生活包容性，这也体现中华文化的博大宽广。但如何在制度上创新包容性的村庄治理模式，需要继续改革探索。

三是政经不分对村庄治理的挑战。在我国农村，村党支部、村民委员会、农村集体经济组织是三类最重要的基层组织。根据《中国共产党农村基层组织工作条例》规定，村党支部领导和推进村级民主选举、民主决策、民主管理、民主监督，支持和保障村民依法开展自治活动，领导村民委员会、村集体经济组织和共青团、妇代会、民兵等群众组织，支持和保证这些组织依照国家法律法规及各自章程充分行使职权。需由村民委员会、村民会议或集体经济组织决定的事情，由村民委员会、村民会议或集体经济组织依照法律和有关规定作出决定。根据《中华人民共和国村民委员会组织法》规定，村民委员会是村民自我管理、自我教育、自我服务的基层群众性自治组织，实行民主选举、民主决策、民主管理、民主监督。村民委员会办理本村的公共事务和公益事业，调解民间纠纷，协助维护社会治安，向人民政府反映村民的意见、要求和提出建议。目前，农村集体经济组织还没有专门的国家立法，根据《宪法》和《农业法》等法律，农村集体经济组织是我国农村集体经济制度的主要组织形式，它的主要职能是做好集体资产的管理工作，使集体资产得到合理利用和有效保护，并确保集体资产的保值增值。村党支部、村委会、村集体经济组织三者之间职能不同，性质各异。但长期以来特别是在人民公社时期形成的"政社合一"体制，至今未能得到改革，相反在某些方面还得到了强化。2000年以来，北京市倡导农村党支部书记和村委会主任"一肩挑"。2013年北京市村委会换届选举结果显示，北京市村党支部书记兼村主任的比例为65.7%，顺义区农村"一肩挑"的比例高达 87%。北京农村还有许多村党支部书记兼任集体经济组织负责人。在农村实行村党支部、村委会、集体经济组织负责人"一肩挑"，有其突出的正面效果，尤其是有利于"集中力量办大事"，提高上级政府交给村级各种事务的办事效率，但其负面影响同样巨大。2014 年 7 月，中央巡视组针对北京市巡视后反馈，发现北京"小官巨腐"问题严重。2014 年 5 月 12 日中央纪委监察部网站通报了 4 月 28 日至 5 月 9 日两周期间，各级纪检监察机关查处的 237 件违反中央八项规定精神典型案件，其中涉及北京 4 名村书记、主任"一肩挑"的村干部因违规接受礼金、违规向亲属等人发放占地补偿款、冒领专项补贴等问题受到处罚。2014 年 10 月，北京市委关于巡视整改情况的通报中，公布了部分"小官巨腐"问题，比如海淀区西北旺镇皇后店村会计陈万寿挪用资金高达 1.19 亿元。2015 年 1—9 月北京市立案 1 399 件，其中查处"小官贪腐"329 人。绝对权力引发绝对腐败，这条政治学的黄金定律，在村庄政治中同样适应。

除了上述村庄治理的挑战外，还有许多问题在制约和影响村庄治理的法治化和现代化，比如农村集体产权制度改革、城乡一体化发展体制机制、农村社会组织的成长发育、乡村新乡贤的培育发展，等等。

三、完善乡村治理几点建议

乡村治理是一个涵盖经济、政治、社会、文化和生态等各方面的综合体，需要进行综合改革和创新完善。限于篇幅，我们仅从以下几方面提出几点对策建议：

一是健全养老服务体系。根据本次调研发现，北沟村人口老龄化日益严峻，同时农村老年人基于孝道伦理和家庭资源对子女的约束力和控制力降低。那么在老年人的经济收入得到一定保障（如每月养老金 350 元）的情况下，如何解决那些高龄、失能、丧偶老人的"无人照料"难题，成为现代乡村治理的重要内容。应加快建立健全农村养老服务体系，通过增加社会照料服务补充家庭照料的不足。具体来讲，政府要增加对农村养老服务事业的财政转移支付，重点加强对高龄、丧偶、失能、留守等特殊困难老年人的托底保障作用。可通过减免税收、购买服务等优惠政策和扶持措施鼓励农村富余劳动力开办小型家政护理公司，村民自治组织可培育发展福利性或非营利性社会组织；政府则通过购买服务的方式，满足高龄、丧偶、失能的贫困留守老年群体的养老/照护难题。在进行托底养老、福利养老的同时，应充分发挥市场作用，促使不同层次、多样的养老服务企业在农村地区生根发芽，逐渐尝试提供有偿老年饭桌、上门做家务等服务，更好地满足不同层次农村老年人的养老服务需求，提高老年人的生活质量。在人口老龄化中，各级政府要把发展养老事业作为重中之重，纳入国民经济和社会发展规划，对养老事业要全方位给予政策引导和支持保障。

二是推行村庄政经分开试点。根据治理法治化和现代化的新要求，应抓紧完善村级治理体系，推行村庄政经分开试点，探索村党支部、村民委员会、集体经济组织职能和权限分开，厘清三者的权责关系。一是要推行职责分开。进一步明确村党支部、村委会、村集体经济组织的职责。村党支部作为执政党在全农村的基层组织，具有贯彻执行党的方针政策、领导和推行村级民主自治、讨论决定村级经济社会重大问题、加强党员干部的教育和监管等职责，重点是要加强从权力型组织向服务型组织的转变，将为人民服务的根本宗旨转化为服务群众的实际行动，全体党员要成为农村社区的志愿者和义工。村党支部要以服务体现宗旨，以民主推动自治，以法治维护权益，以监督保障公正。村委会作为村民民主自治组织，重在尊重村民意愿，保障村民参与公共事务，为村民提供各项公共服务，维护村民各项合法权益，实现村民在村庄范围内当家做主。村集体经济组织重在发展村庄集体经济，加强集体资产经营管理，完善法人治理结构，保障集体经济组织成员所有权、参与权、监督权和收益分配权。二是要推行人员分开。村党支部、村民委员会、集体经济组织负责人不宜简单提倡"一肩挑"，应当分开设立，民主选举，不得相互兼任。村党支部书记由全村党员直接民主选举产生，对全体党员负责，依照有关党组织规定开展工作，重在发挥先锋模范带头作用。村委会主任由全体村民直接民主选举产生，依照村民委员会有关法律法规行使职权，对全体村民负责，重在推行村民自治，加强村庄公共管理和公共服务，保障和体现村民当家做主。集体经济组织负责人由集体经济组织民主选举产生，对集体经济组织成员负责，依照有关法律和章程开展经营管理活动，维护集体资产权益。在村庄治理中，要处理好官治与自治的关系，纠正官治独大，强化自治功能。要破除有关体制机制障碍，打开城乡人才流动壁垒，培育和造成有利于推动乡村治理民主化、法治化的新乡贤人才队伍。三是要推行账务分开。对村党支部、村民委员会、村集体经济组织要分别建立财务制度，实行分账管理。村党支部财务收入主要来源于党员缴纳党费、上级党组织和财政适当补贴、社会捐赠等，村民委员会收入主要来源于政府财政拨款、村集体经济收入合理分配等，村集体经济组织收入主要来源于经营管理收入、政府扶持补贴收入等。村党支部、村民委员会、村集体经济组织的支出也须遵守财务会计制度。

三是加强村庄社会建设。在村级党组织、自治组织、群团组织和集体经济组织之外，还需大力培育和发展社会组织，加强社会建设，改变强官治—弱自治、强政府—弱社会的治理格局，促进党群组织、自治组织、经济组织、社会组织的多元发展，实现从行政权力支配型村庄治理模式向社会自主服务型治理模式转变。要重新认识传统民间组织如宗族组织、邻里组织、乡贤组织的积极功能，实现传统民间组织的创造性转化，使其与现代民主法治元素有机结合，成为有效维护村庄社会秩序、适应现代民主法治发展要求的现代公民社会组织。就现阶段来讲，应重点发展的社会组织主要有：一是养老、敬老、助老的志愿服务组织。如成立尊老敬老服务社、爱心互助社、亲子活动站、老年人协会等，为老人提供社会化服务和帮助。可以在北沟村试点，建立农村社会工作站，通过政府购买服务等方式聘请社工团队进行运作，发挥其专业化、职业化优势，指导并参与各类社会服务组织建立和工作开展。二是公益慈善组织。制定法律法规，鼓励和引导社会资本投资建立各种类型的社会公益慈善组织，维护和促进村庄公共利益，帮扶社会弱势阶层。三是维护村庄公共利益和村民个人权益的维权组织。比在农民专业合作社的基础上，发展多种形式的农民合作社，借鉴日本、韩国等地经验，发展综合农协，允许和鼓励农民组织起来，共同抵御自然风险、市场风险和社会风险。上述各种社会组织，都应当建立包容性的民主机制，吸纳外来常住人口包括外国人有序参与村庄经济发展、公共治理、社会服务和生态文明建设。要在法治的框架中，通过大力培育和发展社会组织，加快构建村庄多元社会治理结构。

参考文献

俞可平. 论国家治理现代化（修订版）[M]. 北京：社会科学文献出版社，2015.

张英洪，等. 北京市外来农民工基本公共服务政策研究 [J]. 北京农业职业学院党报，2014（2）：65-72.

原载《北京农业职业学院学报》，2016 年第 2 期

北京市平谷区西寺渠村治理情况
调研报告

党的十九大报告提出健全自治、法治、德治相结合的乡村治理体系。2018年9月中共中央国务院印发的《乡村振兴战略规划（2018—2022年）》指出，建设"三治结合"的乡村治理体系，应以自治为基、法治为本、德治为先。乡村基层法治建设是我国依法治国的重要内容，2003年以来，司法部和民政部联合开展了全国民主法治示范村创建工作，截至2018年7月，全国已经开展了七批评选，全国3 335个村获得"全国民主法治示范村"荣誉称号，其中，北京市有58个村先后获得"全国民主法治示范村"荣誉称号。2018年9月底，我们对已经于2015年获得"全国民主法治示范村"称号的平谷区平谷镇西寺渠村开展调研。

一、基本情况

西寺渠村位于北京市平谷区平谷镇，坐落在洵河北岸，南与平谷音乐环岛隔河相望，是平谷镇政府所在地，也是典型的城中村。西寺渠村域面积0.6平方公里，其中耕地125亩。全村共774户，3 136人，其中农业人口248人。该村外来人口1 000余人。全村共有党员80人，其中男性党员58人，女性党员22人；60岁以上党员48人，40岁以下党员9人。2016年换届选举选民1 163人，村民代表35人。

由于城市化和工业化发展，自20世纪70年代开始，西寺渠村集体土地陆续被区政府和城市建设所征占。当时征地补偿标准非常低，失地农民没有得到合理的安置，该村在2007年以前一直是村集体经济发展滞后、社会矛盾突出、群众频频上访、党组织软弱涣散村。2007年以后，西寺渠村开始探索加强法制宣传，以法治村，发展壮大村集体经济，农民生活得到显著改善，社会和谐稳定。2010年西寺渠村在平谷区司法所推动下，获得"平谷区民主法治示范村"；2012年，西寺渠村荣获"北京市民主法治示范村"；2015年，该村获得国家司法部第六批"全国民主法治示范村"荣誉称号。

二、主要做法

(一) 推进村民自治

西寺渠村党组织充分发挥核心作用，利用 2010 年村委会换届的契机，加大对《中华人民共和国村民委员会组织法》的宣传和执行，坚持依法建制、依法治村、民主管理，以村民自治为主，突出体现了村民自我管理、自我服务、自我教育原则。一是抓好民主选举环节，加强组织建设，通过民主选举优化了村委干部结构，加强了基层村民自治组织建设。二是抓好民主决策环节，完善村民自治机制。村民委员会进行决策时，充分发扬民主，对涉及到群众关心的热点、难点问题必经村委研究，由村民会议讨论通过。凡涉及村民利益的事项、宅基地使用等问题都提交村民会议和村民代表会议讨论决定，在全村营造了一个村民直接参与管理村中事务的良好氛围。三是抓好民主管理环节，依法规范村民自治。村内民主管理制度健全，制定完善了《村民自治章程》《村治保调委会的职责》《村规民约》《村务、财务公开制度》等 36 个制度，建立了有关生产、财务、治安、计生、党员干部目标管理等各项规章制度，提高了村级民主管理的水平，特别是党员目标岗位责任制的创建得到了各级的肯定。四是抓好民主监督环节，把村委会的工作始终置于广大群众的监督下。实行村务、财务两公开，民主管理、民主监督逐步规范，村委会每季度向村民公布一次村内财务及村务，做到给农民群众一个明白，推动了农村基层廉政建设，密切了干群关系，村民自我管理、自我教育、自我服务、自我监督的机制不断优化。

(二) 壮大集体经济

西寺渠村充分发挥党支部的核心作用，依托自身资源优势，规范本村集体所有的农贸市场运营，建立了市场管理规范制度，壮大集体产业，为村民谋福利，改善了民生，得到村民拥护。目前，西寺渠村集体经济收入主要来源于农贸市场租金、集体房屋租赁、滨河森林公园占地租金等，每年收入560 万元左右，主要用于公益事业和发放村民福利。全年为全村户籍人口过四个节，即五一、十一、元旦、春节，每个节给每个人发放 200～250 元财物。每年给农业人口每人发放粮食补 500 元，非农业人口发放价值 200 元的米面。

（三）推动环境整治

经村"两委"班子研究决定、村民代表大会决议，西寺渠村从 2018 年 3 月 1 日开始实施环境考评机制。一是对每家每户实行门前"三包"责任制，与村民签订责任书，做到严禁用煤烧柴，门前没有垃圾堆放。二是与村里发放的各项福利挂钩，日检月考，对于门前"三包"实行优奖劣罚，每月未达标三次取消本季度村里发放的各种福利。三是建立环境台账，外来租房户未达标追究房主责任，租赁集体场地外包或在本村购买民房户环境不达标，村委会采取停水措施，并按未达标次数给予处罚，并承担清理垃圾、堆放物的各种费用，同时在村公开栏曝光。

（四）加强文化宣传

在区、镇政府和相关部门的帮助下，西渠村实现了普法有阵地、普法有平台的法制文化宣传机制，实现了送法进农村。一是建立普法阵地。2011 年年底以来，西寺渠村先后建设了法制文化长廊、"国策园"、橱窗与电子显示屏一体的普法长廊、村级法律阅览室、以温馨家园为依托，建立法制教室和普法茶馆作为法制讲座的阵地。二是搭建普法平台。在法制文化长廊内，法制宣传栏内张贴了《北京市城乡无社会保障老年居民养老办法》《北京市禁止违法建设若干规定》《中华人民共和国村民委员会组织法》《中华人民共和国保护法》《中华人民共和国老年人权益保障法》《中华人民共和国婚姻法》和信访条例等各类法律文件。在西寺渠村文化活动中心，定期组织村民学习法律知识，让农民学法、懂法、守法。三是充分发挥法制村长和法律服务室的作用，协助村委会完善法制宣传平台。通过开展"送法下乡""法律进村入户"及广播、法制文艺节目等方式提高了农民的法律意识和法制观念，增强了民主选举、民主决策、民主监督、民主管理的意识和能力，促进和保障了农村社会稳定、经济发展。四是将法治与德治相结合，西寺渠村还在村西建设了孝爱文化广场，在西寺渠村文化活动中心，设立了道德讲堂和"二十四孝"宣传专栏，弘扬夫妻和谐、孝老爱亲的家风、民风。西寺渠村不仅从舆论上宣传孝爱文化，从实际行动上体现对老年人的关爱。该村为每月给 55～65 岁农业户籍人口 750 元生活补贴，给 65～70 岁农业户籍人口 800 元生活补偿，给 70 岁以上农业户籍人口每月 850 元的生活补偿，总人数达到 100 余人。此外，给 70 岁以上老年人每天免费提供 250 克牛奶，给 70 岁以上老年人送生日蛋糕。

（五）设立法律专员为村民提供法律援助

西寺渠村"两委"在西寺渠村温馨家园设立了平谷镇温馨家园法律服务工作站，设立站长 1 名、工作人员 1 名、协调人员 3 名，站长和工作人员为平谷镇法律服务所主任和工作人员，协调人员主要由平谷镇残疾人联合会理事长、平谷镇司法所所长、西寺渠村书记担任。法律服务工作站每周二下午定期为村民提供法律咨询和援助服务。法律援助的范围主要包括残疾人请求国家赔偿的，请求给予社会保险待遇或者最低生活保障待遇、抚恤金、救济金，赡养费、抚养费，支付劳动报酬、因家庭暴力、虐待、遗弃、合法权益受到侵害，请求司法保护的；因交通事故、工伤事故、医疗事故、产品质量事故以及其他人身伤害造成残疾人人身伤害请求赔偿的。同时，派驻本村开展法律服务的专职律师，负责开展普法讲座、法律咨询、化解矛盾纠纷的调解，针对基层人民调解员和法律工作者开展培训等。通过法律援助工作，方便了群众学法、知法、懂法、守法，遇到纠纷通过法律途径解决，及时化解了村民直接的法律纠纷，推动治理思维法治化，维护了社会和谐稳定。

三、面临的问题与挑战

西寺渠村通过依法治村，加强乡村法制文化宣传，解决了村内党组织软弱涣散、干群矛盾尖锐、村内环境脏乱、经济发展滞后等问题，推动村庄治理走上了法治化道路，形成了干群团结、经济发展、家庭和睦、百姓安居、生态宜居的乡村发展新局面。然而，西寺渠村民主法治建设仍面临着一系列问题和挑战。

据调研，该村民主法治建设主要面临三方面的问题：

一是法治宣传和村务公开形式化。该村"国策园"内开展的"四个民主"宣传，已经非常陈旧，宣传栏的锁已经生锈，这表明该宣传栏已经趋于废弃状态，公示的内容也是几年前的内容。在法制长廊内的宣传栏内公开的法律内容也很久没有更换过。

二是人治思维仍然比较明显。统治思想仍然占据主导，在治理和普法过程中首要考虑的仍然是"维稳"，维稳是工作的初衷和目标。在遇到违法事件时，仍然存在摆平和情理大于法理的思维。

三是在法律宣传方面，主要是对《宪法》《民法》等基本法律的宣传，针对乡村特定的法律法规，比如《土地管理法》《农民合作社法》《森林资源管理条例》等宣传和执行力度不够。

该村在推进民主法治建设方面仍面临较多挑战：

一是外来人口聚居对乡村民主法治提出了新命题。该村属于典型的城中村，外来人口达到 1 000 人左右，占全村常住人口的三分之一左右。根据现行《中华人民共和国村民委员会组织法》规定："户籍不在本村，在本村居住一年以上，本人申请参加选举，并经过村民会议或者村民代表会议同意参加选举的公民"可以参加村委会选举。然而，多数流动人口在常住地并没有依法行使他们参与乡村自治的权利，更没有获得与本地村民同等的村民待遇，如何让这部分人口能够参与到乡村自治、德治、法治相结合的村庄治理中来，是该村民主法治建设的新课题。

二是村民法治观念仍然比较薄弱。村民的法治观念不是与生俱来的，而是在民主实践中逐步形成的。农村普法教育是提高乡村干部和村民群众法治意识的关键。然而，目前全国民主法治示范村的评选标准突出强调了《村民委员会组织法》的落实，更加注重落实的形式方面，对民主法治的本质并没有全面落实；在普法教育中，重点是教育村民知法、守法、用法，在针对乡村干部和村民群众的公民权利、民主参与、民主决策的观念和能力方面的教育比较薄弱。西寺渠村各家各户在宅基地上建筑二层楼房非常普遍，这不符合当前有关农民宅基地建房的规定。可见，西寺渠村村民在守法方面尚未形成实际行动自觉。

三是全国民主法治示范村评选与后续提升脱节。2015 年，司法部、民政部联合发布了荣获第六批全国民主法治示范村称号的名单，这一评选标准依然是依据 2003 年第一批全国民主法治示范村的评选标准。该标准一直延续了 10 余年。2017 年第七批全国民主法治示范村修订了 2003 年的评选标准，由原来的 9 项内容调整为四个方面的 20 项，具体包括村级组织健全有力、民主制度规范完备、法治建设扎实有效、经济社会和谐发展四个方面，在村级组织健全方面，增加了对基层党组织、群众组织的规范和约束，包括对基层党组织党风廉政的要求，并要求村党组织和村委会干部无严重违法违纪行为。在民主制度方面，比 2003 年标准更加细化和完备，从村委会及相关组织产生、村民议事程序、村民自治章程和财务管理制度等制度化、村务公开落实等方面都进行了规定。在法治建设方面，重点强调了农村基层综合治理、法治宣传、村"两委"成员带头遵法学法守法用法、开展法德共建活动、村级公共法律服务和矛盾纠纷调处机制等方面。在经济社会和谐发展方面，重点从乡村集体经济、村级公益事业、村民收入、乡村环境四方面进行了规定。这一标准对村庄法治建设提出了更加细致和科学，体现了当前村庄法治建设的更加高要求。然而，并没有对已经获评民主法治示范村进行持续提升，前面评选出来的民主法治示范村或停滞或倒退。

四、思考与建议

良好的法治环境是实现乡村治理现代化的重要保障，法治思维是乡村自治的重要条件。19 世纪末，英国学者戴西指出"法律至上"是法治的主要特征。我国当代著名学者俞可平教授指出，法治是指宪法和法律成为公共治理的最高权威，在法律面前人人平等，不允许任何组织和个人有超越法律的权力。在推动首都乡村善治过程中，应该高度重视乡村治理法治化，推动乡村各项事业都能纳入法治化的轨道。

（一）提高乡村干部依法治村的意识和能力

一是推动树立依法治村的根本理念，引导各示范村"两委"和村民群众树立将法律作为乡村治理的最高准则和最高权威，将"有法必依"的理念深深植入乡村干部的心里。二是加强乡村干部法律知识培训，严格按照《村民委员会组织法》，推动乡村治理的规范化、制度化、程序化，提高乡村干部依法治村的能力。三是探索各级政府部门与乡村的衔接机制，建立村级法律服务站，推动市区司法机关、律师团队驻村下乡。

（二）进一步完善和提高民主法治示范村评选标准

在全国民主法治示范村建设过程中，更应该注重示范村构建自治、法治、德治相结合的乡村治理体系，推动首都乡村治理现代化。一是在评选标准中增加乡村"三治"结合的治理体系构建的内容，凡参加全市和全国民主法治示范村评选的村，都应该制定了《乡村治理工作规范》，都应该做到了依法实行乡村自治、法治、德治并举，"三治"互相结合。二是将评选村的"两委"干部的法治理念、法律知识储备、依法治村能力作为民主法治示范村的标准之一。三是将村民对自治、法治、德治的满意度纳入民主法治示范村的评选标准。

（三）持续加强民主法治示范村建设

针对已经取得"全国民主法治示范村"称号的村，要进行持续的管理和提升。一方面，民主法治示范村在普法教育中应更加注重普法内容的实用性。在《宪法》《民法》等普及的过程中，更要注重对于村干部和村民群众密切相关的法律的普及，诸如《村民委员会组织法》《土地管理法》等。另一方面，摒弃重形式轻实质、重当下轻长远的考核机制，建立后续跟踪考评机制，为获得"全国民主法治示范村"称号的村应确定进一步完善的目标任务，并逐年或者隔年考评一次，对考评不合格的示范村限期整改，对整改期满仍不合格的给予"摘帽"的处分。

（四）给予外来常住人口同等村民待遇

针对京郊乡村分化和乡村社会内部分化的新情况，推动乡村干部转变治理观念，树立开放、民主、法治的治理理念，一是将服务和治理对象由仅限于本村户籍村民转变为常住人口，一视同仁对待外来人口，允许他们自愿参加民主选举、民主决策和民主监督。二是要重点加强乡村公共服务水平，推动乡村基础设施和公共服务由公共财产负担，降低村集体经济组织负担。三是进一步深化农村集体产权制度改革，由封闭的成员走向相对的开放，比如允许外来常住五年以上的人口出资入股村集体经济组织，成为集体经济组织新成员，参与村集体经济发展，享受村集体成员相关待遇。

调研组组长：张英洪

调研组成员：王丽红　李婷婷　杜成静

执笔人：王丽红

2018 年 12 月 4 日

古村落保护与乡村治理

——北京市房山区南窖乡水峪村调查

京郊传统村落的保护和发展是落实北京"全国文化中心"城市定位和保护历史文化名城的重要内容。截至 2017 年，北京市共有市级传统村落 44 个，国家级传统古村落 21 个。在推进具有首都特点的乡村振兴和乡村治理体系现代化中，需要高度重视传统古村落的有效保护。近期，课题组对获得"第一批全国传统古村落""第七批全国民主法治示范村"荣誉称号的房山区南窖乡水峪村的乡村治理情况进行了调查。

一、基本情况

水峪村坐落于京西南 80 公里的房山区南窖乡，全村山地面积占 96.7%，是典型的山区村。水峪村人口现有 622 户、1 302 人，常住人口 400 人。水峪村耕地面积 26 亩，主要种植玉米、谷子。林地面积 10 352 亩，其中桃、杏、核桃 500 亩，京枣 300 亩。集体建设用地 364 亩。2018 年前三季度，水峪村集体资产总额为 1 142.1 万元，负债总额为 389.7 万元，所有者权益为 752.4 万元。集体经济主要收入来源于集体资产资源发包、租赁收入，主要支出为村集体成员公益福利支出和工资奖金支出。

水峪村是一个自然环境优美、历史文化氛围浓郁的传统古村落，该村以古村、古碾、古中幡、古商道"四古文化"为代表，形成了独具特色的历史文化要素。2004 年以来，水峪村先后被评为北京市民俗旅游村、北京最美乡村、全国生态文化村，2012 年水峪村被列入第一批全国传统古村落名录，2014 年荣获"中国历史文化名村"称号，该村 2018 年获得"第七批全国民主法治示范村"称号。

水峪村拥有丰厚的自然资源和旅游资源，在乡村治理方面也取得了很好的成效。然而，水峪村仍是北京市 2016 年确定的全市 234 个低收入村之一，低收入农户 150 户、295 人，残疾人 18 人，全村低收入劳动力为152 人。

二、水峪村治理的主要做法

（一）坚持党建引领，充分发挥党组织的领导核心作用

多年来，水峪村结合村内经济社会发展的各项工作，探索了"党建＋环境整治""党建＋古村落保护""党建＋脱低攻坚"等工作模式，提升了乡村环境，保护了古村原貌，增加了农民收入。一是以党建引领美丽乡村建设。水峪村"两委"通过与房山区南窖乡政府签订责任书，落实属地责任，建立"月考评、季评比、年考核"的工作制度，先后开展了不同主题的美丽乡村创建活动，改善了村内生态和人居环境。二是党建引领古村落保护。组建党员政策宣讲团，挨家挨户宣传保护利用古村落的重要性和政策实惠，实施了"次序动员"机制，完成了村内的古宅杨家大院的保护修缮和腾退工作，村党支部发挥带头作用，推动恢复了大鼓会、银音会等4支非遗花会。三是党建引领村民致富。在第一书记和村"两委"党员的带领下，该村申请了"京枣－39基地提升改造项目"等3项产业转型项目，通过村干部包村、党员保护的方式，带动村民增收。2017年年底，水峪村实现低收入农户增收达标超50％，水峪村人均可支配收入11 907元。

（二）完善民主机制，推进村民自治制度化

一是村干部以身作则，坚持党员工作作风、思想意识和工作纪律建设，充分发挥村"两委"干部在推进基层民主和完善依法治村上的领导核心作用，强化村干部的纪律意识和责任意识。坚持党员"三会一课"制度，落实"四制一规范"，依托各级各类培训，不断提升党员服务群众的能力。二是根据水峪村特定的历史文化资源，以及古朴的风俗习惯，水峪村加强乡村建章建制工作，建立了以《水峪村非物质文化遗产保护工作制度》为主体，以《水峪村村民自治章程》《水峪村村规民约》《水峪村村民委员会换届选举制度》《水峪村村民民主决策章程》《水峪村村务公开内容指南》《水峪村财务公开制度》为依托的"一个主体＋六个依托"村民民主自治规章制度体系。通过民主制度建设，水峪村"两委"和村民群众实现了办事有章可循、程序规范、依法自治的基层民主机制体制。三是加强村务监督工作，建立监督问责机制。设立了群众匿名举报电话，实现群众对村"两委"干部的有效监督，并严格惩戒优亲厚友、行贿受贿等违法行为。设立了民主监督管理委员会，3人负责对村民委员会民主程

序、民主决策进行全程监督。水峪村自 1999 年开始实行村务三公开，2005 年开始实行村账乡记，目前村务公开和村级财务管理非常规范，设立了专门的村务公开栏，建立工作台账，定期与随时公开与村民生产、生活息息相关的重大信息，接受村民的监督和问责。实行干部离任审计制度，由第三方审计机构对离任干部的财务收支状况进行严格的审计。目前未出现一例村"两委"干部违法犯罪案例。

（三）加强法治宣传，坚持依法保护古村落

自 2007 年水峪中幡入选"北京市非物质文化遗产名录"，南窖乡司法所开始加强对水峪村"四古文化"的依法保护方面的宣传教育，实现法治建设与文化传承融为一体。一是为依法保护水峪村的历史文化名村，在区规划委员会、区法制办的支持下，自 2012 年开始研究制定了专门针对水峪村保护的《房山区水峪村历史文化名村保护管理暂行办法》，该管理办法对水峪村的村庄建设和保护发挥了重要的作用。二是加强普法教育。水峪村成立了法治宣传小组，向村民宣传《宪法》《刑法》《村民委员会组织法》《婚姻法》《人口与计划生育法》《民法》《森林法》《土地管理法》《信访条例》等，同时采用沿街普法、展板宣传、发放《中华人民共和国非物质文化遗产法》宣传册、相关法律知识问答、广播宣传等多种渠道，将水峪中幡作为非物质文化遗产保护的法律政策、认定标准、表彰鼓励、档案保存、项目建制、传承与保护等法律法规和相关规范性文件进行了系统、多样化的宣传教育。建设了独具特色的法治宣传阵地，在古商道制作"二十四孝"背景墙，在石板路旁设置法治小标语牌 30 余块，与周围景观交相辉映，在公交站、充电桩附近设立古香古色的法治宣传栏等。三是加强对村民的法律服务和矛盾纠纷调解。贯彻落实"法律服务村居行"，专职律师服务村民，为村民提供法律服务、解决村民群众困难和诉求。2015—2017 年，"法律服务村居行"律师解答法律咨询 200 余件，代村民撰写起诉书、答辩状 120 余份，代为起诉案件 30 余件。建立了矛盾纠纷排查调处机制，在司法所的指导下，在两会、春节、国庆节等特殊时期做好矛盾纠纷排查和社区矫正安置帮教"两类"人员管控工作，及时调解村民内部纠纷，确保了水峪村社会秩序的稳定和村民群众的安定团结。2015—2017 年，水峪村人民调解委员会共排查矛盾纠纷 150 余件，化解矛盾纠纷 130 余件，未发生一例群众性事件和群众性上访事件。

（四）发展文明旅游，推动乡村"三治"结合

水峪村"两委"带领村民积极调整产业结构，大力发展民俗旅游业，支持和组织农民发展经济，开拓增收致富的新路子。2004 年，水峪村被评为北京市民俗旅游村，2012 年获得 2011—2012 年度"北京最美的乡村"称号，2012 年入选中国传统村落名录，2014 年 2 月，获得第六批中国历史文化名城，2015 年取得"全国生态文化村"称号。水峪村"两委"积极谋划古村落保护中乡村发展与振兴。目前，水峪村有民俗旅游户 6 户，闲置农宅 124 个，可用面积为 2 万平方米。村内有养殖、西山种植、旅游、野菜种植 4 个专业合作社。

三、面临的问题与挑战

（一）传统古村落治理面临村庄空心化和老龄化问题

水峪村内人口流失严重。目前，水峪村户籍人口 622 户、1 302 人，然而常住人口仅 400 人，902 人不在本村；水峪村村民代表 36 人，由于居住转移，村民代表实际只有 33 人。水峪村人口老龄化问题突出。2018 年水峪村常住人口超过 60 岁的达到 100 人，占常住人口的三分之一。水峪村古民居院落闲置率达到 95％。据有关调查，北京市 44 个市级传统村落中，村庄空心化和老龄化问题尤为突出，门头沟区 14 个传统村落中有 4 个村落外出务工人员超出户籍人口的 25％。人口老龄化和村庄空心化使传统古村落面临着谁来保护、谁来治理的严峻挑战。

（二）传统古村落保护与乡村发展的冲突

北京市是我国重要的历史文化名城，2017 年 2 月习近平总书记再次视察北京市时强调，加强对名镇名村、传统村落的保护和发展。《北京新版城市总体规划（2016—2035 年）》提出了"构建四个层次、两大重点区域、三条文化带、九个方面的历史文化名城保护体系"。但北京市对传统古村落保护的政策还比较滞后，不但缺乏专门的保护办法，更没有完善的保护和发展的政策法规体系。房山区规划部门为保护水峪村的历史文化名村，专门制定了《房山区水峪村历史文化名村保护管理暂行办法》（房政发〔2013〕11 号），该办法对于依法保护水峪村历史文化名村做了比较详细的规定，但总体来看，该办法仍是

重保护轻发展，缺乏对水峪村发展的政策和办法。为了不改变传统古村落的原貌，在政策缺位的情况下，农户在古宅居住的条件难以改善，全市新农村建设的相关政策也没办法在古村落内落实，导致村民居住条件与一般传统村的差距日益扩大。发展乡村旅游业又面临着巨大的生态承载压力，与传统古村落保护存在很大的冲突。

（三）乡村发展受到有关部门的掣肘

传统古村落村的发展缺乏村民自主权，农民没有成为古村落保护和发展的真正主体。在自治过程中，水峪村乡村发展与建设的决策受到有关部门的较大阻力。例如，水峪村 2014 年计划引入村民互助合作的"内置金融"方式，盘活和保护本村闲置农宅，激发村庄发展的内在动力。然而，由于当地政府希望引入外来公司进行建设，导致该村没能实现自主发展的愿意，致使至今村内古宅闲置未利用。

（四）现行项目管理方式给乡村治理带来挑战

当前对传统古村落保护的相关工程项目缺乏有效的统筹，给乡村治理带来诸多挑战，主要表现在：一是对古村落的保护处于"多龙治水"，缺乏各部门项目的更高层面的统筹。据调查，中央相关部门、市文物局、市住建委、市旅游委、市文化局、市财政局、市规划与国土局、市发改委、市公安消防局等 10 余个部门在对水峪村的基础设施、公共环境、文化设施等进行建设。二是按照现行项目管理要求招投标的方式引进外来公司，本村村民只能在公司内干些零活，真正的工程收益被外地人获得，村民只能守着金山要饭吃。三是村"两委"和村民都没权参与，外来工程队驻村还加大了村庄环境管护和社会安定的工作量。

四、思考与建议

京郊传统古村落和历史文化名村是"留住乡愁"和传承中华传统文化的重要阵地，更是推进具有首都特点的乡村振兴和乡村治理现代化的重要领域。因此，像水峪村这样的传统古村落、历史文化名村要从以下四方面入手，实现在保护中振兴、在发展中善治。

（一）走统筹保护和发展之路

应加大市级统筹力度，建立由市级领导为组长的专项领导小组，提高对京郊传统古村落和历史文化名村保护的统筹力度，整合各部门力量，协调好各级、各部门与村"两委"的关系，调动各部门以及社会各界的资源，形成步调一致的保护和发展机制。

（二）走依法保护与发展之路

各相关部门应加快完善首都传统古村落和历史文化名村保护和发展的政策和法规体系。加快建立《北京市历史文化名镇名村评选办法》《北京市传统村落评审认定办法》《北京市历史文化名村评审认定办法》。进一步修订完善《北京历史文化名城保护条例》。制定《北京历史文化名城名镇名村保护条例》《北京市历史文化名城名镇名村保护设施建设规划》《北京市传统村落保护设施建设规划》《北京市历史文化名城名镇名村保护与发展规划》《北京市传统村落保护与发展规划》等。总之，从认定办法、保护条例、保护与发展规划、规范引导、资金保障等方面推动京郊传统古村落和历史文化名村保护与发展的规范化、制度化、法治化。

（三）走自主保护与发展之路

传统古村落的保护根本在于传统文化元素走进现代生活，古宅大院需要有村民居住和生活才能保持永久的生机，一旦传统古村落变为空心村，古宅变鬼宅、空宅，不但会增加维护成本，而且丧失了传承文化与记住乡愁的真正意义，因此，应发挥村民主体和调动社会参与，探索传统古村落的自主保护与发展模式。一是在严格执行《北京市传统村落修缮技术指导意见》和《北京市传统村落保护规划设计指南》的基础上，应该对传统古宅进行内部结构改造，充分发挥农民主体作用，根据现实生活需求，支持村民自主自愿依法依规的修缮古宅，做到既保护古村落原貌又满足农民的现代化生活需要。二是充分发挥古村落自治组织积极性，支持村民组建互助合作社，发展内置金融，形成传统古村落的保护性发展的内生动力，让他们成为承接和参与各部门传统古村落和历史文化名村保护性建设工程的主体。三是避免用城市人的思维改变传统古村落农民的生活方式、生活状态，提升村民对古村落保护价值的认识，提供对传统文化的现代传承方案。

（四）走共治保护与发展之路

传统古村落和历史文化名村的保护与发展，需要协调处理好各部门、乡镇、社会力量与村"两委"的关系，以推动乡镇治理现代化促进乡村治理现代化。一是修订《村民委员会组织法》和实施细则，进一步理顺中央、市、区各部门，乡镇和村民自治组织之间的关系。二是在推进村庄治理现代化的同时，应加快推进乡镇治理的现代化。乡镇党委政府应提高社会治理能力，调动多元主体参与治理；乡镇应注重提高乡村基础设施和公共服务水平，加大对传统古村落和历史文化名村的支持力度；乡镇政府在加强对村庄发展指导的基础上，将村庄发展的自主权交给村"两委"，实现乡镇治理与村庄自治的有机衔接，做到既不缺位、也不越位。三是建设开放的传统古村落保护与发展机制，吸引社会各界力量参与传统古村落的乡村振兴和乡村治理，引入历史、金融、社会、管理、艺术等多领域的专家共同参与古村落的保护与发展。

参考文献

胡九龙，等 . 保护和提升京西传统村落群焕发西山永定河文化带活力魅力 ［M］//北京城乡融合发展报告（2018）. 北京：社会科学文献出版社，2018.

夏志强，谭毅 ."治理下乡"：关于我国乡镇治理现代化的思考 ［J］. 上海行政学院学报，2018，3（19）：15-27.

张英洪 . 农民权利发展经验与困局 ［M］. 北京：知识产权出版社，2012.

张英洪 . 新农村建设的喜与忧——北京市史庄子村调查 ［M］//张英洪 . 赋权富民——张英洪自选集（2012—2016）. 北京：社会科学文献出版社，2017：91-98.

调研组组长：张英洪

调研组成员：王丽红　李婷婷　杜成静

执笔人：王丽红

2018 年 12 月 4 日

党建引领、文化传承与村民自治

——北京市顺义区高丽营镇一村调查

高丽营镇一村位于顺义区的最西部，与昌平区接壤，紧邻京承高速，白马路横穿东西、高下路贯穿南北，牤牛河从村北至村南环绕而过，地理位置优越。村域总面积3 347亩，其中，基本农田1 734亩，林地500亩。现有居民398户，户籍人口920人，其中党员73人，村民代表30人，外来流动人口近千人。2017年，全村实现经济收入603万元，人均纯收入2.4万元。高丽营镇一村于2012年被评为"北京郊区生态村"，2013年被评为"顺义区新农村社区管理创建村"，2014年被评为"北京市民主法治示范村"，2016年获得"2015—2016年度'北京最美的乡村'"荣誉称号，2018年被评为"第七批全国民主法治示范村"。

一、主要做法

高丽营镇一村党支部班子不断自我加压，将组织整顿和思想整顿结合起来，通过"亮出党员身份"，全面加强基层党建，从党员发挥模范带头作用做起，充分发挥基层党组织的引领作用。通过开展丰富群众文化生活，加强农村优秀传统文化的传承、保护和利用，共筑村民精神家园。通过落实村规民约，增强村民的向心力和凝聚力，构建协同共治村域治理格局。

（一）强化党建，夯实党组织的战斗堡垒作用

抓实支部班子建设。一村党支部以"团结一致凝聚合力，齐心协力改变一村"为切入点，采取三条措施狠抓班子建设。一是规范组织会议制度。坚持每季度召开一次组织生活会，每周召开1～2次支委会或"两委"班子会，每位委员围绕为群众服务情况，结合自身分管工作，进行深刻沟通，在问题解决与思想碰撞中确定工作思路，促进班子团结统一，增强班子的凝聚力和战斗力。二是实施支委的承诺述职。年初，支部委员向党委大会宣读自己的承诺书；年末将执行情况向党员大会述职，接受党员监督。三是开展对班子和支委的双向考评。在述职的基础上，党支部向党员发放《党支部班子考评表》和《支部委员考评表》，按照满意、比较满意、一般和较差四个等级，采取无记名投票方

式，对支部班子和支委分别提出考评意见，当场唱票统计，并宣布结果。

抓实党员队伍管理。为增强每名党员的党性观念和党员意识，一村开展党员"亮身份、明职责、做表率"活动，切实发挥党员的"先锋队"作用。一是党员"亮身份"。每名党员必须佩戴党徽，在家门口悬挂"党员户"标志牌，公开党员身份和党员家庭，引导党员在任何岗位、任何地方、任何时候、任何情况下都要铭记党员身份，培养用实际行动诠释在村级事务中"平常时候看得出来，关键时刻站得出来，危急关头豁得出去"的党员意识。二是党员"签承诺"。党员与村"两委"签订党员承诺书，承诺配合村"两委"工作，积极联系群众、倡导文明、维护稳定，发挥党员带头作用。三是党员"五个先行"。结合一村存在的实际问题，对党员提出"五个先行"的要求，即党员必须在拆除私搭乱建上先行，在清除宅基地以外的小菜园上先行，在解决门前乱堆乱放上先行，在环境绿化上先行，在治理畜禽街头乱跑上先行。以党员带动党员家庭，以党员家庭带动身边群众，以榜样力量彰显先锋本色。四是党员"强学习"。将每月最后一个周日确定为"党员活动日"，通过开展内形式多样的党员活动，强化对党员的学习教育。通过集中上党课、"走出去"党性锻炼，增强党员的党性修养，有效利用远程教育站点、"一村"微信公共号、"两学一做"微信群等现代媒介，学习党的新理论新思想，不断提高党员的政治定力和政治素养。

抓实党群工作创新。以更好地服务群众为目标，创新党群工作方式，促进党群联合和谐共融。一是实行党员联系村民制度，创新党群沟通机制。为便于更好开展工作，按照亲属关系，确定1名党员联系4～5户村民，负责做好"了解村民、关心村民、凝聚村民、服务村民"工作，并将联系情况与服务情况在党务公开栏予以公示。二是建立便民服务室和党群联络室，拓宽服务渠道和载体。坚持需求和问题导向，把服务便捷、村民满意作为衡量工作成效的标准，设立"一站式"便民服务平台，承接政府延伸到基层的各项社会治理和公共服务职能，尽力实现让村民不出村就可以办理各项社会事务。三是成立党员义务巡逻队，全方位守护村民安全。党员义务守护各重要节点、主要路段，为村民的安全保驾护航；购置便民服务车，实现24小时随时服务，实现党支部更主动、更及时、更贴心地为村民服务。

（二）传承文化，增强村民凝聚力

传承农村优秀文化传统。高丽营镇一村，凡男满60周岁、女55周岁以上的户籍村民，村委会每月向其发生活补贴150元，70岁以上250元，80岁以上300元，90岁以上350元。另外，70周岁以上老人过生日，村干部上门慰问，并送去价值120元的蛋糕和500元现金。在增加老年人福利的同时，引领村民树立敬老孝老爱老的美德。此外，以"精神文明之家""敬老孝老之家""教子有方之家""绿色生态之家""遵规守制之家"创建评选活动，建立并强化"红心引领、入孝出悌、崇文善礼、知乐善舞、亲水护绿、遵规守制"的24字村域文化。

有效利用乡贤资源。一村所属的高丽营镇是千年古镇，有古驿站、古路、古市、古商业街、古窑、古井、古水、古戏。在保护物质文化遗产的同时，高丽营镇重点挖掘了古戏文化，该镇已经连续三届被文化部评为戏曲之乡。原中国评剧二团团长梁玉民是一村走出去的乡贤代表人物，一村利用这一资源，与中国评剧院结成对子，结成对子后，中国评剧院帮助村里建了专业的舞台、灯光、幕布等，并定期到村开展戏曲活动。为推动一村发展，一村深入挖掘和有效利用本村乡贤资源，比如从村里走出去的画家、书法家、农学家等，发挥他们的作用，也满足他们服务故土的意愿。同时，一村利用已有乡贤平台，引进了剪纸大师、雕塑大师、老照片博物馆收藏家、画家等知名文化艺术领军人物。现在一村聚集了一批艺术家，定期开展授课等活动，给乡村带来了艺术气息和活力。

开展丰富多彩文化活动。一是先后建设各类活动场所。一村对村里的臭水沟进行回填土，并在其上建起儿童游乐场，安装了健身设施，成为村民的文体活动中心；还建设了图书室、儿童之家、老年棋牌室、妇女之家、活动中心等活动场地。二是开展形式多样的村内集体文化活动。中华女子学院与一村结成"红色1+1"，定期到村给孩子上课；定期邀请老师到村教妇女做手工艺品，开展妇女活动。此外，村里还组织了书法团、评剧团、舞蹈队、模特队、剪纸队，不定期开展扭秧歌、跳广场舞、剪纸培训和剪纸展览等活动。戏曲爱好者成立的评剧团"爱曲社"，自编自演《寻亲记》《歼敌记》等曲目到各村开展戏曲专场演出。村里的活动中心，除了承办市、区、镇及其他单位的活动外，更重要的是组织自己的文化活动演出，每年举办迎春节、元旦、三八、重阳节等文艺活动，每周二、周三定期举办各类文体活动。可以说，一村文化活动是全村村民的文化传承活动，构筑了全体村民的精神家园。

（三）积极探索，构建协同共治村庄治理格局

构建村民自治新抓手。2015年，村党支部尊重民意、集中民智、化解民忧、凝聚民心，经过村"两委"、全体党员、村民代表充分讨论，凝练成党员

干部做表率、村庄环境整治、精神文明建设等五条管用的村规民约。编写了与之配套的《村规民约实施细则》和"村民自治顺口溜"。通过先"约"后"规"，村民参与村规民约修订和村级事务管理，强化了主体意识，有了主人翁的自豪感；通过外化于行，自觉参与到弘扬美德、维护环境的行动中，有了实现自身价值的成就感；通过与村"两委"的互动，体会到党的温暖，享受集体活动的成果，激发了自己的集体荣誉感。村规民约是一把尺子，使村务治理走向规范化、标准化和民主化。村规民约促进了基层党群协同共治的创新，已经成为村民自治、村庄民主管理的重要抓手。

激发全体村民参与自治积极性。一是将"党员明职责、亮身份、做表率，争当'五好党员'"写入村规民约第一条。明确"五好党员"的标准和职责，年底通过党员大会现场推选、现场投票、现场表彰5名"五好党员"。要求每名党员佩戴党徽，家门口悬挂"一村党员户"标牌，接受群众监督。要求党员依托党群"1+1"模式，积极配合村"两委"开展群众工作，做执行村规民约的表率。二是针对村民反映最强烈的环境问题，制定了突出引导约束的三条村规民约，即"宅基地以外不乱堆乱放、私搭乱建，不违法出租；垃圾分类放门口，文明养犬拴狗链；节约用水，使用清洁能源。"执行时成立环境专项考评组，实行一月一评制，每月入户初评，并将初评结果反馈给村领导小组，由领导小组会议确定最终结果后，为评选出的星级户安装"村规明星级户"标牌，每月考评贴星，每季度兑现奖励，对违反约束性条款的，实施一票否决，取消当月贴星。三是引领良好村风民风。将"村民争创'五个十佳'"写入村规民约第二条，并为便于百姓理解，简化为"精神文明之家""敬老孝老之家""教子有方之家""绿色生态之家""遵规守制之家"，引领村风民风健康发展，构建文明和谐的人文环境。依托党群"1+1"载体，根据《一村村规民约实施细则》中"五个十佳"的具体标准，由党员推荐被评选家庭，经村全体党员会讨论通过，实施挂牌表彰和物质奖励。评选每年一次，不重复挂牌，其中违反村规民约中环境条款的家庭取消参选资格。考评激励机制的建立，极大地激发了全体村民参与村庄自治的积极性。

二、存在问题及挑战

一是集体经济如何发展。高丽营镇一村集体经济薄弱，经济收入有限，集体经济主要收入来源于集体土地外包租金、平原造林租金补贴，产业发展缺乏支撑。2018年，村集体收回170亩基本农田、450亩温室大棚，准备着手参与生产经营。目前，一村既面临无人从事生产劳作的困难，也不知产业发展前景如何。村里没有产业是目前急需解决的问题。

二是人口老龄化如何应对。目前，一村共有户籍人口 920 人，60 岁以上的老人 240 余人。在村庄调查时，遇到的绝大多数人是老年人。由于村干部收入待遇不高，顺义区城区工作机会较多，村里中青年更愿意选择外出打工挣钱。一村虽然地处顺义区交通便利地区，但同样也面临人口老龄化、村庄空心化的问题，面临村庄治理后继无人的问题。村支书在座谈时也表示村里没有年轻人愿意从事农业生产及村庄管理工作。当前，一村的治理绩效，与村支书个人的工作作风、办事能力密不可分。但在缺乏治理年轻人才正常成长机制的情况下，该村如何长期保持和提升现有的治理水平，面临很大挑战。

三是外来人口如何管理。一村由于地理位置优越，有很多外来人口聚集居住在此。现在村外来人口近千人，本地户籍 920 人。这对传统的以村庄封闭为特征的村民自治模式提出了新挑战。据村书记介绍，外来人口管理是村庄管理的一大难点，一村外来人口较多、流动性大，怎么管理现在还没有很好的思路和方法。目前一村的治理完全将外地人排除在外，外地人没有享受村庄公共服务，也没有融入村庄社会文化生活之中。一村村庄管理者和村民还是以一种封闭的思维来看待村庄治理和外地人管理工作。由于区别对待，这也在一定程度上造成了外地人与本地人之间的矛盾。如何在制度上创新包容性的村庄治理模式，需要继续改革探索。

四是政经不分带来挑战。在我国农村，村党支部、村委会、农村集体经济组织是三类最重要的基层组织。村党支部、村委会、村集体经济组织三者之间职能不同，性质各异。政经分开有利于明确责任，防止大权独揽和避免腐败。一村领头人身兼村党支部书记、村委会主任、村集体经济组织负责人三职。北京市委研究室 2018 年的调查显示，北京市 76% 的村支书兼任村集体经济负责人，其中 46% 的村支书同时兼任村主任和村集体经济组织负责人。这种政经不分意味着村级权力在相当程度上缺乏相互制约和监督，存在绝对权力导致绝对腐败的风险。

三、思考与建议

一是坚持农业农村优先发展。乡村的发展，一方面需要各村基于村情做出积极的创新和探索，另一方面也需要更高层级统筹乡村发展。进一步加大投入力度，统筹解决好农村产业、基础设施和公共服务、人居环境等农民普遍关注的问题。研究制定支持农村集体经济发展的人才、资金、土地、技术等一揽子政策，以集体经济发展推动乡村产业振兴，强化村民之间利益纽带。

二是重视农村在地人才的培育。拓宽村干部来源渠道，吸纳更多退役、返乡大学生、致富能人、村医村教等进入村"两委"班子。注重对村干部的教育，建立健全在职村干部常态化培训机制，根据乡村特点专门设定课程，搭建培训和交流平台，着重培育返乡青年。

三是建立包容性的民主机制。村"两委"应该开阔思路，提升管理理念和水平，允许和鼓励外来常住人口参与村庄经济发展、公共治理、社会服务。应根据《村民委员会组织法》规定，保障外来常住人口的相关权利。此外，注重发挥工商企业力量，并大力培育和发展各类社会组织，进一步构建村庄多元社会治理结构。

四是积极开展"政经分开"。进一步明确村党支部、村委会、村集体经济组织的职责，厘清村民自治范围、村"两委"责任边界和村级事务清单，推行职责分开，探索剥离村"两委"对集体资产经营管理职能，推动村"两委"工作重心转向公共管理、公共服务和公共安全。研究制定村级"小微权力清单"，进一步明确村级权力事项的责任主体和追责办法，给农村小微权力带上"紧箍咒"，严防村干部"任性涌泉"，从制度上防止村干部腐败。

调研组组长：张英洪

调研组成员：王丽红　李婷婷　杜成静

执笔人：杜成静

2018 年 12 月 7 日

德治先行、自力更生与乡村治理

——北京市密云区东智北村调查

乡村治理既是国家治理的重要组成部分，也是国家治理的短板领域和薄弱环节。党的十九大报告要求加强农村基层基础工作，健全自治、法治、德治相结合的乡村治理体系，为乡村治理指明了前进的方向。那么在乡村治理体系中，自治、法治与德治之间的内在逻辑如何？德治在其中能够发挥怎样的作用？本报告以北京市密云区东智北村乡村治理为样本，着重分析其乡村治理的内在逻辑，特别是德治的经验做法和衍生效果，以期为完善具有首都特点的乡村治理政策制度，提供相关经验启示。

一、基本情况

东智北村是密云区溪翁庄镇的一个传统村庄，位于密云区政府正北、密云水库以南 7 公里处。全村共有 267 户，830 人。村域面积 3 300 亩，其中耕地约 870 亩、山场丘陵约 1 980 亩，宅基地和公共用地约 450 亩。村民主要从事种植业、林业、民俗观光旅游业以及外出务工经商。

近十年来的东智北村治理情况，可以明显分为两个阶段。第一阶段：2010 年以前，由于村"两委"在一些涉及村民利益的重大决策中存在不公开、不公正的情况，群众怨声载道，干群关系紧张，群众信访不断，村里资不抵债，村庄建设严重滞后。2010 年年底村集体外债达 170 多万元，东智北村陷入了严重的治理困境。第二阶段：2010 年年底至今。2010 年年底，现任支部书记作为镇级机关选派干部到东智北村担任党支部第一书记，并于2012 年、2015 年支部换届中，经过民主程序正式被选举为村党支部书记。这 8 年时间里，东智北村以党建为引领，推进道德建设先行，完善自治，加强法治，由内而外告别了原来的"乱村、上访村、欠债村"形象。全村连续5 年零上访，干部满意度调查全优。该村先后获得首都文明村、北京市卫生村、密云区五好标兵党支部等荣誉称号。村集体年年有积累，固定资产逐年增加。截至 2017 年年底，村集体资产总额累计 1 085.9 万元，其中固定资产881.7 万元。

二、主要做法

8年前，面对政德滑坡、民心散乱、社会不稳、集体负债的村庄治理难题，东智北村从德治入手，以政德带动民德，扭转村庄歪风邪气，聚人心、合众力，先将村庄人文软环境塑造起来，再推动村庄硬环境的滚动建设发展。

（一）树政德、立公信，重塑清明社会生态

德治要求领导者以身作则，注意修身和勤政，充分发挥道德模范作用。唯有立身正、为政正，才能开拓施政新局面。为了塑造村庄良好的社会生态环境，东智北村着力通过树政德、立公信，建设群众信服的村"两委"班子。

一是村书记以身作则、坚决做到"五个第一"。即坚持决策工作第一个搞调研、处理矛盾第一个到现场、工程建设第一个动手干、每天起床第一件事转村庄、出了问题第一个做检讨。从2011年起，村书记每年初自己手绘一张东智北村的村庄规划布置示意图，标注上每年要做的事，并按此规划推进和落实年度工作，保证村庄每年建设都有新进展。

二是全面从严治党，发挥党员的先锋模范带头作用。村党支部严格划分各支部委员的工作职责，要求支部委员对照责任制立军令状，年度工作考核不合格的将被扣除部分工资，耽误工作且造成重大影响的自动辞职，并在全村公示半年度和全年度工作落实和考核结果。严格执行"三会一课"制度，对于不参会、不参加组织生活、不起带头作用的党员进行通报、劝退，纯洁党员队伍。

三是加强村干部管理。为了恢复群众对村干部的信任，将村干部权力关在制度的笼子里，接受群众的监督。东智北村制定了"村干部十不准"规定，即不准村干部及直系亲属参与村政建设工程，不准套取政策性优惠补助项目，不准收受村民钱物，不准入股村民承包的项目，不准参与任何形式的赌博，不准参与任何形式的村民上访，不准有任何违章建设行为，不准回避村民需要应解决的问题，不准在村民之间制造矛盾、拉帮结派，不准以公谋私侵占集体村民利益。村书记带头严格执行"十不准"，严格接受村民监督。

四是在严格执行"四议两公开"和"村级财务逐笔公开"的基础上，推行了"零用工""零招待"制度，压缩村里开支。"零用工"就是村干部自己承担过去雇佣专人负责的计生、电影放映、村部警卫、用水用电等工作，不再雇佣零工。"零招待"就是杜绝公款吃喝现象，所有村干部都不允许产生招待费。据调查，在公开时间为2018年10月20日至2019年1月19日的村级财务逐

笔公开明细表上，显示 2018 年 1 月 1 日至 9 月 30 日，东智北村村级管理费用中招待费、村干部固定补贴、其他人员补贴、差旅费等科目都为 0。

（二）建规矩、守规矩，发挥村庄自治机制

根据《中华人民共和国村民委员会组织法》，村民委员会是村民自我管理、自我教育、自我服务的基层群众性自治组织，实行民主选举、民主决策、民主管理、民主监督。通过树政德、立公信，群众从对村干部不信任逐渐转变为拥护、尊敬与支持，为发挥村庄自治机制打下了良好的干群基础。围绕建立"讲守并重"的规矩意识，东智北村坚持实行少数服从多数的民主决策机制和公开透明的工作原则，通过建立健全各种工作制度，严格按制度办事，推动村庄自治和发展。

一是坚持民主决策和民主管理。建立民主大厅，设置叙事小屋，把所有涉及村民利益的事项全部纳入民主议事范围，所有决策事项均公开、透明；重大工程项目必须经过议事八步法，同时开展入户调查、座谈会、论证会、代表会等最广泛征求民意，让群众充分理解政策意图，坚决落实民主决策和民主管理。

二是坚持民主监督。成立由老党员、老干部、老长辈、村民代表等组成的村务监督委员会，对村级事务进行监督，保证村里每项重大决策、重大工程在集体的监督下公开透明、稳步推进。

三是民主制定和严格执行《村民公约》。村"两委"带领村民先后于 2011 年、2013 年和 2016 年三次修订《村民公约》，每一次都经过"两委"会和党员大会不断讨论、完善，并且由村民代表大会表决后实行，有很强的民意基础。围绕加强环境治理问题，2011 年的《村民公约》规定，所有建筑房屋户，包括翻建、扩建、新建房屋的村民，在村委会发给规划批准前交 2 000 元保证金，一旦出现超占、违建、建筑垃圾不及时清理的情况，扣除保证金。2013 年的《村民公约》规定，在村集体发放各项优惠补助项目前，必须由村务监督委员会以创环境优美村庄为主题进行检查，合格户才能兑现。2016 年的《村民公约》规定，事事与环境挂钩，环境不达标的家庭不享受村集体的福利和服务。由于前期民意基础好，加上惩处到位，《村民公约》得到了公正公平的执行，邻里之间不再相互攀比观望，私搭乱建、乱停乱放的情况没有了，村容村貌发生了巨大变化，村民维护环境的内生意识更强、行动更加自觉。

四是坚持为民办事。东智北村始终强调不举债搞建设，不欠钱办事，坚持

少花钱多办事，花小钱办大事，群众不愿办的事坚决不办，伤害老百姓的事坚决不办，劳民伤财的事坚决不干，形象工程坚决不干。村里充分发挥党员服务群众作用，党员干部带头清理环境卫生、为村民建设健身公园、修田间路、护坝等，已累计为群众办实事好事上百件，切实解决了村民在生产生活中的实际困难。

（三）育民德，兴文化，加强村民道德自律

在快速工业化和城镇化进程中，留守农村的人员结构表现出高龄化、残障多和总体文化素质较低的特点。东智北村也面临这样的问题，全村 267 户，830 人，其中 60 岁以上 190 人，约占 23％；智障残障人员 28 人，约占 3％。面对这样的治理群体，东智北村注重加强传统与现代结合的文化道德建设，提高村民道德自律。

一是建设了"仁义礼智信"文化公园。这座公园的土地取得过程和建设过程本身就是德治的一项成果体现，村民主动、无条件自愿腾退了 50 亩土地，并且在建设过程中自发将家中剩余的建筑材料捐出来，主动到公园参加义务劳动。以"文化"命名这座公园，既纪念了前人"重义轻利""以义抑利"的传统美德，也不断提醒后人牢记古训，向上向善。公园里共刻有孝老爱亲、重义守信、勤俭持家、以和为贵、邻里和睦等相关碑文石刻 56 块，设有公平秤、警示钟、思源井、24 孝传统故事墙等带有明显传统文化意境的景点，倡导村民要有"恻隐之心""羞恶之心""辞让之心""是非之心"。

二是创建了阳光五谷农展室。该农展室陈列了 320 件村民自发捐赠的农业生产工具、老物件，真实地记录了农耕文化的变迁历史，意在让村民保留着一份对土地的敬畏，对农业的情怀，对健康食物的坚守。

三是用建筑垃圾修建了现代化的乒乓球活动室。通过修建乒乓球室，成立村乒乓球队，组织了村民参加各种乒乓球比赛，丰富村民文体生活和精神生活，促进村庄和谐。

（四）转观念，不等靠，发展依靠自力更生

天行健，君子以自强不息。东智北村在项目少、资金缺的条件下，依靠自力更生，"挖钱"节约搞建设，形成了该村独特的垃圾资源化建设发展模式——利用建筑垃圾建设村内基础设施。该村的自力更生发展体现在两方面：

一方面，自力更生取建材。东智北村 2012 年至 2015 年的集中村庄建设、

2015 年至今的集中村域设施建设的主要建筑材料都是村东侧镇级建筑垃圾场内的建筑垃圾。截至 2018 年年底，东智北村利用垃圾资源化建设发展模式，一共修建了 4 个停车场，2 处防火瞭望台，13 处田间景观，6 个景观亭，2 处花园，37 000 立方米护地坎挡墙，87 盏路灯，1 个文化公园，1 个乒乓球活动室，扩展田间路 4.07 公里、2.04 万平方米。建筑垃圾的资源化利用不仅为村庄建设节约了大量的建筑材料成本，而且解决了垃圾处理的问题。经过巧妙的设计，废弃物的使用形成了独特的整体田园风光，为发展观光休闲农业奠定了良好的硬件基础。

另一方面，自力更生搞建设。在推进村庄和村域建设期间，东智北村不用村外工人，所有用工都来自本村村民。通过建立投工投劳机制，充分调动村民参与村庄建设热情，给予村民合理的用工报酬，最大限度维护村民利益。

东智北村集体经济基础较弱，仅有一家集体企业——龙翔成机械厂，年收入约为 100 万元。在缺少收入来源的情况下，东智北村主要采取以下"节流"的方式推动村庄滚动建设，逐年增加集体积累。①减少村干部职数，交叉任职，年省资金 10 万元。②村书记在镇里领取工资，不领取村里工资，年省资金 5 万～6 万元。③村"两委"取消招待费，实行零招待费，年省资金 10 万元。④村集体取消勤杂工、执勤工、作秀工，年省资金 10 万元。⑤党员带动群众每年都组织几次义务劳动，年省资金 5 万～6 万元。⑥压缩各种会议和不必要的活动，年省资金 5 万～6 万元。⑦村里所有工程不外包，由大队统一安排，村民自己施工，年省资金 15 万元左右。⑧巧用人工、废料。使用施工单位停工时的劳动力，利用各种渠道废弃的建筑垃圾，年省资金 75 万元左右。以上 8 项汇总约 140 万左右。

三、经验与启示

（一）乡村治理需要德治先行

德治在中国有 2000 年之久，是中国古代社会管理的主导思想，其核心是主张以道德去感化教育人，使人心良善，懂得耻辱而无奸邪之心，以德服人，使人心悦诚服。相对于法治与自治，德治更具有基础性和前提性。法治与自治需要思想道德建设先行，法治与自治的运行更需要道德建设支撑。在实际工作中，无论是法治还是自治，都要求村里的带头人具备法治观念、民主意识、道德品质、为民情怀和行动能力，以个人的思想道德境界和聪明才干才智促进村庄形成风清气正的政治生态和崇德向善的价值观念，继而为整个村庄的善治推进提供道德保障。德治先行、自治与法治跟进的治理逻辑对于类似原东智北村这样的乱村治理，效果尤为明显。原先的东智北村在村民自治中，出现了"四个民主"发展不平衡问题，即有民主选举的名，但缺少民主决策、民主管理和民主监督的实，使得村民对村务决策和管理不民主、不公开大为不满，造成村民与村干部关系紧张，村民自治运转难以正常维系。后来，东智北村通过践行以德为先，村书记严格带领村"两委"班子落实国家法律制度和村民自治制度，扭转了整个村庄的政治生态局面，激活了法治与自治原有的内生活力。可以说，相对于法治与自治所带有的制度化、规范化、固定化与静态化的特点，德治具有人性化、灵活化、动态化的特点，其和法治、自治动静结合、相辅相成。再者，德治在乡村治理中具有类似于我国传统中医注重系统生态、整体观念、辩证论治、治病求本的效果，其在乡村治理中的作用与效果虽不是一蹴而就，但却有根基性、根本性、根除性的治理特点。从东智北村前后治理效果的变化对比与分析来看，德治先行是其治理有效的一味良药。

（二）乡村治理需要高度匹配的精英资源

乡村治理精英是乡村治理好坏的重要因素，在一定程度上乡村治理状况的好坏取决于乡村管理人才素质的高低。我国在相当一段历史时期中是精英治村。改革开放后，随着市场化、城市化进程的推进，城乡之间、地域之间形成的巨大经济级差使得农村精英源源不断流入城市或者其他产业，留在村里的有抱负、有文化、有学识、有技术、有智慧、有能力的人才越来越少，农村人口老少妇幼化严重。乡村治理的迫切性与治理精英的短缺性矛盾成为乡村治理重大的挑战。村庄治理带头人是治理精英中的关键。从东智北村的治理经验上看，不同的乡村治理阶段存在不同的问题与工作重心，其所需要村庄治理带头人的个人禀赋应与治理阶段的特点需求高度契合，才能有效发挥精英的作用。东智北村之前的主要问题是干群矛盾，所以需要政治素质过硬、管理经验丰富、道德素养和自律意识较高的带头人来扭转局面。而针对于民风淳朴但经济发展缓慢的村，则更需要有一定市场理念、经营能力和资源的带头人来推动村庄发展产业。当然，在现实复杂的村庄治理情形中，可能存在很多综合型的治理难题，那就需要先抓主要问题、再抓次要问题。而治理需求与治理人才的高度匹配，很难靠行政手段的计划配置来解决，重点还是要发挥市场机制的作用，明确村庄的需求，打破城乡双重政策制度壁垒，营造村庄开放的制度环境，给予愿意到农村创新创业精英选择自由度，以实现价值追求和市场收益作为人才下乡的驱动力，建立精英下乡治村创业的制度化通道。

（三）乡村治理需要激活农民的主观能动性

与传统意义上的"管理"相比，现代政治学和管理学将"治理"拓展为一个内容丰富、包容性很强的概念，重点是强调多元主体的民主、参与式、互动式管理，而不是单一主体管理。乡村治理需要正确处理官治与自治的关系，充分激活村民的主观能动性、调动村民参与乡村治理的积极性、主动性和创造性，形成平等参与和协商互动的开放性治理局面。东智北村本着不等不靠、因地制宜、艰苦奋斗的精神，发挥全村人的积极性，通过勤俭节约、自力更生来建村治村。东智北村在修建新村、老村连接路和田间路工作中，涉及占用77户的地边以及菜地、树木等，所有农户均无条件让出自己的地边、菜园子，自觉拆除了自家建的围墙、篱笆、厕所、棚架等，不但没有提出要补偿的问题，还主动出义务工，群众真正成为村级各项事业可以依靠的强大力量。该村之所以能激活农民的主观能动性，靠的就是将自治、法治、德治紧密结合、相互融合、相互促进，通过建设文化公园、加强文化阵地建设，注重对乡村人情、道德规范的情感认同，发挥了德治的支撑和基础作用；通过大家的事情大家商量办，走民主程序，保障村民权益，凸显了村民自治的主体作用；通过制定自治章程、村规民约并发挥其在村庄治理中的积极作用，体现了法治的保障作用；从而进一步发挥"三治"结合的巨大的乘数效应，激活农民的主观能动性。

调研组组长：张英洪

调研组成员：刘雯 王丽红 李婷婷

执笔人：刘雯

2018 年 12 月 17 日

中国村民自治发源地合寨村考察报告

考察组

为进一步学习村民自治的基本经验，探讨和完善乡村治理机制，2016 年 5 月，北京市农经办（农研中心）党组成员、纪检组长戚书平，副巡视员熊文武等一行 5 人赴广西宜州市合寨村考察该村村民自治的成功实践。现将有关情况报告如下。

一、合寨村基本情况

合寨村位于广西宜州市屏南乡西南部，地处大石山区，海拔 221 米，距屏南乡政府 12 公里，与柳江县土博镇、忻城县欧洞乡相邻，是三县（市）的交界处。全村 12 个自然屯，1 050 户，4 636 人，其中壮族占 95%。全村总面积 33.4 平方公里，耕地面积 3 578 亩，其中，水田 1 664 亩、旱地 1 914 亩，林地面积 3 860 亩，主要作物有甘蔗、桑蚕、水稻、玉米等。2015 年该村农民人均纯收入 8 300 余元。

1980 年年初，合寨村民冲破体制束缚，率先实行村民自治，开创了中国基层民主的先河。30 多年来，合寨村在村民自治的道路上不断探索创新，其成果得到了国家及广西壮族自治区的认可，先后荣获广西壮族自治区、河池市"文明村"和"村民自治模范村"，自治区"村务公开民主管理示范单位"，司法部、民政部授予的"全国民主法治示范村"等荣誉称号。

二、合寨村村民自治发展历程

（一）村民自治产生的背景

20 世纪 80 年代初，全国兴起了以分田到户为重要标志的农村经济体制改革。随着联产承包责任制的推行，农民有了更多的自主权，积极性被充分调动起来，农业生产得到快速发展，但是人民公社"三级所有，队为基础"的农村基层管理体制已不再适应新形势发展的需要，农村公共事务和群众生产生活的管理一度出现涣散状态。从合寨村的情况来看，出现了"六多一少"的现象，即赌博的多、盗窃的多、乱砍滥伐的多、唱痞山歌的多、放浪荡牛马的多、搞封建迷信的多，管事的人少。村里的灌溉小渠无人组织修理，集体的林木被乱砍滥伐，赌博风盛行，更为严峻的是村里的治安，一些犯罪分子利用合寨村的地理位置，频繁在两地三县（市）交界处作案，偷盗牛马，大家都人心惶惶。为了防盗，村民甚至把牛拉到屋子里和人一同居住。这些问题严重影响了群众正常的生产生活。

（二）村民自治产生的过程

果作屯是合寨村的一个自然屯，在分田到户后也遇到同样的问题，由于大队不再管理生产，6个生产队队长突然间失去了主心骨，说话也没了分量。每况愈下的社会治安和社会风气，让担任一个生产队队长的共产党员韦焕能看在眼里、急在心里，他决心要改变这种状况。于是，他和其他5位生产队长一起商议，要想办法把大家组织团结起来，生产队长们达成了共识，要建立新的组织，产生新的村干部来管理村中事务。韦焕能提出，新的组织不是生产队，干部不能太多，一正两副、一个会计、一个出纳，5个人就可以了，谁当谁不当，由选举决定，村民说了算。1980年2月5日，全屯85户，一户派出一个代表，聚集在屯中的大樟树下召开选举果作屯新领导的大会，四周围满了村民，会议由当时生产大队队长蒙光捷主持。他说："同意大家的意见，不记名投票，也不设候选人，得票多的当选。"随后，发给每位代表一张纸条，规定每张纸条上最多可写6人，多写作废，差额1名，得票多的前5名当选。经过投票计票，蒙光捷当场宣布选举结果，韦焕能得满票。选举后，产生的5位村干部要安排分工，但新组织还没有正式的名称，大家经过讨论后一致认为，参照城里的居委会，机构名称叫村委会比较贴切。最后按选举票数确定了分工，韦焕能当选为村委会主任，韦定陆、韦友全为副主任，韦鹏舞为出纳，覃立轩为会计。中国历史上第一个村民委员会从此诞生了。1980年7月14日，还是在那棵大樟树下，韦焕能与85位村民代表召开会议，讨论并通过了事先起草好的《村规民约》和《封山公约》。

（三）村民自治的效果及其影响

受果作屯的影响，1980年6月，原合寨大队的12个自然屯先后建立了自己的管理机构，制定了村规民约。如今提到的村民自治第一村，均以现在合寨村作为统一的称谓，从严格意义上说，第一个村委会产生于果作屯。在村委员会的组织和管理下，村民实现了自我管理、自我教育和自我服务，治安联防、修路、通电、植树造林等公共事务有序地开展起来，村里的偷牛盗马、乱砍林木等现象得以杜绝，邻里关系变得和谐，社会风气明显改善，群众的生活水平显著提高。

合寨村以村民自治为基础建立的村民委员会，适应了以家庭经营为基础的新的经营形式，得到了各级党委、政府的大力支持。1980年上半年，合寨大队所在三岔公社（现屏南乡）党委确定以后上报文件都称"村民委员会"，群众发明的村民委员会这一名称，得到了党和政府的正式冠名。1981年至1982年期间，宜山县（现宜州市）12个公社2288个自然村中，有598个建立起了村民委员会。河池地委、广西区党委先后多次到宜山县调研，肯定了村民委员会的积极作用，并鼓励其他地区根据实际情况参照执行。这期间，全国人大和民政部高度重视合寨村农民的创造，组成了联合调研组到宜山县调研。随后，1982年修改、颁布的新宪法中明确规定了村民委员会的性质、地位和作用，确立了村民委员会是基层群众性自治组织的法律地位，这为我国实行村民自治提供了宪法依据。1983年，中共中央、国务院下发《关于实行政社分开建立乡政府的通知》，明确要求在农村建立由村民选举产生的村民委员会，并对村民委员会的设立、职能、产生方式等作出了初步规定。此后，全国普遍开始了撤销生产大队、建立村民委员会的工作。村民委员会这一崭新的农村组织形式，从此由合寨、由宜山走向了广西、走向了全国。

三、合寨村村民自治的主要做法

（一）民主选举

1. 候选人的确定

1980年至今，合寨村村委会经历了11次换届，每次换届选举候选人的确定，都是经过严格程序和慎重挑选的。主要有以下几种方式：一是由村党支部、队干及威望高的老前辈共同组成"班子"，经反复酝酿提名，进而确定出正式的候选人；二是由村民小组推荐，基层党组织与团组织等联名或单独推荐，村民自荐等方式提名，再由村民代表、村委会成员及村党支部成员共同讨论，并经无记名投票方式确定出正式候选人；三是通过"海选"的方式让选民写下自己支持的村委会各个职务候选人姓名，然后经全体选民对众多的初步候选人投票，并按得票多少确定出预选候选人，最后再由村民代表大会以无记名投票方式确定出正式候选人。整个提名过程完全依据村民的意愿进行。

2. 坚持差额选举

差额选举有利于选民意愿的表达，合寨村对差额选举有过三种不同的尝试。一是"总额差额"，即在村委应选人数总额的基础上多出 1～2 名候选人。二是"分类差额"，即按照村委的不同职务各自应选人数与候选人数的一定比例，来确定正式候选人名额，保证每个职务均有差额。三是"海选差额"，即以分类差额为基础，但不再统一限定各类职务应选人数与候选人数之间的比例，而是根据投票结果产生若干名预选候选人。

3. 平等竞争

正式候选人确立后，召开全体村民会议或村民代表会议进行竞选，正式候选人发表演讲，阐述自己的"治村方略"，这是合寨村历届村委会选举从不缺失的重要环节。通过这样的平等竞争，可以帮助选民们更加全面了解候选人，从而把票投给自己满意的人。

4. 保障选举人的选举权

投票是民主选举的核心内容，也是村民们行使自己民主权利的集中表现。合寨村历来非常重视保障选举人的选举权。近年来，合寨村适应新的形势，创新投票方式，利用农村党员干部现代远程教育网络，在全国率先实行电话和 QQ 视频投票，切实保障外出务工人员的选举权。

（二）民主决策

1. 村民代表

村委会主要根据各自然屯的人口和户数情况分配村民代表的名额，各屯村民通过直接选举的方式产生，每届任期和村委会都是三年。村民代表与村党支部、村委会及各村民小组负责人一起共同构成了合寨村的最高决策机构。

2. 村民代表议事制度

村民代表会议每季度召开一次，会议由村委会主持。村民代表、村党支部成员、村委会成员、村民小组长及驻村的乡人大代表参加。议事内容为涉及村民利益的重要事项。会上，代表们充分表达各自然屯的意见和要求，经大家反复讨论，逐步形成共识，最后以少数服从多数的原则形成决议，并初步作出决策。然后，村民代表把决策带回各自村屯听取群众的意见，并将意见反馈回村委会。如有必要，村民代表大会连续召开多次，直到决策能够被大多数村民所接受。

3. "四提四议，两公开一监督"工作机制

2009 年，合寨村在广西、河池地区率先探索推行村级重大事项"四提四议，两公开一监督"工作机制，简称"4421"工作法。四提：党员提案、群众提案、村民代表提案、村民理事会提案；四议：党支部会提议、"两委"会面议、党员大会审议、村民会议或村民代表会议决议；两公开：决议公开和实施结果公开；一监督：村监督委员会监督。"4421"工作法是新形势下，党内民主和人民民主衔接互动的有益探索，有利于提升民主决策和管理水平，促进农村和谐稳定发展。

(三) 民主管理

1. 村规民约

村规民约中的条款都是由全体村民针对农村的实际问题逐条讨论制定出来的，其内容涉及群众生产生活方方面面。30 多年来，最初的十几条规定已演化成为包括社会治安、村风民俗、邻里关系、婚姻家庭等四大部分的 30 多项条款。在合寨村，村规民约不仅是一种秩序，而且已内化为村民们的义务和责任。

2. 村民自治章程

除村规民约外，村务管理的重要依据就是村民自治章程。章程于 2003 年 7 月经村民会议讨论通过，其中涉及的事项很多，也包含了村规民约中的主要条款，但较为粗略，因此不能代替村规民约。自治章程和村规民约相辅相成，共同构成了合寨村村务管理的重要规章。

3. 党群理事会

2014 年，合寨村进一步创新民主管理方式，在屯一级组织建立由党员和群众代表组成的党群理事会联合议事机构，为农村党员发挥作用提供了新的有效平台，党员和群众代表组织带领群众发展生产、兴办公益事业、兴建基础设施，进一步发挥了党员的先锋模范作用，拓宽了民主管理的渠道，激活了基层活力，有效推动了全村经济、政治、社会、文化以及党的建设。

(四) 民主监督

合寨村的三项措施保障了民主监督制度的具体落实。

1. 村务公开

合寨村的村务公开从第一届村委会诞生就开始了，延续至今已形成规范的

制度。从村务公开的内容看，已由过去的"一公开"（账目公开）发展为"八公开"。从村务公开的形式看，由过去通过召开村民会议进行情况公布，变成了"公开会""公开栏""明白墙"三管齐下。从公开的程序来看，所有需要公开的内容，都要先经村务公开监督小组审核，并报村民代表大会审议通过后才能正式公开，时间为每季度公开一次。

2. "一会两组"监督制度

从 1980 年起，合寨村就成立了村民民主理财小组，每季度对村里财务进行审核清理。1998 年后，村里结合推进民主政治建设，成立了由 12 人组成的村级事务监事会和 7 人组成的集体经济审计小组。2010 年，由村级事务监事会提升成立了村务监督委员会，由此形成了"一会两组"监督机制。"一会两组"成员是由村民会议或村民代表会议选举产生的，村主要干部和财务人员不得兼任"一会两组"成员，"一会两组"对村民关注的敏感事务进行监督。

3. 民主评议村干部制度

民主评议的主体一般是村民代表，其主要做法是：村委会干部公开述职，与会的村代表从德、能、勤、绩等四个角度对其工作进行评价。为更加真实、准确地反映对村干部的满意程度，从 1999 年开始，增加了对村干部进行无记名等级测评的内容。

四、几点启示

（一）村民自治要坚持从实际出发和着眼于解决实际问题

中国第一个村民委员会合寨村村民委员会的诞生是以问题为导向的，它为的是解决与群众生产生活密切相关的实际问题，因此才得到了群众的大力支持和拥护。30 多年过去了，中国农村的经济社会环境发生了巨大变化，但是以解决群众实际问题为导向的乡村治理思路不能变。例如，在城镇化快速发展的进程中，农村劳动力向城市转移加快，北京乃至全国的农村都出现了两个普遍存在的问题：一是如何养老？二是谁来种地？要以这两个问题为突破口，进一步完善体制机制。一方面，要在现有村级各类组织之外，建立互助型的养老服务组织，通过养老互助，弥补其他养老方式的不足，解决农村的养老问题；另一方面，通过建立土地股份合作社的方式进行土地流转，统一经营，用土地股份合作的办法解决"谁来种地"的问题。

（二）村民自治要与基层党建创新有机结合

十八届三中全会通过的《中共中央关于全面深化改革若干重大问题的决定》指出，"要创新基层党建工作，健全党的基层组织体系，充分发挥基层党组织的战斗堡垒作用"。合寨村始终坚持党的领导与村民自治有机结合，以基层党建创新丰富和深化村民自治的内容，以村民自治强大活力进一步促进基层党建创新。合寨村在坚持党的领导和村民自治上的做法给了我们很好的启示。一是要始终坚持农村基层党组织领导核心地位不动摇，不断夯实党在农村基层执政的组织基础。二是要与时俱进，不断创新完善农村基层党组织设置和活动方式。比如，近年来，合寨村适应新形势的变化，创新党建方式，在每个自然屯设立党群理事会，进一步深化了村民自治。三是要进一步加强农村基层服务型党组织建设，坚持把群众的利益放在首位，多为群众办实事，贴近团结群众，赢得群众的信任和支持。

（三）村民自治要坚持农民主体地位和最大限度调动群众参与的积极性、主动性

从合寨村村民自治的诞生和发展历程可以看出，群众的积极参与贯穿了民主选举、民主决策、民主管理和民主监督的始终，这也是村民自治能够取得成功的关键所在。美国学者佩特曼认为，对政治的参与特别是在与人们日常生活密切相关领域的参与，能够强化人们的政治责任感，培养人们对公共问题的关注，有助于形成积极的、对政治事务更为敏锐的意识，营造出一种民主的氛围，为民主政治提供充分的条件。由此可见，作为政府或者村务管理人员，在乡村治理中应该将群众的参与放在重要的位置。一方面，要不断提高农民的科学文化素质，增强他们对乡村治理参与的认识；另一方面，要不断完善相关制度，保障群众参与的权利。

（四）村民自治要建立健全制度体系并且保障有效落实

没有规矩，不成方圆。合寨村对制度建设和制度执行极为重视，也正是有了健全的制度体系才保障了合寨村民主选举、民主决策、民主管理和民主监督的有效开展。这一点对拥有庞大集体资产的北京农村来说尤为重要。习近平总书记指出，要加强对权力运行的制约和监督，把权力关进制度的笼子里。如何通过制度建设来实现乡村的治理？一是要制定符合本村实际的村规民约，让群

众广泛深入地参与，培育村民的规则意识。二是要建立一系列民主决策制度，保障村民民主选举的权利，规范和约束村干部权力，防止重大事项一个人或少数人说了算。三是要建立健全监督体系，保证权力在阳光下运行。

（五）村民自治要与发展农村经济、改善群众生活相结合

发展农村经济，增加农民收入，改善群众生活，是落实"共享"发展理念的客观要求。如何将村民自治与发展农村经济有机结合起来？通过这次考察，我们也得到了一些启示。一是要大力发展合作经济。我国的农村土地制度奠定了农村合作经济的基础，"小农户，大市场"的矛盾也决定了我国农村必须走合作共赢的经济发展道路。党和政府、村集体要创造农户与农业企业、农民专业合作组织等新型经营主体合作融合的条件和氛围，大力发展农村合作经济。二是要加强农民合作组织的建设和发展，强化农民经济利益共同体，增强农民参与农民合作组织治理的主动性和积极性，从而拓展和深化乡村治理的内涵。三是要注意培育农村集体经济组织，提高集体经济在市场经济条件下的有效竞争力和创造性，通过有效区分和相互协调好经济组织、自治组织和领导机构的相互关系，逐渐建立农村经济治理、社会治理等相互统一、相互促进、协调配合的现代乡村现代治理体系。

考察组组长：戚书平

考察组成员：熊文武　张英洪　李明　万敏波

执笔人：万敏波

2016 年 8 月 5 日

山东省潍坊市庵上湖村"四治"模式考察报告

根据农业农村部课题调研安排，最近，我们联合考察组赴山东省潍坊市五图街道庵上湖村考察乡村治理现代化的经验。庵上湖村共190户，708人，31名党员，耕地814亩。该村原本是一个既没有资源优势、区位优势，也没有产业优势的一个普普通通的农业村，曾经发展非常缓慢。2007年以来，庵上湖村在党支部的领导下，积极探索完善村级治理模式，走出了一条支部领治、村民自治、协商共治、教化促治的"四治"乡村治理模式，构建起人人参与、人人尽力、人人共享的村级治理新格局。

一、庵上湖村乡村"四治"模式的主要做法

（一）支部领治，促进合作共赢

以基层服务型党组织建设带动自治组织、群众组织、经济社会组织建设，完善党支部引领村级社会治理的工作机制。

1. 带好党员队伍是关键

10年前，庵上湖村曾经是一个治理非常乱的村，上访频发、大字报小字报常见，有的村民还把老干部家的柴火垛点着了，扔石头砸村干部家玻璃的事也时有发生。村里很少召开党员会。2000年赵继斌当选党支部书记后，将首要工作放在分帮分派、思想涣散的党员身上，并于每月1号和15号定期召开党员会议，让大家说出心里话，这样利用半年的时间将村内党员队伍带起来了。

2. 支部领办合作社

在党员充分讨论的基础上，统一思想，决定发展现代农业。但村民还存在顾虑，于是党员带队搞试验，2001年建了37个大棚，一年一个棚卖了1万元，37户都赚到了钱，老百姓看在眼里，馋在心里，纷纷加入大棚种植的队伍。庵上湖村党支部创新了"党支部＋合作社"模式。2007年12月，赵继斌带领3名村干部发起15个党员户、6个普通农户成立华安瓜菜专业合作社，流转土地40公顷，建立无公害瓜菜基地，实行品牌化运营。党支部在领办合作社中，发挥了重要作用。村社干部"双向进入、交叉任职"，

村"两委"成员在合作社关键岗位任职，带头学用新技术，为社员提供生产管理、技术指导、瓜菜销售、质量检测等服务。同时，实行干部包种植片区、党员包种植户，7名村社干部每人分别包靠1个种植片区，20名党员技术骨干每人分别包靠8家种植户，负责技术指导、质量监管，坚决筑牢食品安全发展底线。通过开展"四个合作"，推行"五统一"服务，增强了村民合作共治意识，开辟了村级党建的新阵地、搭建起村民组织化的新平台，实现了党的建设、村庄治理、产业发展、群众增收的多赢。目前，合作社成为现有社员243户、基地6 000亩、资产300万的国家级示范社，社员户均年收入超过10万元。

（二）村民自治，农民当家做主

村民自治是按照自我管理、自我教育、自我服务、自我监督的"四自"要求，加强村民自治机制建设。经过"宣传发动、征求意见、组织起草、讨论完善、表决通过、公布实施"六个环节，全体村民共同制定了12条村规民约，在遵守法纪、团结友爱的基础上，对村党员、每个村民的行为进行约束，对庵上湖村的发展方向、发展策略进行了规定，包括生态发展、乡村文化振兴和乡风文明建设、发展品牌农业、走城乡融合发展之路，积极拥护以旅游拉动"庵上湖"农业品牌产业、合作社资金互助、乡村人才振兴，鼓励有文化的年轻人才参与庵上湖的发展，对为庵上湖的发展做出贡献的人员给予奖励并设立大学生来村创业奖。庵上湖村还创新党员、社员、村民全体积分管理，将得分与党员评优、社员分红、村民福利挂钩，形成党员带头、社员主动、村民自觉、共同推动村庄治理的良好局面。村"两委"牵头，建设了社区服务中心，配套便民服务大厅和功能室，为政府服务、市场化服务、公益服务等搭建平台，群众不出村就可以享受各种服务。

（三）协商共治，民主凝聚共识

协商共治是高度重视协商民主建设，保障群众知情权、参与权、表达权、监督权，广泛发动群众参与决策、谋划发展，协商解决遇到的问题，增强村级事务管理的科学性和实效性。

1. 规范程序

建立协商议题提出和确定、协商活动组织等方面的制度规范，详细制定协商目录，凡涉及村规章制度，与群众利益、村庄建设发展息息相关的重大事项协商决议、实施结果全程公开，接受监督。

2. 多方参与

协商主体由村"两委"成员、党员与村民代表、村务监督委员会成员、相关的利益群体代表或个人、村威望高、办事公道的老党员、老干部组成。

3. 形成常态

开通"庵上湖大家庭""庵上湖小喇叭"微信公众号，开辟村务公开栏，为群众随时随地参与村事共商、监督村事务提供方便，增强村民参与协商意识，推动议事协商制度化、常态化。

4. 协商议事"五步法"

按照协商为民的要求，为进一步发扬基层民主，畅通民主渠道，推进协商民主规范化、制度化和程序化，制定了协商议事的五步流程：村党支部提出议事议题、召开村"两委"班子会议进行讨论、召开相关人员协商民主议事、召开村民（代表）会议通过，张榜公示。通过协商民主、村民自治的方式，庵上湖村先后完成了集体资产清产核资、集体经济组织成员界定，建立了规范的集体资产经营管理和收益分配制度，夯实了稳定的基石，并快速实施了"一庵一湖"、田园综合体等项目规划建设。

（四）教化促治，树立道德新风

教化促治即创新红色田园课堂，打造集党员教育、村民夜校、职业农民培训、民俗文化体验等功能于一体的宣传教育阵地，真正把党的政策法规宣传延伸到田间地头，让农技推广培训更接地气。2017年全年培训了来自23个省的21 000余人次，2018年以来，培训人数已突破15 000人次。深入推进乡村文明，突出榜样示范、道德感化、文化引领，定期组织星级文明户、好媳妇、好婆婆评选，开辟了"四德"榜、"二十四孝"文化墙绘、家风家训宣传廊，弘扬孝实文化，成立了红白理事会，倡导"喜事廉办、婚事新办、丧事简办、小事不办"，持续深化陈规陋习整治，对厚养薄葬、喜事新办等提出了新的要求。据介绍，该村刚办的一场白事，整体下来花费不到2 000元；喜事上执行新规定，比如上100元份子回50元，不宴请，避免了铺张浪费，形成了节俭办事、厚养薄葬的风气，倡树移风易俗、节俭办事的新风尚。

二、庵上湖村"四治"模式推动乡村五变

乡村"四治"模式以"支部领治"为核心，"村民自治"为基础，"协商

共治"为前提,"教化促治"为保障,构建起有机统一、良性互动的村级治理体系,推动乡村"五变",使庵上湖村从普通村变成了富裕村、文明村、和谐村。

（一）治理机制变顺

目前,庵上湖村形成了以党支部为核心的村级组织体系,包括党支部领导下的村民委员会、村务监督委员会、群团组织、经济组织。其中群团组织包括团支部、妇代会、民兵连、群防群治工作队,经济组织包括庵上湖村集体经济股份合作社、华安瓜菜专业合作社、庵上湖农业科技发展有限公司、方山土地合作社。"四治"模式理顺了党支部、村委会、集体经济股份合作社等职能关系,健全完善了农村工作体制机制,凝聚起强大的工作合力,全村连续 10 年没有发生过上访问题。

（二）发展动能变新

村党支部领办农民专业合作社,深化集体产权制度改革,创新农民合作,逐步实现分散经营向规模经营转变,激活了内生动力,带动了一二三产业融合发展。党支部带领村民发展现代安全农业,打造庵上湖无公害瓜菜知名品牌,并开展有机大棚试验,由无公害产品向绿色、有机产品转变,实现由量到质的提升;打造了庵上湖现代农业科技示范中心,把全县优质农产品进行种植展示,加入水肥一体化等科技元素,打造空中蔬菜等特殊种植,以"科技＋旅游观光"来打造现代农业展示区,推动一二三产业融合发展;打造了田园综合体,带动周边 11 个村绿色产业、观光休闲农业发展。

（三）集体经济变强

庵上湖村通过深化农村产权制度改革,厘清了合作社和村里资源资产权属,厘清了合作社和村集体的关系,将属于村集体的 136 亩"四荒地"、4 002 平方米的村集体建设用地、87 万元账面资产等,作为集体经济股份合作社资产量化到人,确权到户。村集体经济股份合作社再以这些资源、资产入股到华安瓜菜专业合作社,参与经营收益分配,以产权为纽带,理顺了村委、村集体经济组织与专业合作社的关系。产权制度改革为合作社进一步发展扫除了产权不清晰的障碍。目前合作社与山东矿机集团合作,按照 1∶5 的比例共同出资 600 万元,成立了庵上湖农业科技发展有限公司,建设以"庵上湖优厨房"为品牌的网上生鲜购物平台，推广以采摘、农家乐为主的乡村旅游，进一步拓宽了合作社收益渠道。

（四）农民群众变富

集体股份合作下的农村经济治理，让农民变成社员、股东，共享了更多的发展成果。"四治"模式推动集体资产保值增值，2016 年全村分红 18 万元，平均每股 100 元，分红最多的户达到 7 150 元。庵上湖村建设了融农事活动、自然风光、科技示范、休闲娱乐为一体的生态庄园庵上湖瓜菜采摘园，2017 年吸引游客 13.8 万人次，旅游收入达到 414 万元，通过合作社实现瓜菜销售收入突破 3 000 万元，庵上湖村民人均收入达到 3.5 万元，高于昌乐县平均水平 1.3 倍。

（五）村风村貌变美

"四治"互动促进了经济发展，推动了乡村文明行动和美丽乡村建设深入开展，通过街道改造、危房治理、城乡环卫一体化、新建合作社综合办公楼、乡村文化站等项目，庵上湖村容村貌村风焕然一新。庵上湖村结合本村柴草、垃圾较多的实际，重点进行了"三大堆"清理，实行"三包"保洁制度，与各户签订责任状，实行动态管理，定人、定路段，形成了一套齐抓共管的长效机制。大力发展绿色生态农业观光旅游，在河床内种植农作物和观赏性植物，建设河谷观光生态农业旅游带，开辟了"农业观光"之路。庵上湖村先后被评为全国文明村、山东省旅游特色村、山东省美丽休闲乡村。

三、庵上湖村"四治"模式的主要经验和思考

乡村治理现代化是乡村振兴的根本保障。乡村治理现代化不能简单理解为乡村管理体制和治理手段的现代化，而是乡村治理机制与乡村社会相协调。庵上湖村"四治"模式探索出了一条在党的领导下的自治、法治、德治为一体的乡村治理现代化道路。

（一）庵上湖村"四治"模式的主要经验

第一，党支部领办合作社，有效发挥了基层党组织在产业兴旺中的核心作用，增强了党组织在基层的领导力、组织力和号召力。党支部领办合作社体现了党支部抓乡村经济发展，让农民得了实惠，让党支部得了民心。庵上湖村党

支部带领广大群众走出了安全、优质、高效生态、绿色、开放的现代农业发展道路。庵上湖村党支部领办合作社的实践，为乡村合作经济发展探索了有益的道路，推动了集体股份合作与农民专业合作社的共同发展；在产业发展模式方面，庵上湖村的实践是农村一二三产业融合发展的成功范例，也是构建农村产业体系、生产体系、经营体系的生动实践。

第二，乡村自治和协商共治是乡村治理现代化的基础和前提。当前，我国农村基层党组织在社会治理实践中存在对农村治理事务"直接包办"和"直接替代"趋向，弱化了基层社会自治组织功能的发挥，这不利于农村社会治理的多元、健康、持续发展。因此，如何在保持基层党组织领导的基础上，增强与多元主体的协同，在治理秩序和治理活力之间找到平衡点，是必须要解决的乡村系统治理问题。庵上湖村党支部书记赵继斌没有因为自己在村里的威信高了就搞一言堂，而是在发展的关键环节、村里的重大事务都严格执行村民自治制度，进行民主协商，坚持村务公开，让村里的决策大家都清楚，特别是对村规民约实行积分制，将村规民约的执行情况与党员干部的考核、集体经济成员和合作社社员、村民的分红挂钩，增强了村规民约的执行力，为乡村自治提供了有益借鉴。

(二) 对庵上湖村"四治"模式的几点思考

支部领治充分体现了基层党组织在乡村治理中的核心作用，其中基层党支部领办合作社促进乡村经济发展是支部领治的核心抓手。目前，该做法已经在山东省昌乐县、烟台市栖霞市进行了全面推广。然而，党支部领办合作社促进集体经济发展、促进乡村振兴的过程中，应特别关注以下三点：

第一，农村集体产权制度改革是乡村党支部领办合作社的制度基础。庵上湖村是先开展了党支部领办合作社的实践后，再进行的集体产权制度改革，改革后理顺了集体股份合作社与农民专业合作社的关系，但是在其改革前也一直面临着产权关系不清晰、阻碍工商资本进入等问题。因此，借鉴庵上湖村的经验，应该加快农村集体产权制度改革，建立新型集体经济组织，在此基础上，创新构建以新型集体经济组织为母体（公司）的合作社、公司等多种党支部领办合作社的发展模式，推动集体经济组织由封闭走向开放。

第二，党支部领办合作社要注意区别于20世纪50年代我国"村社合一"的集体经济发展模式。在党支部领办合作社的过程中，一要将法治理念植入"支部领治"的全过程，要按照《宪法》的规定，积极推进集体经济组织实行民主治理，加强对集体经济组织内部治理的法治化和规范化，保护农民的合法财产权益。二要坚持乡村自治和协商共治，充分发挥所有集体经济组织成员、合作社社员、村民的积极性和创造性。三要在坚持党的领导下，依法培育社会组织发展，培育农村多种经济形式的发展，从政策支持方面支持乡村各种类型的合作经济组织发展，既要做好统的层面，又要处理好分的层面，坚持家庭承包经营为基础、统分结合的双层经营体制。

第三，在现行合作社法的规定下，党支部领办合作社仍存在着乡村治理内卷化的土壤，也就是说存在村集体资产、资源，各项支农惠农政策被村内少数人控制的问题。解决这一问题的途径，一是深化农村集体产权制度改革，将集体资产、资源量化到集体经济组织成员，集体经济再以入股或者母公司的方式与农民专业合作社开展合作；二是完善党支部领办合作社的治理结构，加强合作社财务的公开和民主监督。

考察组成员：聂新鹏　张英洪　杨军　王丽红

执笔人：王丽红

2018 年 8 月 31 日

图书在版编目（CIP）数据

善治乡村：乡村治理现代化研究／张英洪等著 .
—北京：中国农业出版社，2019.5
ISBN 978-7-109-25431-2

Ⅰ.①善…　Ⅱ.①张…　Ⅲ.①农村－群众自治－研究－
中国　Ⅳ.①D638

中国版本图书馆 CIP 数据核字（2019）第 073811 号

中国农业出版社出版

（北京市朝阳区麦子店街 18 号楼）

（邮政编码 100125）

责任编辑　姚　红

————————————————

中农印务有限公司印刷　　新华书店北京发行所发行
2019 年 5 月第 1 版　　2019 年 5 月北京第 1 次印刷

————————————————

开本：700mm×1000mm　1/16　印张：13.5
字数：240 千字
定价：45.00 元

（凡本版图书出现印刷、装订错误，请向出版社发行部调换）